Direito Penal no Estado Democrático de Direito
PERSPECTIVAS (RE)LEGITIMADORAS

S276d Sbardelotto, Fábio Roque
Direito Penal no Estado Democrático de Direito: perspectivas
(re)legitimadoras / Fábio Roque Sbardelotto. — Porto Alegre:
Livraria do Advogado, 2001.
221p.; 16x23cm.

ISBN 85-7348-198-6

1. Estado de direito. 2. Direito Penal. 3. Criminalidade.
4. Poder Judiciário. 5. Ministério Público. I. Título.

CDU - 343.2

Índices para o catálogo sistemático

Estado de direito
Direito Penal
Criminalidade
Poder Judiciário
Ministério Público

(Bibliotecária responsável: Marta Roberto, CRB-10/652)

Fábio Roque Sbardelotto

Direito Penal
no Estado Democrático de Direito
Perspectivas *(re)legitimadoras*

livraria
DO ADVOGADO
editora

Porto Alegre 2001

© Fábio Roque Sbardelotto, 2001

Revisão de
Rosane Marques Borba

Capa, projeto gráfico e diagramação de
Livraria do Advogado Editora

Direitos desta edição reservados por
Livraria do Advogado Ltda.
Rua Riachuelo, 1338
90010-273 Porto Alegre RS
Fone/fax: 0800-51-7522
livraria@doadvogado.com.br
www.doadvogado.com.br

Impresso no Brasil / Printed in Brazil

Dedico esta obra à minha esposa, *Elisabete*, pelo amor, compreensão e estímulo que sempre prestou para que eu pudesse enfrentar e superar com êxito os desafios profissionais e acadêmicos surgidos.

Prefácio

Muito embora a preservação em nosso ordenamento jurídico de institutos delineados há mais de mais de dois mil anos pelos romanos (*v.g.*, usucapião, adoção, dentre outros), particularidade que sugere, subliminarmente, estabilidade e perenidade do direito, hoje começa-se a entender melhor que, em realidade, "tudo o que é sólido desmancha no ar",[1] porque, na esteira da crise geral de paradigmas, a positividade jurídica, revelando aspecto de sua própria crise, anda a reboque do processo social e não raro se constitui em obstáculo às transformações da sociedade.

Como disse Spota, citando De Page, a lei, via de regra, "chega tarde",[2] pois os câmbios sociais promovem a superação das leis e dos Códigos, singularidade que levou Kirchmann, Procurador do Rei no Estado da Prússia, em 1847, em poética e célebre conferência, a recusar, embora sem razão, a própria cientificidade do direito.[3]

---

[1] A frase foi empregada por MARX em 1848 no Manifesto Comunista e adotada por MARSHAL BERMANN como título do livro publicado em 1987 pela editora Companhia das Letras em que salienta que a modernidade une a espécie humana numa unidade paradoxal: é uma unidade de "desunidade", despejando-nos a todos num burbilhão de "permanente desintegração e mudança, de luta e contradição, e ambiguidade e angústia. Ser moderno é fazer parte de um universo no qual, como disse Marx, "tudo o que é sólido desmancha no ar" (página 15).
[2] SPOTA, Alberto G. *O Juiz, o Advogado e a Formação do Direito através da Jurisprudência*, Porto Alegre, Fabris, 1987, p. 30.
[3] KIRCHMANN, Julius Herman Von. *Die Wertlosigkeit der Jurisprudenz als Wissenchaft*. Berlin, 1847, cit. por AFATLION *et alii*, op. cit., p. 42.: "O sol, a lua, as estrelas, brilham hoje como há milênios; a rosa continua florescendo hoje como no paraíso; o direito, ao invés, tem variado com o tempo. O matrimônio, a família, o Estado, têm passado por formas as mais variadas. Se grandes esforços têm sido feitos para se descobrir as leis da natureza e de suas forças, essas leis valem tanto para o presente como para os tempos primitivos e seguirão sendo verdadeiras no porvir. Não sucede o mesmo, contudo, com a disciplina do Direito... Duas palavras retificadoras do legislador são suficientes para trazer abaixo bibliotecas inteiras..."

Enquanto a vida moderna apresenta curso extremamente rápido, determinado pelo progresso científico e tecnológico, com todos os efeitos perversos daí decorrentes, "o Direito tende a preservar formas que, em sua maior parte, se originam nos séculos XVIII e XIX, quando não no Direito da Antiga Roma, manifestando-se, assim, inteiramente, incapaz de adequar-se suficientemente às aspirações normativas da sociedade atual" e transformando-se em "problema notório que nem ao sociológico nem ao jurista pode passar por alto".[4]

A vida, com efeito, na atualidade, parece que corre mais veloz, e, nesse frenético devenir, agrega com a mesma intensidade conhecimentos e produz problemas até pouco tempo inimagináveis.

No turbilhão dos acontecimentos diários, gerando o que Tofler denominou de "choque do futuro",[5] aparecem novos inventos, novos avanços técnicos, modificações culturais, acontecimentos políticos, conflitos ideológicos e bélicos, lesões individuais e sociais, num processo em que a ruptura entre o direito e a realidade social cada vez mais se amplia, em face da rigidez daquele e da mobilidade cada vez maior desta última.

Como adverte Monreal, "mesmo que a lei seja modificada, volta-se, de imediato, a separar-se da realidade social em mutação", porque, ainda que admitíssemos, para argumentar, a validade do mito do legislador sempre atento e pronto a restabelecer o equilíbrio entre o direito positivo e a realidade social,[6] esta, em verdade, acaba sendo, em eterno círculo vicioso, suplantada por novos acontecimentos.

Se à jurisprudência sobreleva a função de operar com valores, princípios e regras, para minimizar tais dificuldades e indicar as soluções para os casos concretos, com todos os riscos da produção da insegurança jurídica, acentuados pela hiperinflação legislativa, há, ainda, no âmbito da positividade jurídica, outros problemas não menos graves, igualmente indicativos de instabilidade e de precariedade, a desafiar intérpretes e aplicadores do direito.

Dentre eles, em posição de destaque, está a concepção conflitual, individualística e romanística de processo, encarado como um "duelo" judiciário, "no qual os advogados são os protagonistas e o tribunal o árbitro".

---

[4] MONREAL, Eduardo Novoa. Porto Alegre, Fabris, 1988, p. 10, 11 e 30.
[5] TOFLER, Alvin. Rio, Artenova, 1972, p. 3 e seguintes.
[6] MONREAL, Eduardo Novoa, ob. cit., p. 31.

Todo o instrumental legislativo e a *praxis* judiciária têm por objeto a "lide", o "litígio" entre as partes (e não a busca do consenso entre os interessados). O direito, noutras palavras, sugere a idéia de luta, como o demonstrou, longamente, em livro clássico, o grande Ihering, lembrando que a defesa do direito constitui dever de todos e de cada um em particular.

Por outro lado, se o instrumental legislativo possibilita razoavelmente a apreciação e o julgamento das demandas cíveis e penais tradicionais, em que alguém, em particular, aparece como ofendido, e outrem, bem determinado, é apontado como ofensor, esse mesmo sistema revela toda sua fragilidade, todavia, quando o processo diz com causas muito complexas, quando as infrações são societárias ou multitudinárias ou seus responsáveis são econômica ou politicamente poderosos, em condições de contratar bons advogados e de protelar o julgamento final, até alcançarem a impunidade pela prescrição.

A isso tudo junte-se a tradição portuguesa do formalismo, herdada pelos brasileiros, para ter-se a dimensão real do modo de atuação do direito em nosso país e de sua crise.

Portanto, se a velocidade dos acontecimentos está produzindo, como se afirma, o fim da história; se nada mais é definitivo, embora as aparências possam indicar o contrário, pois já nem mesmo as leis da física, consideradas, até pouco, como "imutáveis", gozam do mesmo prestígio e respeito, pois não são capazes de explicar como o elétron pode estar ao mesmo tempo em dois lugares, nem de demonstrar com necessidade lógica e validez universal as singularidades verificadas no interior dos buracos negros; se as leis não acompanham as mudanças sociais no mesmo ritmo, ou se mostram incapazes de assegurar a tutela de bens jurídicos de relevância social - (e não só de relevância individual) - parece-me, então, absolutamente desnecessários esforços adicionais para demonstração de que o ordenamento jurídico como um todo, e o direito penal em particular, ao contrário da idéia subliminar de estabilidade ou de equilíbrio, a que antes me referi, precisa de novas formulações, de formulações que não mais se assentem sobre certezas, mas, como disse Ilya Prigogine, de formulações que avancem sobre "possibilidades", em mudança revolucionária de seus próprios paradigmas.

É com essas preocupações em mente que, honrado, apresento ao público leitor o livro *Direito Penal no Estado Democrático de Direito: perspectivas (re)legitimadoras,* escrito pelo professor e promotor de justiça, doutor Fábio Roque Sbardelotto, que tive o privilégio de ler antes de todos e por meio do qual o eminente representante do Ministério Público gaúcho se propõe a enfrentá-las, em fecundo estudo acadêmico.

Relacionando sociologia jurídica, criminologia e política criminal, o autor reforça a idéia de que o direito é uma obra em permanente construção, formula candente crítica quanto aos privilégios no interior do sistema penal e demonstra como, numa sociedade classista, o mesmo faz por recair seu dramático rigor basicamente sobre a clientela tradicional, autora de infrações comuns (de cunho predominantemente patrimonial), para deixar à margem de definição legal ou de punição autores de fatos de maior relevância, configuradores de violência institucional, altamente lesiva aos interesses da coletividade.

Em páginas dignas de nota, nas quais estuda o Estado Moderno e identifica o direito como reflexo do pensamento liberal-individualista-normativista, ancorado no ilusório paradigma da igualdade formal, produto do modelo de Estado Liberal Clássico, o autor analisa as "disparidades encontradas na Parte Especial do Código Penal" e na legislação esparsa e chama a atenção para a necessidade do Direito penal "reencontrar seu caminho", adaptando-se à realidade constitucional vigente, "apontando suas baterias para os delitos que colocam em xeque os objetivos do Estado Democrático de Direito".

Depois de salientar que são as leis que devem se ajustar aos valores, princípios e regras da Constituição (e não o contrário), o autor culmina por destruir o mito da imparcialidade do juiz, ao advogar seu engajamento aos significados identificáveis na Lei Fundamental. Nesse sentido, segue a ótica garantista de Ferrajoli, para quem o juiz está sujeito somente à lei enquanto válida, isto é, enquanto coerente com a constituição, sendo a interpretação judicial da lei sempre "um juízo sobre a própria lei, relativamente à qual o juiz tem o dever e a responsabilidade de escolher somente os significados válidos, ou seja, compatíveis com as normas substanciais e com os direitos fundamentais por ela estabelecidos".[7]

Buscar, enfim, um direito penal consentâneo com o sentido do Estado Democrático de Direito, que combata a delinqüência de grande lesividade social, impeditiva da concretização *dos direitos transindividuais preconizados na Constituição Federal* passa a ser, na visão do autor, a grande missão de todos aqueles que estiverem

---

[7] STRECK, Lenio. *Hermenêutica e(m) Crise – Uma Exploração Hermenêutica da Construção do Direito*, Porto Alegre, Livraria do Advogado, 1999, p. 218-219.

imbuídos do objetivo de resgate da *"cidadania não implementada"* por causa da desfuncionalidade do sistema penal vigente.

Constituindo, na linha da criminologia crítica, metódica e irrefutável denúncia contra a atuação desigual e opressiva do sistema punitivo adotado pelo País a obra é, também, ao mesmo tempo, defesa vibrante de um novo direito penal, onde aparecem propostas de descriminalização ou despenalização, capazes de resguardar e de proteger os direitos sociais ou coletivos alcançados pela macrocriminalidade.

Como Zaffaroni, para quem a seletividade, a reprodução da violência, a criação de condições para maiores condutas lesivas, "a corrupção institucionalizada, a concentração do poder, a verticalização social e a destruição das relações horizontais ou comunitárias" não são características conjunturais, mas *estruturais do exercício de poder de todos os sistemas penais*,[8] o autor reafirma sua fé na missão do direito penal.

Na busca pessoal das penas perdidas, o autor advoga uma *praxis* por juízes e promotores (e, certamente, pelos advogados) que leve em conta a predominância sobre o individual dos valores sociais constitucionalmente estabelecidos.

Escrito em linguagem direta, clara e sem falsa erudição, o livro que haverá de projetar o autor como penalista no cenário nacional segue o movimento da criminologia crítica, passando a ser também um novo ponto de referência a todos os que estiverem decididos a ir além da dogmática, para se debruçarem, também e principalmente, sobre os próprios fundamentos do direito penal, na feição proposta por Ferrajoli, acerca das razões pelas quais se pune, se julga e se castiga.[9]

É evidente que se pode questionar premissas ou conclusões. Mas isso não implica deslustramento ou comprometimento do trabalho do autor.

Como advertia Descartes, sendo o bom-senso comum a todos, a diversidade das opiniões não decorre do fato de uns serem (ou de quererem ser) mais razoáveis do que os outros, "mas somente de que conduzimos nossos pensamentos por diversas vias", sem considerarmos, necessariamente, "as mesmas coisas".[10]

---

[8] ZAFFARONI, Raul Eugênio. *Em Busca das Penas Perdidas*, Rio, Ed. Revan, 1991, p. 15.

[9] FERRAJOLI, Luigi. *Derecho y Razón, Teoria Del Garantismo Penal*, Validolid, Editorial Trota, 1997, p. 247.

[10] DESCARTES, René. *Discurso do Método*, São Paulo, Martins Fontes, 1989, p. 5.

Não haveria, com efeito, outra forma exterior ao direito penal, mais rápida e eficaz, de recuperação dos valores subtraídos por sonegadores ou funcionários públicos improbos?

Essas práticas não poderiam ser coibidas com mecanismos extrapenais, como, por exemplo, a maior facilitação dos arrestos ou seqüestros de bens, visando-se à imediata devolução dos recursos públicos subtraídos e reclamados pelo autor, para que o Estado, precisamente, possa cumprir com mais eficiência seus encargos institucionais?

Em vez de destinar ao direito penal a missão de proteger bens patrimoniais (sejam eles públicos ou privados) não seria mais conveniente (e consentâneo com o minimalismo) afastá-lo progressivamente desse objetivo, aliviando, como conseqüência direta, a população mais pobre, que é a clientela tradicional do sistema, da volumosa carga de processos que carrega sobre os próprios ombros? Nesse sentido fala-se hoje, inclusive, em condicionar as ações penais por crimes patrimoniais à representação da vítima ...

Aceitando que essas dificuldades possam ser perfeitamente contornadas, como faz, aliás, com inteligência e brilho, o eminente autor, penso que outras ainda poderiam ser apresentadas. Por exemplo: conhecida a função ideológica do direito, inclusive do direito penal[11] (basta lembrar o direito penal do horror das Ordenações que executou Tirandentes!), a manter e a reproduzir a ideologia dominante, pois, no dizer de Ribeiro Lopes, todo e qualquer sistema jurídico "... está umbilicalmente ligado a um tipo de Estado", dominando, nesse sistema, "em cada Estado e em cada momento, as idéias, as relações sociais, os conceitos da classe dominante na sociedade",[12] seria de se indagar se os nossos "legisladores", que, como tais, integram a corrente política "no poder de Estado", estariam, efetivamente, imbuídos da vontade própria de "etiquetar novas condutas" altamente lesivas ao patrimônio estatal da coletividade e, desse modo, da firme decisão de "autorizar" a punição dos integrantes dos estratos diferenciados da sociedade, com os quais se identificam ou se vinculam, para, desse modo, atenderem aos anseios dos juristas, de preservação dos valores constitucionais pela via do direito penal ...

Ora, se se buscar o sentido da edição pelo Presidente da República da recente e questionada Medida Provisória 2.088 (con-

---

[11] ALTHUSSER, Louis. Lisboa, Editorial Presença, 3ª ed., 1980, p. 53 e seguintes.

[12] LOPES, Maurício Antonio Ribeito Lopes. *Direito Penal, Estado e Constituição*, SP, IBCCRim, vol. 3., p. 136.

sentânea, aliás, com proposta do Banco Mundial de Reforma do Poder Judiciário na América Latina e no Caribe!), estabelecendo punições aos Membros do Ministério Público pela instauração "temerária" de inquérito policial ou de procedimento administrativo ou pela atribuição a outrem de fato de que o sabe inocente em ações de natureza civil, criminal ou de improbidade administrativa, parece-me que a resposta a essa possível pergunta haverá de ser, decididamente, negativa ...

Por fim – sem ser por último – é imperiosa a alusão à crítica endereçada pelo autor aos membros do Ministério Público e da Magistratura (e que também poderia ter sido direcionada aos advogados – de que em sua ação cotidiana, nos tribunais, privilegiam a parte em detrimento do todo, esquecendo-se que os direitos da comunidade estão acima dos interesses individuais.

Elogiável a preocupação do autor em defender os interesses da sociedade, missão que pratica, aliás, como integrante da gloriosa instituição do Ministério Público.

Sua nobre visão holista não impede, por evidente, a lembrança de que o todo não pode prejudicar a parte. O individualismo, no rigoroso sentido antropológico da palavra, como expressão máxima da modernidade iluminista, introduziu o homem no mundo, permitiu a separação de espaços do público e do particular, ensejou a formulação de inúmeros princípios democráticos, dentre eles os da legalidade dos crimes e das penas, da humanidade, da proporcionalidade, da irretroatividade das leis, da culpabilidade, todos com a função de limitar a intervenção punitiva do Estado ao necessário, dentro da lógica formulada por Ferrajoli de que o direito penal é a proteção do débil. Do débil contra o mais forte; do débil ofendido ou ameaçado pelo delito. Enfim, do débil ofendido ou ameaçado pela vingança e que deve ser punido com o menor sofrimento necessário, para o alcance, com a sanção, do máximo bem-estar possível aos não desviados, "dentro del fin general de la máxima tutela de los derechos de uns y otros, de la limitação de la arbitrariedade y de la minimización de la violencia en la sociedad".[13]

O livro escrito pelo Promotor Fábio Roque Sbardelotto, portanto, afora o mérito próprio, oportuniza a compreensão de que o direito, como objeto cultural, longe de ser perene, definitivo, imutável, não dispensa aperfeiçoamentos, em constantes desafios dentro do universo situado para além da positividade jurídica.

---

[13] Obra citada, p. 336.

Infelizmente não é esta a prática seguida nos cursos de graduação. Tampouco expressa a vocação da maioria dos docentes, restritos, via de regra, ao ensino da dogmática, contribuindo, mesmo sem o querer, como afirmou Nilo Batista, para a transformação do jurista, no mais das vezes, em um "fingidor de fazer inveja ao poeta de Fernando Pessoa".[14]

Saúdo o aparecimento da obra e parabenizo, pois, o autor, pela fecunda contribuição ao estudo da ciência jurídico-penal, e o público leitor, pela nova e inestimável fonte de pesquisa, agora ao alcance da mão.

Desembargador José Antonio Paganella Boschi

Mestre em Ciências Criminais, Professor Universitário e
Diretor da Escola Superior da Magistratura da AJURIS

---

[14] Apresentação da edição brasileira do livro de ZAFFARONI, antes citado.

Sumário

Considerações iniciais 17

Introdução 19

1. Do Estado Moderno ao Estado Democrático de Direito 27
  1.1. O surgimento do Estado 27
  1.2. O Estado de Direito 30
  1.3. O Estado Liberal de Direito 33
  1.4. O Estado Social de Direito 36
  1.5. Estado Democrático de Direito 39
  1.6. O Estado brasileiro 44
  1.7. A formação da elite brasileira 45
  1.8. Estado brasileiro neoliberal 50

2. O Direito Penal no Brasil 59
  2.1. Da vingança privada ao Brasil colônia 59
  2.2. A passagem para o modelo criminal imperial 64
  2.3. O Direito Penal na República 67
  2.4. O Direito Penal brasileiro de cunho Liberal 71

3. O Direito Penal no Estado Democrático de Direito 77
  3.1. Um conceito substancial de Constituição 77
  3.2. Um Direito Penal vinculado aos valores constitucionais 82
  3.3. O Direito Penal do Estado Democrático de Direito e a transposição
     da idéia liberal-burguesa da igualdade 87
  3.4. A criminalidade oculta 97
  3.5. A criminalidade do colarinho branco ou cifra dourada da delinqüência 99
  3.6. O conteúdo material do conceito de crime ou fato punível 109
    3.6.1. A perspectiva clássica - positivista-legalista 109
  3.7. O bem jurídico - Proposições 113
    3.7.1. Abordagem clássica-positivista do bem jurídico 114
    3.7.2. A necessária abordagem do bem jurídico sob a ótica do Estado
      Democrático de Direito com vistas à (re)legitimação do
      Direito Penal 117

4. As desiguais configurações materiais do Direito Penal brasileiro de cunho liberal-individualista-normativista: um panorama demonstrativo 127

4.1. A conivência com a sonegação de tributos como sinal objetivo da desfuncionalidade substancial do modelo penalístico 137

4.2. A Lei nº 9.714/98 - igualdade formal e desigualdade substancial: uma isonomia às avessas 150

4.3. A Lei nº 9.983, de 14 de julho de 2000 154

4.4. A desigualdade penal material - reflexos do modelo 157

5. Judiciário e Ministério Público no contexto do Direito Penal liberal-individualista-normativista 167

5.1. Macrocriminalidade acentuada 168

5.2. Modelo hermenêutico vigorante no plano da operacionalidade do Direito 170

5.3. A magistratura nacional e o dilema da decidibilidade 180

5.4. O Ministério Público 184

5.5. Constatações fáticas da crise paradigmática de efetividade do Direito Penal 187

Considerações finais 193

1. A perspectiva relegitimadora do Direito Penal 193

2. A validade das normas jurídico-penais 196

3. Perspectivas 200

3.1. Da perspectiva de descriminalização ou despenalização 204

3.2. Para quem o Direito Penal deve voltar suas baterias 207

Referências bibliográficas 217

Considerações iniciais

Algumas considerações iniciais são necessárias para situar o leitor em torno da temática debatida no presente trabalho, na medida em que a visão crítica aqui imprimida ao Direito Penal vigorante em nosso país destoa de concepções tradicionais e dogmáticas até então verificadas rotineiramente na doutrina pátria.

Com efeito, muitas são as obras que se destinam ao enfrentamento das questões relativas ao Direito Penal brasileiro. Entretanto, uma incursão acurada no acervo doutrinário culmina por escancarar um vezo altamente repetitivo, sem conteúdo axiológico e rotineiramente acrítico, proporcionando a reprodução de conceitos, teorias e citações jurisprudenciais .

A partir da experiência cunhada no trabalho diário com os mais variados ramos do Direito, exercendo há mais de dez anos as atribuições do Ministério Público, foi no enfrentamento com a criminalidade que, a despeito de muitos dissabores, pude encontrar um vasto campo acadêmico para repensar o Direito Penal. Isto, por si só, é gratificante. Efetivamente, não bastasse a impunidade que graça em nosso país, como tônica do modelo penalístico instalado, é árdua a convivência com um sistema penal desatualizado e injusto, cada vez mais ineficaz quando se trata de atingir uma camada de criminosos graduados, de alta lesividade social, em suma, a *cifra dourada da criminalidade* que se mantém imune ou detentora das benesses legais.

O presente trabalho destina-se a abordar a crise por que passa o Direito Penal brasileiro, a partir da demonstração no sentido de que está ele estruturado sobre as bases de um modelo de Estado Liberal, de cunho individualista-patrimonialista, agregado a valores e conceitos que não se coadunam com as aspirações de um Estado Democrático de Direito vigente em nosso país a partir da Constituição de 1988. Encontramo-nos diante de um sistema punitivo defasado, que se sustenta sob os fundamentos da igualdade

Direito Penal no Estado Democrático de Direito
Perspectivas (re)legitimadoras

formal, de uma tutela de bens jurídicos voltada, essencialmente, à proteção de interesses de camadas sociais privilegiadas, fomentado por uma hermenêutica positivista-normativista que mascara a impunidade de uma macrocriminalidade altamente lesiva aos valores sociais e objetivos da República, preconizados constitucionalmente. Com isso, afigura-se evidente a necessidade da busca da relegitimação do Direito Penal, que deve voltar suas baterias contra a criminalidade que afronta e impede a implementação dos valores inerentes ao *Estado Democrático de Direito*.

Didaticamente, cinco são as partes que compõem os escritos. A primeira, identificadora *Da formação do Estado ao Estado Democrático de Direito*; a segunda, que particulariza *O Direito Penal no Brasil*; a terceira, com destino a analisar *O Direito Penal no Estado Democrático de Direito*; a quarta parte traça um *Panorama do Código Penal e legislação vigente*; a quinta parte procura inserir *O Poder Judiciário e o Ministério Público* neste contexto. Por derradeiro, efetuam-se *considerações finais* com vistas a demonstrar perspectivas relegitimadoras do Direito Penal.

Por meio da presente obra, pois, buscou-se abrir os horizontes do penalista a partir de uma imersão profunda no modelo penalístico vigorante, desvelando uma realidade que, rotineiramente, é invisível nos manuais, com o desiderato de contribuir para o necessário e almejado aprimoramento do Direito Penal.

Trata-se, portanto, de um trabalho extraído a partir da experiência vivida, que nos mostrou a impossibilidade de ficarmos inertes diante de uma realidade social tão dramática, onde o Direito Penal ainda é instrumento de manutenção do *status quo*. Acredita-se, fielmente, que o Direito Penal pode e deve servir de instrumento para a construção de uma sociedade melhor, mais humana e justa, onde os cidadãos possam viver em paz.

Introdução

Difícil es la tarea hoy para el penalista al mirar la historia de su disciplina y fácil sería caer en el total pesimismo o escepticismo. Pero toda tarea de democratización del Estado no es sencilla y también el penalista está obligado a aportar a ella su grano de arena.[1]

O presente trabalho destina-se a suscitar reflexões e a motivar o necessário despertar para a inegável crise estrutural que vive o Direito Penal em nosso país, na medida em que seus conceitos básicos e o modo de produção-circulação a ele inerentes são mantidos vinculados a um modelo de Estado Liberal, hoje insustentável diante da tarefa de transformação do *status quo* conferida ao Direito e exsurgida a partir da implementação constitucional de um Estado Democrático de Direito, com a promulgação da Constituição de 1988.

A expressão *crise do Direito Penal* não pode ser encarada sob a ótica do esgotamento de um sistema diante de sua inviabilidade fática, como se tivesse cumprido ele suas finalidades e se tornado saturado em razão do descompasso de uma realidade que avançou. O fenômeno da crise do Direito Penal será abordado como a demonstração de um discurso jurídico-penal que mantém o sistema penal vinculado a uma racionalidade formal, produto do exercício de uma construção metafísica de poder, que o legitima sobre as bases de uma igualdade simbólica em detrimento da produção de sensíveis discriminações. Desvelar a crise vivida pelo Direito Penal brasileiro nos permitirá ampliar os horizontes para visualizar que, construído sobre as bases de uma sociedade patrimonialista, onde o discurso jurídico-penal foi legitimado em defesa dos interesses de camadas sociais detentoras do poder econômico e político, sob os

---

[1] RAMÍREZ, Juan Bustos. *Bases críticas de un nuevo Derecho Penal*, p. 2.

auspícios do Estado Liberal, e assim tem permanecido na atualidade, com a manutenção de uma legislação penalística defasada, protetiva do patrimônio individual, que estabelece a tutela de bens jurídicos em total desequilíbrio axiológico, com inaceitáveis subterfúgios protetivos dessas mesmas camadas sociais no momento em que se vive, há mais de dez anos, em ambiente constitucional impositivo da instalação de um Estado Democrático de Direito, que serve de norte para a implementação dos objetivos da República e dos direitos sociais ainda não implementados.

O crescimento da criminalidade em nosso país tem atingido proporções alarmantes. Não se encontram, apenas, sintomas da prática de infrações penais rotineiras, historicamente verificadas em sociedade. Apresenta-se um quadro onde delitos de extrema gravidade são praticados diuturnamente, atingindo valores humanos antes pouco violentados pela delinqüência dita tradicional. A despeito disso, acentua-se uma criminalidade *graduada*, organizada na maior parte dos casos, formada nas entranhas dos grandes centros do poder político e econômico, violentando a sociedade de maneira sorrateira e insidiosa, que fragiliza o Estado e os cidadãos, impedindo a implementação dos objetivos da República e dos direitos sociais previstos na Constituição e ainda não efetivados, enfim, direitos fundamentais dos cidadãos preconizados na Constituição e, com isso, atentando contra o Estado Democrático de Direito.

Diante dessa realidade, qual o papel do Direito Penal na atualidade? A quem ele está se prestando? Sobre que bases está assentado o modelo penalístico brasileiro? O Direito Penal, frente a essa criminalidade que se alastra por nosso país de maneira assustadora, não estará servindo ao ilusionismo do debate ideológico e esquecendo de constituir-se em um fator de proteção da sociedade contra essa violência? Sob que ótica se está fazendo apologia da falência do sistema penal? Não será possível o redimensionamento dos conceitos e valores tutelados pelo Direito Penal a partir de uma visão do combate a delitos de grande lesividade social, reservando-se apenamento severo para aqueles crimes que atentam contra os objetivos do Estado Democrático de Direito? É possível uma readequação do Direito Penal para imiscuí-lo no desiderato de consolidação deste Estado, em conformidade com a necessária proteção dos valores preconizados na Constituição Federal?

A sociedade brasileira vê-se inserida em um contexto de violência acentuada e crescente, onde os valores sublimes do ser humano estão fragilizados em decorrência de uma insegurança generalizada. Somos, portanto, vítimas efetivas ou potenciais de toda a sorte de criminalidade. Muitas vezes, sequer percebemos o processo de vitimização produzido pela criminalidade organizada, impregnada desde o setor público até o setor privado das atividades humanas. O procedimento investigatório e persecutório não prioriza o combate aos crimes de grande lesividade social, limitando-se a apurar fatos delituosos de lesividade individual, geralmente insignificante. A impunidade aos ditos crimes do *colarinho branco*, à criminalidade graduada, que afronta os valores sociais e objetivos da República estabelecidos na Constituição, é flagrante em nosso país, proporcionando uma cifra oculta de criminalidade que se tem mantido imune ao sistema jurídico-penal, quando não receptiva das benesses legais não destinadas à criminalidade clássica, que lesa bens jurídicos de interesse patrimonial-individual. Este modelo de Direito Penal reflete o pensamento liberal-individualista-normativista, priorizando relações interindividuais, a pretexto de uma igualdade formal que é produto do modelo de Estado Liberal clássico. O Direito Penal tem-se mantido, em nosso país, vinculado às raízes que o originaram, tutelando bens jurídicos de interesse individual, relegando a segundo plano, quando não totalmente desconsiderados, os direitos coletivos ou sociais atingidos pela criminalidade. As alternativas sugeridas em torno da legislação situam-se entre o paradoxo da penalização acentuada e do beneplácito de indultos e leis esparsas conflitantes com o desiderato inicial. Há um acentuado desequilíbrio na tutela dos bens jurídicos. Delitos contra o patrimônio privado mantêm-se apenados com maior rigor ante delitos de extrema lesividade social, a exemplo daqueles contra a ordem tributária, econômica e relações de consumo, ou aqueles praticados por Prefeitos e Vereadores (Decreto-Lei n$^{\circ}$ 201/67). As benesses da legislação (Ex.: Lei n$^{\circ}$ 9.714/99) são estendidas indiscriminadamente, mesmo para crimes praticados em afronta a interesses de toda a coletividade, violentos intrinsecamente, beneficiando o administrador público corrupto, o sonegador e, por uma infeliz interpretação literal-liberal (igualdade formal), o traficante.

Vivemos em um Estado Democrático de Direito, onde a Constituição Federal representa a vontade constitucional, não somente de conservação dos valores liberais já consagrados, notadamente, desde a Revolução Francesa, mas de realização do Estado Social, ainda não implementado em nosso país, onde as desigualdades sociais são uma tônica, onde a pobreza, o analfabetismo, a falta de saúde e educação do povo atingem índices inaceitáveis no limiar do século XXI. Nossa Constituição contempla os direitos chamados de segunda e terceira gerações, preconizando instrumentos para a sua efetivação, em explícita demonstração no sentido de que ainda não estão implementados, em razão da falta de realização da função social do Estado.

A sociedade brasileira é carente de realização de direitos, vitimada pela necessidade de implementação, ainda não ocorrida, dos anseios traduzidos pela Constituição. Não bastasse, esse processo de debilidade social é acentuado em razão da criminalidade instalada, que atenta, não somente contra o interesse individual, com a prática intensa de delitos que historicamente atingem o indivíduo, mas, acima de tudo, contra a coletividade, em virtude da delinqüência de grande lesividade social, que atinge interesses transindividuais. Esse processo de deslocamento do fenômeno do crime constitui-se em elemento que, sobremaneira, afronta os direitos sociais e os objetivos da República preconizados pela Constituição Federal. Atenta, em suma, contra o próprio Estado Democrático de Direito e seus valores. Em contrapartida, verificamos o Direito Penal vigente alheio a essa realidade. Tutelando interesses individuais. Enfim, vivemos sob a égide de um Direito Penal fruto de um modelo estatal e uma sociedade liberal-individualista-normativista.

O Direito Penal deve reencontrar seu caminho e adaptar-se à realidade constitucional de nosso país. Trata-se de construir as condições de possibilidade para uma relegitimação do Direito Penal, apontando suas baterias para os delitos que colocam em xeque os objetivos do Estado Democrático de Direito, previstos na Constituição Federal. Na perspectiva em que se encontra, efetivamente, o sistema penal semeia e fomenta a idéia de sua falência ou dispensabilidade. Torna-se aliado de uma desesperança que reforça a consciência da impunidade. Reconstruir, pois, um Direito Penal a partir do combate à delinqüência de grande lesividade social, que impede a concretização dos direitos transindividuais preconizados na Constituição Federal, é imperativo. Resgatar, portanto, uma cidadania não implementada, inclusive pela desfuncionalidade do sistema penal vigente.

Para que o desenvolvimento do presente trabalho chegasse a bom termo, considerou-se imprescindível o atingimento de determinados objetivos. Por isso, os estudos empreendidos foram desenvolvidos em cinco partes.

Inicialmente, afigurou-se necessário estabelecer, na primeira parte, as bases da formação do Estado Moderno, a partir da idéia contratualista, com a apresentação das características essenciais do Estado de Direito e seus três modelos substanciais, o Estado Liberal, Social e Democrático de Direito. A partir do estabelecimento dessas premissas, identificou-se a formação do Estado brasileiro, sua conformação social e política.

Passo seguinte, para uma necessária abordagem crítica, indeclinável a tarefa de demonstrar, na segunda parte, desde a sua formação, como o Direito Penal estabeleceu-se em nosso país. Efetuou-se a identificação da legislação penal que vigorou, desde o período do descobrimento até o atual Código Penal, para culminarmos com a identificação teórica do atual modelo penalístico vinculado aos conceitos inerentes ao Estado Liberal.

Situadas as bases do modelo penalístico brasileiro que, não por determinismo, reproduz valores de cunho individual-patrimonial, como reflexo das relações de poder econômico e político de uma sociedade estratificada que historicamente instalou-se no país, passa-se, na terceira parte, à identificação do Direito Penal vinculado ao necessário desiderato do Estado Democrático de Direito, extraído da substancialidade constitucional, o que nos permitirá ultrapassar conceitos clássicos que surgiram como produto do Estado Liberal e devem ser superados, reposicionando-os sob o norte do Estado de Direito, agora com conteúdo democrático e social. São suplantados conceitos como o clássico princípio liberal da igualdade formal, que produz uma criminalidade graduada e fomenta uma cifra oculta e impune de criminosos de alta lesividade social. Efetua-se, também, uma adequação do conceito de bem jurídico, agora sob a ótica do Estado Democrático de Direito, como contributo indispensável para o objetivo principal deste trabalho, que se constitui na busca da relegitimação do Direito Penal.

Após o transcurso desta senda, na quarta parte do trabalho, é apresentado um panorama concreto, mesmo que de forma não exaustiva, das disparidades encontradas na parte especial do Código Penal, demonstrando, fática e objetivamente, a deslegitimação do Direito Penal, na medida em que vinculado aos valores liberais-individuais-patrimoniais, como reflexo de conceitos desvinculados dos valores inerentes ao Estado Democrático de Direito. Na legislação esparsa, da mesma forma, são encontrados sintomas da desfuncionalidade do Direito Penal, apresentados, notadamente, por meio de apreciação da causa extintiva da punibilidade contida no artigo 34 da Lei nº 9.249/95, da abordagem da Lei nº 9.714/98 e da Lei nº 9.983/00, todas proporcionando uma desigualdade substancial que irá refletir-se, conforme demonstrado com dados concretos, na efetividade do sistema penalístico que se volta à punição de uma criminalidade clássica, ofensiva ao patrimônio individual, em detrimento da impunidade de camadas de delinqüentes de grande lesividade social, que afrontam os valores constitucionais e impedem a implementação dos objetivos inerentes ao conteúdo do Estado Democrático de Direito.

Diante do contexto apresentado, no capítulo final, buscou-se a imersão do Poder Judiciário e do Ministério Público como co-responsáveis na manutenção ou relegitimação do Direito Penal, na medida em que, acredita-se, ainda devem despertar para a necessária retomada de legitimidade desta fatia do Direito. Para tanto, apresentou-se um caso concreto, por paradigmático, que muito bem demonstra a falta de sensibilidade, notadamente do Poder Judiciário, para uma necessária *visão-de-mundo* voltada à nova realidade constitucional, que compele o Direito Penal a tornar-se, também, um instrumento de concretização do Estado Democrático de Direito.

O fechamento do trabalho é feito por meio da apresentação de perspectivas para a necessária relegitimação do Direito Penal. Apresenta-se proposta de um novo paradigma para a validade das normas jurídico-penais, que devem encontrar sua sustentação na substancialidade constitucional, constituindo-se em instrumentos de modificação do *status quo* e fomento dos valores inerentes ao Estado Democrático de Direito. São elevadas ao debate, por derradeiro, propostas de descriminalização ou despenalização, bem como apresentadas alternativas para a essencialidade do Direito Penal, direcionando suas baterias a uma criminalidade até agora envolta em um manto protetivo que o deslegitima.

Ao longo do trabalho, há de privilegiar-se o método hermenêutico, na medida em que se constituiu na forma do atingimento da reflexão enquanto busca da racionalidade, que permite o estabelecimento de uma crítica substancial ao modelo penalístico distorcido da realidade social e constitucional de nosso país. Como técnicas principais, foram utilizadas a pesquisa bibliográfica e também pesquisa documental, em especial da legislação pátria e de dados objetivos encontrados em instituições.

Com a pesquisa empreendida, sem qualquer pretensão de esgotar os temas debatidos, pode-se desenvolver o estudo do Direito Penal sob uma ótica crítica, com vistas à sua relegitimação, a partir de uma visão norteada pela Constituição e dirigida à proteção da sociedade, estimulando o resgate da dignidade humana e da cidadania necessária para a implementação do Estado Democrático de Direito. Espera-se que este desiderato constitua-se no grão de areia apregoado por Ramírez, como contributo do penalista no sentido de relegitimar o Direito Penal sob os auspícios de uma Constituição democrática e social.

1. Do Estado Moderno ao Estado Democrático de Direito

1.1. O surgimento do Estado

Inúmeras teorias tentam explicar e justificar o surgimento do Estado. A doutrina teológica (Tomás de Aquino, Bossuet, De Maitre, Donald) vincula a formação do Estado à criação divina, e seus governantes seriam instituídos como representantes de um deus, de uma força superior ou dos deuses aqui na terra. A doutrina familiar ou patriarcal (Robert Filmer), em proposta considerada conservadora, que foi desenvolvida para justificar o absolutismo monárquico e o poder da família real inglesa, observava que a fonte do governo provinha da ampliação do sistema patriarcal e da sucessão hereditária. Assim, a base primária e formadora do Estado teria sido a família. Apresenta-se, ainda, a doutrina da força e da violência (Gumplowicz, Oppenheimer), proposição fortemente influenciada pelo organicismo e pelo darwinismo (Charles Darwin) de fins do século XIX, apregoando o surgimento do Estado como resultado de lutas e guerras, predominando a imposição de grupos mais fortes e seletos. Esse pensamento refletia uma explicação própria de posturas do elitismo discriminador europeu, muito adequada para manter as diversas formas de colonialismo vigentes à época. Para a doutrina econômica, cujo expoente foi Friedrich Engels, que exerceu grande influência sobre os meios socialistas e marxistas contemporâneos, adeptos e divulgadores das concepções de Karl Marx, o Estado é produto da sociedade em determinado momento de sua evolução, estando intimamente vinculado ao modo de produção econômica e à particularidade das relações sociais de classe. Estruturando-se a propriedade privada dos meios de produção, a divisão de classes e a desigualdade material, o Estado aparece para instrumentalizar e assegurar a dominação de uma classe sobre a outra.

Imperioso, entretanto, destacar as doutrinas chamadas hodierna-mente por contratualistas, cujos expoentes foram Grócio, Locke, Hobbes e Rousseau. Trata-se de formulação teórica defendida por pensadores identificados com a burguesia emergente e contrários à tradição medieval de inspiração sobrenatural, sendo o Estado, na verdade, produto de um pacto social definido pela livre vontade e pela concórdia natural dos homens. Esta teoria, que apela à ordem e harmonia das coisas, popularizou-se acentuadamente com a ascen-são dos valores liberais-burgueses, como tolerância, individualis-mo, racionalismo, liberdade pessoal, propriedade privada, etc.[2]

A despeito das teorias aventadas, pode-se afirmar que o Estado procede do que denominamos a institucionalização do poder. Este fenômeno não ocorre ocasionalmente, mas é fruto da sedimentação de um processo evolutivo com marcos bastante significativos. Segundo Georges Burdeau, a institucionalização do poder na forma do Estado pressupôs a transposição do regime feudal, onde a dependência pessoal e os laços sociais individualizados formavam característica essencial, na medida em que o que caracteriza politi-camente o sistema feudal é o empenho da fé, a ligação do homem a homem,

> "um homem comanda, não uma entidade... É que de facto a individualização da relação política no mundo feudal se expli-ca pela circunstância de os espíritos conceberem dificilmente as abstracções e apenas se interessarem pelo concreto. Para crer precisam de um deus esculpido na pedra das catedrais; para obedecer têm necessidade de ver a silhueta da torre de menagem perfilar-se no horizonte. A autoridade assenta em relações entre o superior e o inferior. O indivíduo serve o seu senhor, ele não saberia servir uma idéia; ele é menos um súbdito das leis do que um fiel do rei."[3]

Podem ser apontadas diversas características do medievo, dentre elas a permanente instabilidade política, econômica e social, a distinção e o choque entre poder espiritual e poder temporal, a fragmentação do poder, mediante a infinita multiplicação de cen-tros internos de poder político, distribuídos a nobres, bispos, universidades, reinos, corporações, etc., sistema jurídico consuetu-dinário embasado em regalias nobiliárquicas e relações de depen-

---

[2] WOLKMER, Antônio Carlos. *Elementos para uma Crítica do Estado*, p. 22.
[3] BURDEAU, Georges. *O Estado*, p. 32.

dência pessoal, hierarquia de privilégios.[4] A institucionalização do poder, na forma de Estado, decorre de um conjunto de circunstâncias, mas que não se esgotam em elementos apenas objetivos e clássicos, como território, povo e nação. Na acepção de Georges Burdeau, "visto que o Estado é uma ideia, torna-se evidente que ele supõe espíritos aptos a pensá-lo".[5]

Nesse diapasão, a evolução da própria idéia de poder foi fundamental, na medida em que se perceberam os inconvenientes, os danos causados e a instabilidade política provocada pelo poder individualizado. Os campos devastados pelas cavalgadas bélicas, as colheitas perdidas, o comércio prejudicado ou paralisado pela insegurança dos caminhos são acontecimentos derivados das lutas pelo poder de mando. Enquanto o título dos príncipes dependesse das vitórias que proporcionassem a seus seguidores, a paz manter-se-ia em perigo. Em suma, a certeza do dia de amanhã apresentava-se comprometida enquanto perdurasse uma forma de poder individualizado. Por isso, o poder deveria ser um refletor de tranqüilidade, revelando-se na forma de campos prósperos, negócios promissores e segurança de vida, ou seja, um fator de estabilidade política e social.

Partindo da concepção de formação do Estado que se constitui numa idéia, Burdeau salienta que:

> "Do arbítrio a que haviam estado expostos nasceu, na consciência dos governados, um dilema que foi uma poderosa alavanca da evolução política: ou o Poder se liga a uma função onde encontra ao mesmo tempo a sua legitimidade e os seus fins, ou então ele é uma propriedade de certos indivíduos e, por conseguinte, o instrumento das suas vontades ou das suas fantasias. Uma vez claramente posta a alternativa, era inevitável que o segundo termo fosse condenado... A ideia do Estado impunha-se, independentemente de quaisquer outras considerações mais relevantes, pela sua virtude prática. Ela era, como dirá mais tarde Schopenhauer, o açaimo cuja finalidade é tornar inofensivo esse animal carnívoro chamado homem."[6]

Adota-se, para os limites deste trabalho, o pensamento contratualista de justificação da formação do estado, concebendo-o como

---

[4] STRECK, Lenio Luiz; MORAIS, José Luis Bolzan de. *Ciência Política e Teoria Geral do Estado*, p. 21.
[5] BURDEAU, Georges. *Op. cit.*, p. 44.
[6] Idem, p. 47.

Direito Penal no Estado Democrático de Direito
Perspectivas (re)legitimadoras

produto da razão humana, como fator de sobrevivência e tranqüilidade para a população. Para tanto, fundamental o pensamento de Jean-Jacques Rousseau, John Locke e Thomas Hobbes, de inestimável contribuição na justificação do fenômeno do surgimento do Estado.

1.2. O Estado de Direito

A concepção contratualista[7] de justificação da existência do Estado, que primeiramente passou por seu estágio absolutista, conduz-nos a situar o surgimento da idéia de Estado de Direito na Europa do século XVIII, durante a luta contra esse Estado absolutista. O Estado de Direito surgiu com o objetivo de submeter o poder político às regras do direito, de modo que a administração do governante encontraria no direito as balizas à ação do Estado em face dos direitos reservados aos cidadãos. Pode-se identificar que o Estado de Direito caracteriza-se pela existência de uma ordem jurídica definindo os limites de atuação dos cidadãos e delimitando o poder político do Estado, bem como pela existência de um controle judicial, indispensável para a realização do Estado de Direito e para a aplicação das regras estabelecidas. Corolário da necessidade do controle judicial da aplicação das regras de Direito é a compreensão e o estabelecimento de uma ordem jurídica hierarquizada, tendo como princípio de base a supremacia da Constituição.

Inobstante essas características marcantes do Estado de Direito, essenciais para a resistência e a superação do Estado absolutista, não se afiguram suficientes para o delineamento da idéia de Direito subjacente ao Estado contemporâneo, havendo necessidade de se introduzir *um qualitativo*, que configurará as formas identificadas por Estado Liberal de Direito, Estado Social de Direito e Estado Democrático de Direito.[8] No dizer de Manuel García-Pelayo, o Estado de Direito é, em sua formulação originária, um conceito polêmico orientado contra o Estado absolutista, isto é, contra o Estado poder e, especialmente, contra o Estado polícia, que tratava

---

[7] Ver ROUSSEAU, Jean-Jacques. *O Contrato Social*; LOCKE, John. *Dois tratados sobre o Governo*; MALMESBURY, Thomas Hobbes de. *Leviatã ou matéria*, forma e poder de um Estado Eclesiástico e Civil.

[8] LOBATO, Anderson Cavalcante. O reconhecimento e as garantias constitucionais dos Direitos Fundamentais. In: *Cadernos de Direito Constitucional e Ciência Política*, p. 143-4.

de fomentar o desenvolvimento geral do país e fazer a felicidade de seus súditos à custa de incômodas intervenções administrativas na vida privada, e que, como corresponde a um Estado burocrático, não era incompatível com a sujeição dos funcionários e dos juízes à legalidade.[9]

O Estado de Direito, em seu sentido primeiro, é um Estado cuja função capital é estabelecer e manter o Direito, e cujos limites de ação estão rigorosamente definidos por este. Entretanto, o Direito não se identifica com qualquer lei ou conjunto de leis, com indiferença em relação ao seu conteúdo, pois o Estado absolutista não excluía a legalidade, senão com uma normatividade adequada com a idéia de legitimidade, de justiça, dos fins e dos valores àqueles que deve servir o Direito. O Estado de Direito significa, pois, uma limitação do poder do Estado pelo Direito, porém, não a possibilidade de legitimar qualquer critério dando-lhe forma de lei. Embora a legalidade seja um componente do Estado de Direito, este não se identifica com qualquer legalidade, senão com uma legalidade de determinado conteúdo e, sobretudo, com uma legalidade que não lesione certos valores por e para os quais se constitui o ordenamento jurídico e político, e que se expressam em normas e princípios que a lei não pode violar.

Pelayo afirma que o Estado de Direito:

"surge en el seno del iusnaturalismo y en coherencia histórica con una burguesía cuyas razones vitales no son compatibles con cualquier legalidad, ni con excesiva legalidad, sino precisamente con una legalidad destinada a garantizar ciertos valores jurídico-políticos, ciertos derechos imaginados como naturales que garanticen el libre despliegue de la existencia burguesa."[10]

Identifica, o aludido autor, a existência de duas dimensões ou de dois momentos do Estado de Direito. A primeira, denominada de Estado formal de Direito, que se refere à forma de realização da ação do Estado e concretamente a redução de seus atos à lei ou à Constituição, para o qual estabelece determinados princípios e mecanismos, e que tem sua origem na estruturação dos postulados liberais pela técnica jurídica, como, por exemplo, o princípio da legalidade, da reserva legal, etc.[11] Sob esta ótica, poder-se-ia citar a

---

[9] GARCÍA-PELAYO, Manuel. *Las transformaciones del Estado Contemporáneo*, p. 52.

[10] Idem, p. 53.

[11] Idem, p. 54.

existência do Estado de Polícia, onde o Direito é um mero instrumento sob total manipulação do Estado. Da mesma forma, o identificado Estado Legal, onde, mesmo sendo a lei limite e condição da atividade administrativa, não há o *"privilegiamento hierárquico"* da ordem jurídica, impondo-se uma supremacia parlamentar.[12]

Portanto, o Estado de Direito formal está alheio a conteúdos materiais, em razão da identificação da legalidade como único parâmetro do Estado, desvinculado da idéia do Estado realizador de atividades materiais. Por segundo momento ou dimensão, reporta-se ao Estado material de Direito, também chamado de conceito político do Estado de Direito, que não se refere à forma, mas ao conteúdo da relação Estado-cidadão, sob a inspiração de certos critérios materiais de justiça. Não se baseia meramente na legalidade, mas entende que esta deve sustentar-se na legitimidade, ou seja, na idéia de Direito como expressão dos valores jurídico-políticos vigentes em uma época.[13] Não é, pois, a forma jurídica que dimensiona o Estado, mas o Estado de Direito identifica-se com os conteúdos de que é dotado, os conteúdos a ele agregados.

No dizer de Lenio Luiz Streck e José Luis Bolzan de Morais, citando Jacques Chevallier,

> "o Estado de Direito não é mais considerado somente como um dispositivo técnico de limitação de poder, resultante do enquadramento do processo de produção de normas jurídicas; é também uma concepção que funda liberdades públicas, de democracia, e o Estado de Direito não é mais considerado apenas como um dispositivo técnico de limitação do poder resultante do enquadramento do processo de produção de normas jurídicas. O Estado de Direito é, também, uma concepção de fundo acerca das liberdades públicas, da democracia e do papel do Estado, o que constitui o fundamento subjacente da ordem jurídica."[14]

É sob essa ótica do Estado material de Direito que se pode dividi-lo em três ambientes históricos, identificando-o em razão de seu aspecto qualitativo como Estado Liberal de Direito, Estado Social de Direito e Estado Democrático de Direito.

---

[12] STRECK, Lenio Luiz; MORAIS, José Luis Bolzan de. *Op. cit.*, p. 84.
[13] GARCÍA-PELAYO, Manuel. *Op. cit.*, p. 54.
[14] STRECK, Lenio Luiz; MORAIS, José Luis Bolzan de. *Op. cit.*, p. 85.

1.3. O Estado Liberal de Direito

A conformação do Estado Liberal de Direito decorre da ideologia identificada por Liberalismo, surgido, historicamente, na Europa da Idade Moderna, após o século XVI, acentuando-se nos séculos XVII e XVIII como reflexo de uma nova *visão-de-mundo* de uma classe social emergente, até então submissa, a burguesia, em sua luta histórica contra os domínios do feudalismo aristocrático e fundiário. Inicialmente, o Liberalismo significou um movimento de levante da classe burguesa capitalista, composta, basicamente, por camponeses e camadas sociais menos favorecidas, contra o regime absolutista vigente. Seus princípios marcantes foram *liberdade, igualdade e fraternidade*, identificando-se tanto com os ideais individuais da burguesia mais abastada como com os aliados economicamente fragilizados. Maurício Antônio Ribeiro Lopes assegura que "Assim, o liberalismo tornou-se a expressão de uma ética individualista voltada basicamente para a noção de liberdade total que está presente em todos os aspectos da realidade, desde o filosófico até o social, o econômico, o político, o religioso, etc."[15]
No Liberalismo, o indivíduo, como proprietário, encontra-se totalmente livre, exceto no que diz respeito às obrigações contratuais assumidas. Pode-se falar em uma Era Liberal, caracterizada pelo período em que, sob os princípios do Liberalismo, o homem toma consciência da liberdade como valor supremo da vida individual e social, mas também porque a liberdade é a categoria geradora que explica todo o conjunto de comportamentos políticos e sociais intimamente relacionados entre si. Direito à livre manifestação, com vista a uma maior elevação moral dos homens e dos povos. O Liberalismo, como expressão política da filosofia moderna, afirmou-se com as várias Declarações dos Direitos do Homem e do Cidadão, que consagraram a liberdade de cada cidadão e antecederam os processos de constitucionalismo. O Estado Liberal, já não impregnado pelo absolutismo, continua sendo absoluto, mas retirado do campo da ética (liberdade interior) e passado ao campo do direito (liberdade exterior). Assume caráter de neutralidade, restringindo seu campo de intervenção na necessidade de permitir uma organização da sociedade em que cada indivíduo e cada grupo social tenha condições para perseguir livremente seu próprio objetivo e escolher seu próprio destino. Passa o Estado a ser reduzido a

---

[15] LOPES, Maurício Antônio Ribeiro. *Princípios políticos do Direito Penal*, p. 208.

mero procedimento político e jurídico. Como valor, pressupõe o indivíduo visto como fim, e não como meio.[16]

Na visão de Lenio Luiz Streck e José Luis Bolzan de Morais, a despeito da complexidade que representa a definição do Liberalismo, pode-se identificá-lo como *"uma teoria antiestado"*, onde o *"aspecto central de interesses era o indivíduo e suas iniciativas"*. Identificam-se no Estado Liberal tarefas reduzidas de regulação e proteção social, basicamente situadas na manutenção da ordem e da segurança, procurando tutelar eventuais disputas entre indivíduos por meio de juízos imparciais, que impeçam o exercício da força privada. Além disso, é função estatal primordial zelar pelas liberdades civis dos cidadãos, garantindo-lhes plena liberdade econômica. Identifica-se, pois, um papel negativo do Estado, intolerável como promotor de outras ações interventivas.[17] Em seu nascedouro, o conceito de Estado de Direito surge aliado ao conteúdo próprio do Liberalismo, vinculando, assim, as finalidades do Estado à concreção do ideário liberal, que se consubstancia no estabelecimento do princípio da legalidade, a divisão de poderes ou funções e, acima de tudo, como pedra de toque, *"garantia dos direitos individuais"*. A nota marcante do Estado Liberal de Direito pode ser definida como uma limitação jurídico-legal negativa, na medida em que se estabelece como garantia dos cidadãos frente a eventuais intervenções estatais. Ao Estado caberia, assim, o fomento de instrumentos jurídicos que assegurassem o "livre desenvolvimento das pretensões individuais, ao lado das restrições impostas à sua atuação positiva."[18]

Em vista desses predicados, o Direito próprio a este Estado "terá como característica central e como metodologia eficacial a coerção das atitudes, tendo como mecanismo fundamental a sanção."[19]

Pierre Rosanvallon,[20] analisando a crise do que identifica por *"Estado-Providência"*, também nominado por Estado Social, de Bem-Estar ou *welfare state*, afirma que:

> "No cerne da argumentação liberal está a idéia de que dois Estados coexistem no Estado-moderno: um Estado de direito, guardião da democracia e fiador das liberdades essenciais, e um Estado intervencionista, destruidor dessas liberdades. Se-

---

[16] MATTEUCCI, Nicola; *et alli. Dicionário de Política*, p. 686-700.

[17] STRECK, Lenio Luiz; MORAIS, José Luis Bolzan de. *Op. cit.*, p. 49-55.

[18] Idem, p. 88.

[19] MORAIS, José Luis Bolzan de. *Do Direito Social aos interesses transindividuais*, p. 72.

[20] ROSANVALLON, Pierre. *A crise do Estado-providência*, p. 49.

ria necessário, pois, reduzir ou suprimir o segundo para conservar apenas o primeiro; destruir o mau Estado para deixar subsistir apenas o *bom.*"

No dizer de Anderson Cavalcante Lobato,

"A principal característica do Estado liberal é sem dúvida a busca constante pela não intervenção do Estado nas relações entre particulares... A idéia de Estado de Direito liberal traz consigo a somatória de dois princípios inerentes ao Estado de Direito: a) a separação de poderes, onde pela divisão ou separação das três funções essenciais do Estado, legislar, executar e julgar, poder-se-ia assegurar o controle da atividade de um poder político pelo outro de mesmo nível; b) o reconhecimento dos direitos individuais, que seriam inseridos no Texto Constitucional e assim protegidos pelo controle da constitucionalidade das leis."[21]

Enfim, a partir das teorias desenvolvidas sobre a formação do Estado Moderno, que assumiu inicialmente feição absolutista, pode-se identificar o modelo Liberal na sustentação de John Locke,[22] que apregoa a passagem do estado de natureza do homem, que se encontrava totalmente livre e em igualdade, feliz, por meio do Contrato Social, para o estado civil até a formação do Estado Político, surgindo este como elemento apenas garantidor dos direitos naturais já existentes no primeiro estágio da civilização. No Estado idealizado por Locke, o poder soberano é limitado, de conotação negativa, garantidor das liberdades individuais e da propriedade. Esta assume caráter preponderante, uma vez que este direito decorre do próprio estado de natureza. Admite-se a resistência do povo ao soberano, sempre que não exercer suas funções de garantia dessas liberdades. Há, em suma, por meio do Contrato, a renúncia parcial de direitos por parte dos cidadãos ao Estado, consistindo ela em transferir ao soberano o direito de fazer justiça, por meio de juízos imparciais, impedindo o exercício da vingança privada. Essa função é exercida por meio de sanções, estabelecidas por leis abstratas.[23]

---

[21] LOBATO, Anderson Cavalcante. *Op. cit.*, p. 144.

[22] LOCKE, John. *Dois tratados sobre o governo.*

[23] Em Thomas Hobbes, contrariamente, o Pacto Social, que marca a passagem do estado de natureza (guerra) para o Estado Civil, estabelece-se com a transferência de todos os direitos naturais pelos cidadãos ao soberano (Leviatã), exceto à vida. Pode-se afirmar que há um pacto de submissão. Ver MALMESBURY, Thomas Hobbes de. *Op. cit.* Em Rousseau, o *Contrato Social* também estabelece a passagem

José Luis Bolzan de Morais assevera, ainda, que a idealização formulada por John Locke, identificado como *"burguês puritano de nascimento"*, é a que melhor caracteriza o Liberalismo, constituindo-se na formulação primária e mais completa do Estado Liberal. Este, nasce limitado pelos direitos naturais fundamentais - vida e propriedade -, que são conservados pelos indivíduos quando da criação do Estado civil. Locke ainda preconiza o estabelecimento de uma responsabilidade comprometedora para o Estado civil, ou seja, garantir os direitos naturais fundamentais, entre os quais os *bens* têm papel preponderante - o que conforma a idéia de *"patrimonialização do Direito"*.[24]

A abordagem do modelo de Estado Liberal nos permite identificar que o Direito Penal vigente, em sua parte especial, e o sistema punitivo como um todo, não só historicamente, ao tipificar condutas criminosas com ênfase voltada ao interesse individualista, patrimonial e econômico, privilegiando com benesses camadas sociais excluídas na fatia piramidal efetivamente punida, apresenta-se vinculado ao primado da legalidade, validade e igualdade formais, aos conceitos clássicos de crime e bem jurídico, ainda impregnado dos princípios e ideologia daquele modelo, destoante do preconizado constitucionalmente Estado Democrático de Direito.

Há, em toda a legislação penal vigorante em nosso país, um evidente direcionamento à tutela de bens jurídicos de interesse individual-patrimonial, distorcido dos novos ares proporcionados pela Constituição Federal de 1988, que, inobstante também conter compromissos liberais, agregou ao formal modelo de Estado Social (não implementado no Brasil) conteúdo de Democracia, ressurgindo como Estado Democrático de Direito com pretensão de resgatar o *deficit* até então não suprido pelos modelos anteriores. Esta abordagem, entretanto, será feita no desenvolvimento deste livro.

1.4. O Estado Social de Direito

O surgimento do conteúdo social do Estado parte da constatação no sentido de que a não-intervenção estatal nas relações entre os

---

do estado de natureza para o Estado Civil. Porém, para o autor, o estado de natureza é um estado de felicidade e o Estado Civil um fenômeno negativo, embora inevitável, pois surge como um corretivo humano. Por meio do Contrato, os cidadãos e governantes submetem-se à *vontade geral*, que se dirige ao *bem comum*. Ver ROUSSEAU, Jean-Jacques. *Op. cit.*

[24] MORAIS, José Luis Bolzan de. *Op. cit.*, p. 37-8.

indivíduos, na medida em que sua função essencial é o fomento da liberdade e a proteção da propriedade privada, acarreta desigualdades. O incremento do Liberalismo semeia uma disfunção que desperta a necessidade de um redimensionamento da atuação do Estado. As relações econômicas estabelecidas no seio do Liberalismo produzem o beneficiamento dos indivíduos mais fortes economicamente, em detrimento das camadas menos favorecidas. Percebeu-se que a burguesia dominante do modelo de Estado e sociedade liberal não cumpriu os princípios filosóficos que motivaram a resistência ao Estado absolutista, na medida em que a igualdade estabeleceu-se apenas formalmente, e a liberdade cingiuse ao móvel econômico, fomentador de desigualdades, configurando o domínio ainda maior das classes privilegiadas.

Efetivamente, o desenvolvimento da filosofia liberal, em ambiente onde a sociedade adaptava-se ao novo modelo produtivo, voltado para a industrialização, fermentando o surgimento de lutas dos movimentos operários pela conquista de uma regulação para a chamada questão social, formada pelos direitos inerentes às relações laborais de produção, como previdência e assistência sociais, o transporte, a salubridade pública, a moradia, a educação, etc., desde o último terço do século XIX e começo do século XX, acarretou modificação no aspecto conteudístico do Estado, para agregar à sua destinação uma finalidade social, concreta, envolvida com a questão social, onde a lei, antes uma ordem geral e abstrata, não impeditiva das iniciativas dos cidadãos, agora assume um caráter de ação material do Estado, no sentido da facilitação de acesso dos indivíduos aos bens e necessidades vitais. O Estado incorpora um caráter positivo, em detrimento de sua abstenção no modelo liberal. O foco de atenção é desviado do indivíduo para o grupo social, onde o Direito terá como característica central e como metodologia eficacial não mais a sanção, mas a promoção do bem-estar social. Esta nova concepção substancial do Estado marca, em suma, a existência daquilo que se pode chamar de Estado Contemporâneo, onde a questão social surge como tônica da intervenção do Estado. Os serviços prestados pelo Estado passam a ser considerados como direitos da cidadania, não mais como de mero caráter assistencial. De acordo com Lenio Luiz Streck e José Luis Bolzan de Morais,

> "o Welfare State seria aquele Estado no qual o cidadão, independente de sua situação social, tem direito a ser protegido contra dependências de curta ou longa duração. Seria o Estado que assegure garantias mínimas de renda, acesso à alimenta-

ção, saúde, habitação, educação, garantidos a todo o cidadão, não como caridade mas como direito político".[25]

Manuel García-Pelayo identifica que:

"En términos generales, el Estado social significa históricamente el intento de adaptación del Estado tradicional (por el que entendemos en este caso el Estado liberal burgués) a las condiciones sociales de la civilización industrial y postindustrial con sus nuevos y complejos problemas, pero también con sus grandes posibilidades técnicas, económicas y organizativas para enfrentarlos."[26]

O modelo constitucional do Estado Social, também identificado como Estado do Bem-Estar ou *Welfare State,* começou a ser formado com a Constituição Mexicana de 1917, seguindo-se a Constituição alemã de Weimar, de 1919. A constitucionalização da nomenclatura de Estado Social ocorreu, pela vez primeira, na Constituição alemã de 1949, que definiu a República Federal da Alemanha como um *Estado federal, democrático e social* e, em seu artigo 28, como um *Estado democrático e social de Direito.*

Pelayo apresenta com nitidez o avanço conteudístico representado pela conformação do Estado Social, aduzindo que:

"Los valores básicos del Estado democrático-liberal eran la libertad, la propiedad individual, la igualdad, la seguridad jurídica y la participación de los ciudadanos en la formación de la voluntad estatal a través del sufragio. El Estado social democrático y libre no sólo no niega estos valores, sino que pretende hacerlos más efectivos dándoles una base y un contenido material y partiendo del supuesto de que individuo y sociedad no son categorías aisladas y contradictorias, sino dos términos en implicación recíproca de tal modo que no puede realizarse el uno sin el outro. Así, no hay posibilidad de actualizar la libertad si su establecimiento y garantías formales no van acompañadas de unas condiciones existenciales mínimas que hagan posible su ejercicio real; mientras que en los siglos XVIII y XIX se pensaba que la libertad era una exigencia de la dignidad humana, ahora se piensa que la dignidad humana (materializada en supuestos socioeconómicos) es una condición para el ejercicio de la libertad. La propiedad indivi-

---

[25] STRECK, Lenio Luiz; MORAIS, José Luis Bolzan de. *Op. cit.,* p. 132.

[26] GARCÍA-PELAYO, Manuel. *Op. cit.,* p. 18.

dual tiene como límite los intereses generales de la comunidad ciudadana y los sectoriales de los que participan en hacerla productiva, es decir obreros y empleados. La seguridad formal tiene que ir acompañada de la seguridad material frente a la necesidad económica permanente o contingente a través de instituciones como el salario mínimo, la seguridad de empleo, la de atención médica, etc.[27]

Em essência, a segurança jurídica e a igualdade ante a lei devem ser acompanhadas pela segurança de condições vitais básicas e com a correção de desigualdades socioeconômicas. Acrescenta o aludido autor que o Estado tradicional se sustentava na justiça comutativa, assegurando direitos sem menção de conteúdos, caracterizando-se por ser um Estado legislador, enquanto o Estado Social afirma-se na justiça distributiva, distribuindo bens jurídicos de conteúdo material, configurando-se em um Estado gestor. O adversário dos valores burgueses clássicos era a expansão da ação do Estado, contra o qual instituíram-se mecanismos como os direitos individuais, o princípio da legalidade, a divisão dos poderes, etc. No Estado Liberal tratava-se de proteger a sociedade do Estado, por meio da idéia de inibição, enquanto no Estado Social de Direito trata-se de proteger a sociedade por meio do Estado, através da idéia de ação em forma de prestações sociais, direção econômica e distribuição do produto nacional.[28]

Assim como a modificação do perfil do Estado Liberal de Direito para o Estado Social de Direito não significou uma ruptura estrutural, mas uma passagem caracterizada pela adaptação à nova realidade social, verifica-se o surgimento de um novo conteúdo agregado ao Estado Social de Direito, que passa a configurar o que se identifica por Estado Democrático de Direito.

1.5. Estado Democrático de Direito

Ao modelo de Estado Liberal, sustentado no individualismo patrimonialista e na idéia de não-intervenção estatal nas relações privadas, agregou-se um conteúdo social, que conferiu ao Estado função de promovedor do bem-estar social, fórmula geradora do *Welfare State* neocapitalista, acentuadamente instalado após a Se-

---

[27] GARCÍA-PELAYO, Manuel. *Op. cit.*, p. 26.
[28] Idem, p. 27.

gunda Grande Guerra. Transmuda-se o caráter legislativo antes geral e abstrato para dotar a lei de função material, fomentadora de ações concretas atribuídas ao Estado.

Destarte, a nova concepção de cidadania, que passou do plano civil e político para o âmbito social, com a transformação da ordem jurídica como instrumento para a obtenção concreta de metas sociais, sob uma ótica distributiva de direitos humanos igualitários, com desiderato de vislumbrar-se uma sociedade mais humana e justa, por si só, não concretizou a finalidade de atingimento da tão sonhada igualdade.

Verifica-se, então, um avanço no sentido de agregar aos conteúdos do Estado Liberal e Social de Direito as conquistas democráticas, os valores jurídico-legais já existentes e surgidos com a nova dinâmica social, bem como a ainda viva preocupação social. O Estado Democrático de Direito constitui um enorme avanço conteudístico em relação ao incipiente Estado de Direito, agregando ao Estado Liberal e Social uma preocupação elementar de modificação das condições instaladas, do *status quo*.

No dizer de José Luis Bolzan de Morais,

> "O Estado Democrático de Direito tem um conteúdo transformador da realidade, não se restringindo, como o Estado Social de Direito, a uma adaptação melhorada das condições sociais de existência. Assim, o seu conteúdo ultrapassa o aspecto material de concretização de uma vida digna ao homem, e passa a agir simbolicamente como fomentador da participação pública quando o democrático qualifica o Estado, o que irradia os valores da democracia sobre todos os seus elementos constitutivos e, pois, também sobre a ordem jurídica. E mais, a idéia de democracia contém e implica, necessariamente, a questão da solução do problema das condições materiais de existência... Assim, o Estado Democrático de Direito teria a característica de ultrapassar não só a formulação do Estado Liberal de Direito, como também a do Estado Social de Direito, vinculado ao *welfare state* neocapitalista - impondo à ordem jurídica e à atividade estatal um conteúdo utópico de transformação da realidade."[29]

Percebe-se que no Estado Democrático de Direito ocorre a agregação de uma expectativa ou ideal de caráter modificador da realidade, por meio do anseio da implementação do valor igualdade, extraído da democracia, com o fito de assegurar aos cidadãos e à comunidade

---

[29] MORAIS, José Luis Bolzan de. *Op. cit.*, p. 74-5.

as condições mínimas de vida não por meio da intervenção estatal, mas do fomento e implementação dos valores democráticos.

Se é possível identificar que, tanto nos modelos Liberal, Social e Democrático de Estado há um desiderato de adaptação social, o Estado Democrático de Direito agrega aos anteriores um conteúdo de transformação do *status quo*, onde a solidariedade é apensada à questão da igualdade, já objeto do Estado Social e Liberal, com caráter comunitário, de participação da sociedade na melhoria da qualidade de vida individual e coletiva dos cidadãos. Se nos totalitarismos o Estado é tudo, no Liberalismo representa quase nada, enquanto na democracia o Estado e a sociedade se integram em uma mesma realidade, e existem em função da pessoa humana e da busca do bem comum.

A lei assume funções de fomento de transformação, incorporando perspectivas de manutenção do espaço vital da humanidade. Seu papel promocional faz exsurgir novas relações comunitárias, agora sob a ótica dos direitos coletivos e difusos, não apenas do grupo social, mas da comunidade.

"La lucha no es, por tanto, contra el Estado, sino contra determinadas modalidades y contenidos del Estado. Y, en fin, sin negar que la democracia política formal sea una forma de dominación de clases, se la considera, no obstante, como una valiosa y definitiva conquista de la civilización, sólo bajo la cual podrá avanzarse hacia la democracia social. La democracia tiene, pues, dos momentos, el político y el social: el primero es el supuesto inexcusable para conseguir el segundo y éste es, a su vez, la plena realización de los valores de libertad e igualdad proclamados por aquélla."[30]

Lenio Luiz Streck e José Luis Bolzan de Morais ressaltam que:

"Direfentemente dos anteriores, o Estado Democrático de Direito carrega em si um caráter transgressor que implica agregar o feitio incerto da Democracia ao Direito, impondo um caráter reestruturador da sociedade e, revelando uma contradição fundamental com a juridicidade liberal a partir da reconstrução de seus primados básicos de certeza e segurança jurídica, para adaptá-los a uma ordenação jurídica voltada para a garantia-implementação do futuro, e não para a conservação do passado."[31]

---

[30] GARCÍA-PELAYO, Manuel. *Op. cit.*, p. 16.
[31] STRECK, Lenio Luiz; MORAIS, José Luis Bolzan de. *Op. cit.*, p. 95.

Inegável, portanto, que o Estado Democrático de Direito representa a expectativa de implementação dos direitos sociais ainda latentes, embora previstos abstratamente na Constituição, agregando novos direitos identificados por transindividuais de terceira geração, de conteúdo universal, de solidariedade, desenvolvimento igualitário das virtudes e valores do ser humano, proteção ao meio ambiente, etc.[32]

Com isso, verifica-se que, no Estado Liberal de Direito, o foco de decisões centrava-se no Poder Legislativo, no sentido de garantir a juridicização dos direitos individuais e de liberdade preconizados naquele modelo estatal. No Estado Social de Direito, centralizam-se as expectativas no Poder Executivo, promovedor de ações concretas para a implementação do bem-estar social. Sob o ambiente do Estado Democrático de Direito, imperativo o deslocamento do foco de atenção para o Poder Judiciário, no sentido de serem depositadas todas as expectativas de implementação dos valores democráticos e da necessária transformação do *status quo* por meio do reconhecimento material dos direitos estabelecidos na Constituição e na legislação vigente, com vistas à implementação dos anseios sociais ainda presentes e não concretizados pelos modelos liberal e social já vividos.[33] Com isso, espera-se uma também adaptação do Poder Judiciário e demais Instituições à necessária visão inerente ao Estado Democrático de Direito, em todos os âmbitos de atuação jurisdicional, mas, acima de tudo, em razão dos objetivos do presente trabalho, na esfera da intervenção estatal punitiva.

A Constituição de 1988 espelha essa mutação de perfil do Estado, sem sombra de dúvidas. Já no preâmbulo está assente que a Assembléia Nacional Constituinte, representativa do povo brasileiro, reuniu-se para:

> "instituir um Estado Democrático, destinado a assegurar o exercício dos direitos sociais e individuais, a liberdade, a segurança, o bem-estar, o desenvolvimento, a igualdade e a justiça como valores supremos de uma sociedade fraterna,

---

[32] Aliás, já identificam-se os direitos chamados de quarta geração, em decorrência da evolução genética, mormente agora que se anuncia ter sido decifrado todo o código genético do ser humano, onde já são realizadas clonagens. Há, ainda, a identificação de direitos supostamente de quinta geração, decorrentes do desenvolvimento tecnológico, ambos ainda aleatórios e carentes de disciplina jurídica, se a tanto o Direito pode arvorar-se.

[33] STRECK, Lenio Luiz. *Hermenêutica Jurídica e(m) Crise*, uma exploração hermenêutica da construção do Direito, p. 37-41.

pluralista e sem preconceitos, fundada na harmonia social e comprometida, na ordem interna e internacional, com a solução pacífica das controvérsias..."

Anderson Cavalcante Lobato afirma que, em nossa Constituição,

"Procurou-se então um compromisso entre as posições liberalizantes e socializantes do Estado. Este compromisso foi possível pela clara afirmação do princípio democrático, onde cada corrente poderia buscar, no debate político interno, o apoio popular para a implantação de programas liberais ou sociais de governo. A Constituição brasileira de 1988 adotou a expressão Estado Democrático de Direito, onde se procurou ressaltar o princípio democrático que deve prevalecer sob toda a construção jurídica criada pelo novo Texto Constitucional. De fato, quando a Constituição brasileira de 1988 afirma no seu art. 1º que a República Federativa do Brasil constitui-se em Estado democrático de Direito, assume, na realidade, um compromisso entre as concepções liberal e social, do Estado de Direito. Assim, a concretização do Estado de Direito pressupõe a realização de certos princípios constitucionais, tais como o princípio da juridicidade, da constitucionalidade, da separação dos poderes, dos direitos fundamentais, e, no contexto do Estado democrático de Direito, o princípio democrático."[34]

Efetivamente, o Estado Democrático de Direito instalado em nosso país representa a vontade expressa da implementação e realização dos direitos sociais e individuais. Entretanto, quando extraído o sumo dos estratos sociais existentes, pode-se concluir no sentido da não-concretização dos direitos identificados de segunda geração. Aliás, esta constatação não se afigura de difícil evidência, na medida em que é nítida a alarmante situação social vivida pela quase totalidade da população brasileira,[35] fruto do modelo liberal

---

[34] LOBATO, Anderson Cavalcante. *Op. cit.*, p. 144-5.

[35] José Eduardo Faria aponta que, desde a década de 1970, o Brasil tem sido caracterizado por uma sociedade industrializada e predominantemente urbana. Refere tratar-se de uma sociedade *"tensa e explosiva, estigmatizada por indicadores sócio-econômicos perversos"*. Estes indicadores, ao mesmo tempo em que revelam a existência de um dualismo estrutural básico, expresso pelo contraste entre uma pobreza urbana massiva e alguns bolsões de riqueza, por outro lado indicam três grandes crises estruturais. A primeira, situada no plano socioeconômico, constituindo-se em uma crise de hegemonia dos setores dominantes, em razão da perda da capacidade de direção política e ideológica por parte dos grupos dominantes ou prevalecentes num dado sistema social. Esta crise se configura quando não há grupos capazes de, partindo de seus valores específicos, forjar a unidade social ou

que se instalou a pretexto da globalização, agora identificado por modelo neoliberal.

1.6. O Estado brasileiro

A formação e o desenvolvimento do Estado Brasileiro autoriza a identificação de dois enfoques. O primeiro deles, de concepção weberiana, de larga influência entre os cientistas sociais de nosso país, centrado na idéia de que o Estado brasileiro incorporou e adaptou toda a estrutura patrimonialista, estamental e burocrática do paradigma administrativo estatal português. Daí decorre a mantença de toda uma tradição conservada, desde a colonização até boa parte da história republicana, no sentido de um poder central concentrado e acentuadamente forte, atuando sobre uma sociedade frágil e desarticulada. A segunda tendência, que pode ser identificada como uma visão marxista, aborda a formação do Estado brasileiro como um processo de profundas mudanças sociais e econômicas ocorrido na passagem de uma estrutura agrária semifeudal para um modo de produção capitalista, refletindo, regionalmente, as determinações do capitalismo industrial das metrópoles estrangeiras. Sob esta ótica, o Estado brasileiro surge como produto das relações de produção capitalistas e dos reflexos inerentes a esse processo, tais como a dinâmica da industrialização e a emergência da burguesia como classe social. De qualquer sorte, em ambos os sentidos, característica marcante do Estado brasileiro, desde a sua formação, é a existência de uma classe social dominante: a burguesia.

Antônio Carlos Wolkmer assevera que se encontra, na doutrina, apenas uma divergência acerca da época em que a formação dessa classe social surgiu. A primeira concepção, ponteada por Octavio Ianni, assegura que o Estado burguês emergiu no período pós-revolução de 30, quando se deu a substituição do modelo agroexportador pela política de industrialização interna e a desti-

---

obter uma convergência ideológico-cultural geradora de consenso. A segunda crise configura-se no plano político, identificada por crise de legitimação do regime representativo, fenômeno que ocorre quando essa condição social passa a não ser mais aceita de modo consensual pelos diversos segmentos sociais. Por último, a crise da matriz organizacional do Estado, que surge quando essa dada condição social, ao perder sua estabilidade, sobrecarrega e compromete as instituições jurídico-administrativas e político-econômicas que até então proporcionavam e sustentavam sua capacidade de auto-reprodução. FARIA, José Eduardo. *Direitos Humanos, Direitos Sociais e Justiça*, p. 12-3.

tuição da oligarquia rural-mercantil pelas classes médias, representadas pela burguesia industrial e pelas massas urbanas trabalhadoras. Outros, a exemplo do Prof. Décio Saes, afirmam que as condições jurídico-políticas necessárias à implantação do capitalismo, e a conseqüente formação de um Estado burguês, materializam-se com a crise do Estado escravista e as modificações revolucionárias anti-escravista e burguesa de 1888-1891, configuradas na extinção legal da escravidão e na reorganização do aparelho de Estado com a proclamação da República, em 1889. Aduz Wolkmer que:

> "Não se pode negar que essas duas concepções, a política e a sociológica, são extremamente importantes e não podem ser deixadas de lado quando se busca, com seriedade, encontrar as raízes da formação social e política brasileira. Por compreender que o reducionismo, isoladamente, não consegue explicitar integralmente o fenômeno histórico e contraditório de nossa organização estatal, impõe-se examinar suas tipicidades dentro de uma perspectiva mais globalizante. Deste modo, pode-se perfeitamente reconhecer, de um lado, a herança colonial de uma estrutura patrimonialista, burocrática e autoritária; de outro, de uma estrutura que serviu e sempre foi utilizada, não em função de toda Sociedade ou da maioria de sua população, mas no interesse exclusivo dos donos do poder, dos grandes proprietários e das nossas elites dirigentes, notoriamente egoístas e corruptas."[36]

Indeclinável a conclusão no sentido de que, sob qualquer ótica que se possa vislumbrar, a formação do Estado brasileiro contém, necessariamente e impregnada, a constatação da existência concomitante da formação de uma classe social burguesa que passou a deter o poder, impregnando-se a ele e a todos os seus meandros, usufruindo de seus benefícios e produzindo reflexos que se afiguram relevantes quando analisado o Direito Penal vigorante historicamente em nosso país, conforme poderá ser verificado no transcurso desta obra.

1.7. A formação da elite brasileira

Uma apreciação histórica da formação social, no Brasil, sob todas as formas estatais assumidas, desde o Estado Colonial (Patri-

---

[36] WOLKMER, Antônio C. *Elementos para uma Crítica do Estado. Op. cit.*, p. 44-5.

monial-burocrático), Estado Oligárquico (Imperial e Velha República), Estado de Compromisso (Corporativista - Estado Novo, de 1937), Estado Populista (anos 40 e 50), Estado Autoritário-burocrático (Estado Tecnocrático - pós-revolução de 64) e, atualmente, Estado neoliberal, nos conduz a verificar que sempre o Estado tomou a dianteira nas suas relações com a sociedade, estabelecendo-se, em razão da imaturidade ou ineficiência da própria sociedade, pela supremacia das elites dirigentes e classes dominantes a ela vinculadas, uma relação vertical, mantendo-se um tipo de sociedade notadamente dividida, dependente e tutelada.

Assevera Antônio Carlos Wolkmer que:

"As elites proprietárias, instituidoras e mantenedoras da estrutura de poder, almejando resguardar seus privilégios, sua permanente dominação e conseguindo esvaziar todo o questionamento sobre a legitimidade do poder, não só se utilizam de um Estado comprometido com seus interesses de classes, como sobretudo impuseram a versão oficial de que o Estado deveria ser visto, ora como uma entidade abstrata e neutra acima da Sociedade, ora como elemento implementador competente para propiciar a liberdade, garantir os direitos dos cidadãos, pacificar os confrontos sociais, e habilitar-se legalmente como fomentador do desenvolvimento e da justiça social. Projeta-se, assim, a imagem enganosa de uma instituição que procura esconder sua verdadeira natureza, ou seja, emerge como produto histórico da vontade das maiorias, mas acaba desviando-se e servindo somente às finalidades dos grupos sociais momentaneamente no poder. A decorrente composição social arcaica, elitista e viciada de dominação, a que o Estado tem prestado conivência e indiscutível apoio, favorece a perpetuação de relações sociais, assentada no clientelismo, no apadrinhamento, no nepotismo, no coronelismo, na ética da malandragem e da esperteza, e, na gama incontável de irregularidades e desvios no padrão cultural de comportamento do homem brasileiro."[37]

Essas constatações são extremamente pertinentes na medida em que se pretende incursionar na análise da formação do Direito Penal em nosso país, que permanece vinculado quase que exclusivamente à semente liberal, patrimonialista e individualista, assim como representa o fruto e o produto das classes dominantes que

---

[37] WOLKMER, Antônio Carlos. *Op. cit.*, 46.

fomentaram a formação do Estado brasileiro, indiscutivelmente privilegiando camadas sociais abastadas e detentoras do poder, político e econômico, em detrimento da população submissa. Um Direito Penal que, como se verá, apresenta-se como uma estampa que contém todos os matizes, igualitário, abstrato e geral, mas que é envolto em uma névoa formada por teias protetoras das camadas da criminalidade graduada, incrustrada grande parte nas elites que acentuadamente estão impregnadas ao poder político e econômico.

De qualquer sorte, no Brasil não se verificou um processo evolutivo natural e espontâneo na formação estatal, a exemplo de outras nações organizadas como Inglaterra e Estados Unidos, ou mesmo uma ruptura conceitual como aquela produzida na França (Revolução Francesa). Nos dois primeiros casos, a formação do Estado contemplou uma evolução natural e espontânea, resultado do amadurecimento da sociedade e da nação organizadas, podendo-se constatar a assunção de uma burguesia treinada na prática parlamentar representativa, formando-se uma legitimidade jurídico-política racionalista.[38] Em todos eles, exceto no modelo de formação estatal brasileiro, ocorreu um processo dinâmico de participação social. Ao contrário, no Brasil, esta participação restringiu-se à camada social burguesa, altamente conservadora, e provinda, naturalmente, dos proprietários do capital e de setores da burocracia civil e militar, que historicamente se apossaram do poder econômico e político.

No caso brasileiro, o Estado formou-se sem que houvesse uma sociedade politicamente madura em torno de uma nação.[39] Não

---

[38] Ver, acerca da formação estatal francesa, americana e inglesa: GARCÍA-PELAYO, Manuel. *Derecho constitucional comparado*, p. 457-495, 325-341 e 249-277.

[39] Segundo Georges Burdeau, o conceito de nação envolve um "sentimento ligado às fibras mais íntimas do nosso ser... A nação depende mais do espírito que da carne. E aquilo a que o espírito adere através dela é a perenidade do ser colectivo. Por certo que a tradição, a recordação das provações comuns, o que se ama em conjunto e mais ainda a maneira como se ama em conjunto e mais ainda a maneira como se ama entram em larga parte na formação da nação. Mas se os nacionais estão apegados a este patrimônio espiritual, é menos pelo que ele representa do passado que pelas promessas que encerra quanto ao futuro. O espírito dá a idéia de uma nação, escreveu A. Marlaux, mas o que faz a sua força sentimental é a comunidade dos sonhos. A nação é continuar a ser o que se foi e por conseqüência, é garantir, através da interdependência material, a coesão social pela fé numa recordação comum; é uma hipótese de sobrevivência graças à qual o homem corrige a fugacidade do seu destino... De facto, quando se consolida o sentimento nacional, faz-se sentir a necessidade de exprimir numa fórmula objectiva esta comunidade de perspectivas, de aspirações e de reacções que constitui a nação, de

houve condições para formar-se, no corpo social, um espírito coeso e unificado em torno da felicidade coletiva, indistinta, onde o interesse nacional representasse a vontade de cada indivíduo. Instituiu-se, ao contrário,

> "um Estado independente e soberano, criado distintamente da Sociedade, no espaço que se abriu entre a transferência do Estado Imperial português para o Brasil e a independência do país. Com isso, o próprio Estado incentivou, de imediato, a preparação de elites burocráticas para as tarefas da administração e do governo. Tais elites burocráticas, treinadas nas tradições do mercantilismo, do patrimonialismo e do absolutismo português, eram recrutadas socialmente de segmentos ligados à mineração, ao comércio e à propriedade da terra. Assim, desde suas origens e prosseguindo em toda história brasileira, as nossas elites oligárquicas e latifundiárias controlaram o Estado e exerceram a dominação política e econômica, alheias totalmente aos intentos da população e sempre muito servis ao capital internacional. A especificidade desta dominação das elites oligárquicas edificará no Império, a burocracia dos magistrados e dos bacharéis, e na República, a burocracia dos tecnocratas civis e militares."[40]

Agregou-se, nas origens da formatação do Estado no Brasil, ao modelo patrimonialista-colonialista então vigorante na Europa, o modo de organização política e territorial das capitanias, onde os donatários - capitães-governadores - constituíram-se nos "troncos do sistema feudal, consolidado pela transmissão plena e hereditária da propriedade e pela amálgama, em suas mãos, da soberania e da propriedade." Somou-se, pois, à aristocracia portuguesa, o pequeno grupo de senhores de terras, latifundiários, sob o argumento de "que a terra era o principal e mais importante meio de produção." E esta produção somente era assegurada por meio da exploração da mão-de-obra escrava. O escravo era a chave da prosperidade, na medida em que a produção dele dependia. Nessa realidade, as características jurídicas do primitivo sistema colonial brasileiro

---

solidarizar num esforço duradouro os membros actuais do grupo com as gerações passadas e futuras... A nação aponta para o Estado porque o tipo de Poder de que ele é sede é o único à altura dos dados duradouros que constituem o ser nacional... Em todos os países antigos, foi a nação que fez o Estado; ele formou-se lentamente nos espíritos e nas instituições unificados pelo sentimento nacional." BURDEAU, Georges. *Op. cit.*, p. 39-44.
[40] WOLKMER, Antônio Carlos. *Op. cit.*, 47.

consolidaram o poder nas mãos dos senhores das terras, donatá-rios.[41]

"Os direitos dos colonos livres e os dolorosos deveres dos trabalhadores escravos codificavam-se na vontade e nos atos do donatário - chefe militar e chefe industrial, senhor das terras e da justiça, distribuidor de sesmarias e de penas, fabricador de vilas e empresário de guerras indianófobas. Acima dos capitães-governadores estava, de certo, o rei, naqueles poderes de que não havia feito cessão e outorga, e estavam as Ordenações e leis gerais do reino naquilo que não tinha sido objeto de determinações especiais nas cartas de doação e foral. Mas ficou visto e constatado que estas cartas deixavam quase completa soberania política aos donatários, nas respectivas circunscrições enfeudadas. Assim, embora em geral nos domínios do direito privado, a legislação da metrópole fosse a reguladora das relações entre os diversos elementos constitutivos das colônias, na esfera do direito público a situação era outra: aí o poder onímodo, excepcional, dos governadores proprietários abria brechas no edifício legislativo da mãe-pátria."[42]

Desta forma, nota-se que o Estado brasileiro, em sua formação, além de incorporar a estrutura burocrática e centralizada da administração portuguesa, ainda não agregou uma identidade nacional, um espírito de nação, na medida da ausência de representatividade da vontade social nos domínios do poder. Na primeira fase, monárquica, verifica-se a transferência do poder real para a Colônia, implantando-se uma estrutura de poder monárquico à brasileira, ou seja, com o aproveitamento de burocratas disponíveis em nosso país, originários dos senhores de escravos e proprietários de terras, latifundiários açucareiros. Ocorre, então, marcadamente, a formação de uma aliança entre o poder aristocrático da coroa com as elites agrárias locais que defenderá,

"sempre, mesmo depois da independência, os intentos da classe dona da propriedade e do capital. Naturalmente, mesmo com as mudanças políticas e econômicas do país (Independência, Proclamação da República, Revolução de 30, etc.), e com os deslocamentos sociais das elites, imperiais e republica-

---

[41] FAORO, Raymundo. *Os donos do Poder* - Formação do Patronato Político Brasileiro, v. 1, p. 129-132.
[42] Idem, p. 129.

Direito Penal no Estado Democrático de Direito
Perspectivas (re)legitimadoras

49

nas, o Estado age como uma potência histórica e contraditória, assumindo diante da frágil, cerceada e perplexa Sociedade, os ares de senhor, tutor, administrador e benfeitor. Em certos momentos de nossa evolução (período pós-30), diante da inércia das classes hegemônicas dissidentes e de uma Sociedade fragmentada pelos poderes regionais, o Estado acaba se projetando para ocupar o vazio existente, como o único sujeito político capaz de unificar, nacionalmente, a Sociedade burguesa e de fomentar o moderno arranque do desenvolvimento industrial."[43]

Nesse contexto, não é difícil verificar que a formação de todo o Direito, em especial o Direito Penal brasileiro, é produto e fruto desse espírito de dominação classista que se incorporou ao Estado, usufruindo e ditando todos os efeitos inerentes ao exercício do poder. É sob este prisma que será analisado, em capítulo propício, o modelo penalístico nacional, identificado com as estruturas sociais dominantes, que se mantêm impunes em detrimento da persecução cada vez mais acentuada da criminalidade clássica, vinculada às camadas sociais que, desde o início da formação do Estado brasileiro, não participa dos valores e ideais agora concretizados na Constituição instituidora de um Estado Democrático de Direito.

1.8. Estado brasileiro neoliberal

Se a constituição do Estado brasileiro sempre derivou da estruturação proporcionada por uma camada social elitista, detentora da capacidade de domínio econômico e político, verificamos há algum tempo que essa mesma camada nos conduziu a uma virada estrutural (política-econômica-social), identificada por neoliberalismo, de conotações políticas e econômicas.

Percebe-se que, no período compreendido entre os anos de 1940 e 1990, vivemos no Brasil três mudanças de regime político e três grandes reformas administrativas (a última sendo implementada). A partir de março de 1979, quando o governo recém-empossado modificou o valor da moeda e dos salários, prefixando a correção monetária, desvalorizando o câmbio, controlando as taxas de juros e aumentando os níveis de indexação salarial, e de fevereiro de 1990, quando, em final de governo, estávamos às voltas com inflação em

---

[43] WOLKMER, Antônio Carlos. *Op. cit.*, 47-8.

torno de 100% ao mês, o país foi alvo de oito planos pragmáticos, ortodoxos e heterodoxos de tentativa de estabilização, teve quatro moedas distintas e onze diferentes índices de cálculo da inflação. Contou, ainda, com cinco congelamentos de preços, quatorze políticas salariais, dezoito alterações significantes das regras de câmbio, cinqüenta e quatro modificações das regras de controle de preços, além das vinte e uma propostas de negociação de dívida externa e dos dezenove Decretos do Executivo relativos à austeridade fiscal.[44] Acrescente-se, pois, com os governos que se seguiram, novas trocas de moedas, confisco de valores depositados pela população em instituições financeiras, congelamentos de preços, renegociações da dívida externa, novas políticas cambiais, eliminação da indexação da moeda e, por fim, desvalorização cambial (fatos, inclusive, recentes).

A mantença de um Estado aparentemente social, de características acentuadamente intervencionistas, com ampliação das funções do Estado, considerado tutor e suporte da economia, sob matiz pública, marcadamente instalado em período de regime autoritário e pós-autoritário, em considerações breves, pode ser atribuída à necessidade de a sociedade capitalista do período preservar-se, em especial através do empenho na diminuição das diferenças socioeconômicas, além de constituir-se em artifício defensivo do capital relativamente às possíveis insurgências das classes operárias, oferecendo-se a ilusória dimensão igualitária dos cidadãos diante da lei.[45]

O advento da Constituição Federal de 1988, preconizada como o marco de uma era renovadora, acenou com ares de esperança no surgimento de um modelo estatal transformador, embasado no império do regime Democrático de Direito.

Ocorre, entretanto, que sob o manto de um modelo constitucional que contempla, em grande parte, o anseio dos cidadãos por uma sociedade mais justa, pluralista, que supere as exclusões sociais, que autoriza a composição de um Estado e de uma sociedade que assegurem a todas as pessoas os bens e direitos inderrogáveis enquanto cidadãos, que atribui ao Direito função precípia (tendo como instrumental ou ferramenta a própria Constituição) de partícipe nessa realização de transformações sociais benéficas, instalou-

---

[44] FIORI, José Luis. *Poder e Credibilidade*: o paradoxo político da reforma liberal, p. 185-6.
[45] SILVA, Reinaldo Pereira. *O mercado de trabalho humano*, p. 45. *Apud* STRECK, Lenio Luiz. *Op. cit.*, p. 20.

Direito Penal no Estado Democrático de Direito
Perspectivas (re)legitimadoras

51

se, para tanto, um modelo estatal identificado como *neoliberal*, ou neoliberal-pós-moderno, encarregado de prover, ao seu modo, as necessidades sociais não cumpridas por meio do Estado Providência.

A pretexto da necessidade de redução do tamanho do Estado, da impostergável adequação da administração pública ao *ideal Estado Mínimo*, de forma sequer tão velada quanto condutas dessa natureza poderiam ocorrer, verifica-se o desmanche das estruturas, já defasadas, da administração estatal e do patrimônio público. Em contrapartida, os efeitos sociais, apregoados pela ideologia política acentuadamente implantada, apresentam-se cada vez mais nefastos, lastimáveis, com a criação de castas extremamente distintas, ou seja, *de um lado* aqueles que, por meio de fusões, de incentivos fiscais, de financiamentos públicos, etc., isto é, através dos benefícios concedidos pelo próprio Estado, estendem seus tentáculos para parâmetros de poder (econômico e político) inimaginável ao senso de boa-fé, extrapolando limites fronteiriços e, *de outro lado*, a população trabalhadora, cada vez mais sedenta de empregos, empregos dignos, retribuição razoável para o trabalho desempenhado, enfraquecida em seus direitos ou garantias diante daquele poder que, na aparência, necessita apresentar-se com finalidade também social, mas, em essência, oculta interesses exclusivamente individuais e privatistas.

Emerge uma estrutura social onde a produção de uma massa de cidadãos resulta submissa ao grande poderio econômico das corporações neoliberais, e o Estado, agora *privatizado*, mínimo (não somente pela *entrega* do patrimônio público, mas, também, pela submissão a que está imposto em razão do total domínio político e das exigências desses grandes grupos econômicos - incentivos fiscais, isenções, financiamentos públicos, etc.), ainda se vê responsável pela sustentação da massa de cidadãos, empobrecida pela camada de cima, carentes de toda a ordem de provimentos. Enfim, vive-se o fenômeno do Estado como instituição anacrônica, pois apresenta-se como entidade nacional, responsável pelo suprimento de todas as necessidades dos cidadãos, enquanto tudo o mais está globalizado, entendendo-se nessa completude a absorção do maior lucro possível, o aproveitamento dos benefícios mais substanciosos por parte daqueles que, em suma, estendem raízes por meio dos conglomerados dominantes da economia mundial, sem qualquer compromisso social efetivo.

José Eduardo Faria assevera que tem ocorrido a *"balcanização"* do Estado, que se tornou refém e sofre a inserção multiplicada de interesses privados no sistema de tomada de decisões públicas, envolvendo mecanismos de pressão, cooptação e negociação. Prova disso é a perversa distribuição dos gastos sociais governamentais por faixa de renda, onde 41% da população que vive nos domicílios mais pobres recebe apenas 20% dos gastos sociais do setor público, enquanto 16% da população que habita os domicílios mais ricos absorve 34% desses mesmos gastos. Assevera que os gastos sociais *per capita* representariam apenas US$ 110 por ano para os segmentos mais pobres e US$ 737 para os segmentos mais ricos. Apesar de as transferências de rendas pelo Estado terem sido intensificadas nos últimos anos, elas acabam por não atingir os grupos e setores sociais que mais precisam delas. Ressalta o exemplo das transferências na área da educação, onde cerca de 50% dos alunos matriculados nas universidades públicas federais pertencem a famílias com renda mensal superior a dez salários mínimos, enquanto apenas 6% delas são de famílias com renda até dois salários e apenas 1% com renda até um salário mínimo. Ao mesmo tempo, o custo para a comunidade escolar do subsídio público por aluno é 18 vezes maior no ensino superior, onde são gastos US$ 2,5 mil por estudante/ano, em média, no ensino superior, enquanto o gasto é de US$ 144 estudante/ano para o nível secundário e de US$ 149 estudante/ano no ensino primário. Entre 1981 e 1990, os 20% mais ricos conseguiram aumentar sua parte na renda nacional de 16% para 16,4, e 5% dos mais ricos passaram de 31,9% para 34,4%, no mesmo período. No começo da década de 90, a razão entre a renda dos 20% mais ricos da população e os 20% mais pobres era de 27 vezes, superando até mesmo a razão de 24,6 estimada para um país africano altamente miserável, como Botswana.[46] Esses dados nos trazem pequenos indicativos acerca do produto social já sensível, não de hoje, mas que, certamente, estão acentuados no momento, em razão do crescimento desenfreado dos efeitos do modelo político-econômico que irrompe o limiar do século XXI.

Essas políticas propõem o crescimento econômico, em detrimento do desenvolvimento dos cidadãos, como razão de ser da economia. Eliminam programas de oferta de oportunidades para todos, substituindo-os por incentivos ocasionais a grupos determinados. Promovem a transferência do patrimônio público construído ao longo da história, como resultado dos recursos extraídos de toda a população, para o domínio privado de grandes grupos dominan-

---

[46] FARIA, José Eduardo. *O Poder Judiciário no Brasil*: paradoxos, desafios e alternativas, p. 21-2.

tes da economia mundial, a pretexto de que a administração privada é melhor para todos, e o administrador público não sabe administrar. Abrem-se as fronteiras para a circulação do capital financeiro mundial, expondo, de certa forma, a soberania de cada país, e tornando vulneráveis e reféns as economias das nações, em detrimento da proteção aos pequenos produtores e investimentos para a população sem poderio. Acentua-se o montante da dívida externa (quanto mais endividados melhor) de países cada vez mais dependentes das grandes economias mundiais, impondo-se o pagamento sob pena de represálias insuportáveis. Em contrapartida, festeja-se a concessão de *auxílios* destinados (em proporções infinitamente inferiores ao montante da dívida paga anualmente e devida em razão dos juros impostos) àqueles países enfraquecidos pelo mesmo capital expropriador em razão da promovida abertura dos mercados. O país torna-se refém de organismos internacionais que ditam regras de *ajuste da economia* segundo a ótica do modelo agora dominante, apresentando-se receituário destinado a reduzir os benefícios sociais e o patrimônio público, com o fito de preservar intactas as estruturas dominadas pelas camadas de cima da organização econômica e política mundial. Reduz-se a gestão do dinheiro público ao acerto de variáveis macroeconômicas, tais como o equilíbrio do orçamento fiscal, a redução da inflação e a estabilidade da balança comercial, a pretexto de, a longo prazo, promoverem o bem comum (semelhante à política *Delfiniana* da década de 70 - fazer o bolo crescer para depois dividi-lo), sem tomar o cuidado de atendimento aos novos problemas da população, provocados por tais *ajustes* e que, simultaneamente, devem ser atendidos pelo Estado. Liberam-se os poderosos grupos econômicos dos encargos tributários[47] e das obrigações com relação ao meio ambiente, sob o

---

[47] G. O'DONNEL. *Apud* COLOMBO, Olírio Plínio. *Pistas para Filosofar* (II), questões de ética, p. 85-6, afirma que "os grandes empresários brasileiros possuem mentalidade muito atrasada. Têm lucros excessivos, pagam salários muito minguados, criticam o Estado e as reivindicações dos seus empregados. No entanto, apesar das críticas que fazem ao Estado, são eles os maiores beneficiados. Recebem incentivos fiscais, anistias, isenções, empréstimos baratos e outros benefícios. Mas não reconhecem isso em público. A grande questão é saber se ainda existe ou se já existiu uma burguesia nacional. Não estaria toda ela comprometida com o capital estrangeiro, com o FMI, com o Banco Mundial?... Além disso, os grandes empresários criticam o Estado, sua ingerência e intervenção na iniciativa privada. Para eles, o Estado é intervencionista e empecilho para o progresso. Não aceitam, em tese, o Estado... Mas o pior de tudo é que os grandes empresários nacionais e internacionais não dizem que recebem isenções, incentivos fiscais, anistias, subsídios, imunidades e impunidade, e que muitas de suas empresas são designadas

pálio da criação de empregos, quando a população é, compulsoriamente, conduzida a pagar mais tributos (CPMF, contribuições previdenciárias, majoração de alíquotas, tais como IR, etc.). Criamse, com isso, conglomerados econômicos cada vez mais fortes e dominantes, que submetem o próprio Estado às suas vontades (conglomerados financeiros, industriais, telecomunicações, agora petróleo, outras formas de energia, etc.). Para sustentar essa liberalização econômica e o impulso a esses grupos, indispensável a fragilização dos instrumentos de controle e equilíbrio nas relações de trabalho, bem como das Instituições incumbidas de promover a justiça social, de zelar pelo interesse coletivo, transindividual (daí a pretensão pela extinção da Justiça do Trabalho, a restrição ao âmbito de eficácia das sentenças em ações civis públicas, CPI do Judiciário, represálias ao Ministério Público, etc.).

Em suma, os efeitos produzidos pelo novo modelo estatal instalado, mesmo sob a égide de uma Constituição Federal que preconiza a vigência de um Estado Democrático de Direito, tem produzido a multiplicação de massas humanas sem trabalho ou de grupos humanos que subsistem em empregos instáveis e pouco rentáveis, a falência de milhares de pequenas e médias empresas, a expansão da criminalidade violenta, o empobrecimento rural, uma constante instabilidade e insegurança econômica no país, a alienação do povo estimulado, cada vez mais, a consumir e, com isso, tornar-se dependente do próprio consumo. Cria-se um desequilíbrio social inconcebível para um país que dispõe de recursos humanos e naturais invejáveis.

"O neoliberalismo, tal qual entendido e praticado na América Latina, é uma concepção radical do capitalismo que tende a absolutizar o mercado, até convertê-lo em meio, em método e fim de todo comportamento humano inteligente e racional. Segundo essa concepção, ficam subordinados ao mercado a vida das pessoas, o comportamento da sociedade e a política dos governos. O mercado absolutista não aceita nenhuma

como entidades filantrópicas. Esquecem de dizer que eles mesmos financiam campanhas políticas que irão reproduzir o mesmo Estado que temos e, portanto, financiam um Estado patrimonialista, um monstro sem função social, parasitário e incompetente. Não se lembram que o Estado lhes oferece financiamentos amplos, privilégios tributários, que esse mesmo Estado que eles tanto criticam é o avalista de seus negócios." Em acréscimo, reclamam tanto da carga tributária, do sistema tributário vigente, mas, mesmo com um Congresso Nacional dominado pela ideologia neoliberal, financiado por empresários, não promovem a reforma que afirmam ser necessária. Algo há de contraditório nesse paradoxo.

Direito Penal no Estado Democrático de Direito
Perspectivas (re)legitimadoras

forma de regulamentação. É livre, sem restrições financeiras, trabalhistas, tecnológicas ou administrativas."[48]

Não se estão desprezando eventuais efeitos positivos desse sistema, tais como a redução da inflação, a busca do equilíbrio fiscal das contas públicas, promoção de maior conforto para algumas camadas sociais, facilidade de comunicação e acesso tecnológico, alcance de tratamento médico para aqueles que podem pagar pela descoberta científica. Entretanto, os efeitos maléficos e degenerativos para a grande massa de cidadãos e o próprio Estado são extremamente superiores, de molde a neutralizar e produzir um déficit estrutural muito grande.

A reviravolta de concepção do Estado brasileiro se dá, nitidamente, portanto, de um Estado Intervencionista-Providência para um Estado neoliberal-pós-moderno, sob o paradoxo do vigor de uma Constituição Federal estimulante do Estado Democrático de Direito.

Vivemos em um Estado Democrático de Direito, onde a Constituição Federal representa a vontade constitucional de realização do Estado Social, ainda não implementado em nosso país. Nossa Constituição contempla os direitos chamados de segunda e terceira gerações, preconizando instrumentos para a sua configuração material, em explícita demonstração no sentido de que ainda não estão implementados, em razão da falta de realização da função social do Estado.[49] Lenio Luiz Streck afirma que:

"a minimização do Estado em países que passaram pela etapa do Estado Providência ou welfare state tem conseqüências absolutamente diversas da minimização do Estado em países como o

---

[48] O Neoliberalismo na América Latina. Carta dos Superiores Provinciais da Companhia de Jesus da América Latina - documento de trabalho, p. 19.

[49] Streck efetua precisa apreciação no sentido de que as promessas da modernidade não se instalaram no Brasil. Com propriedade, destaca que a modernidade, rompedora do modelo medieval, nos legou o Estado, o Direito e as instituições. Em um primeiro momento, formou-se o Estado absolutista e, após, como Liberal de Direito, agregando-se a ele conteúdos para torná-lo Social e Democrático. Destaca que, para as elites brasileiras, a modernidade acabou, devendo abrir lugar para um Estado enxuto, neoliberal, fruto da globalização e abertura de mercado. STRECK, Lenio Luiz. *Hermenêutica Jurídica e(m) Crise*, uma exploração hermenêutica da construção do Direito, p. 19-30. BONAVIDES, Paulo. *Do País Constitucional ao País Neocolonial*, acentua a necessidade de um freio no desenvolvimento da ideologia neoliberal, sob pena de retornarmos à condição de país colônia, a exemplo do período do descobrimento. Salienta os nefastos e perversos efeitos sociais da globalização e do neoliberalismo.

Brasil, onde não houve o Estado Social ... No Brasil, a modernidade é tardia e arcaica. O que houve (há) é um simulacro de modernidade. Como muito bem assinala Eric Hobsbawn, o Brasil é um monumento à negligência social, ficando atrás do Sri Lanka em vários indicadores sociais, como mortalidade infantil e alfabetização, tudo porque o Estado, no Sri Lanka, empenhou-se na redução das desigualdades. Ou seja, em nosso país as promessas da modernidade ainda não se realizaram (sic)".[50]

Portanto, o Brasil chega ao limiar do século XXI sem ter-se beneficiado das conquistas do Estado Liberal e do Estado Social. O Estado brasileiro, sempre moldado ao prazer da burguesia que mantém o domínio do poder político e econômico, tem servido de instrumento de fomento da ideologia que renova os ideais do modelo liberal, alimentando o capitalismo nacional e internacional com o produto do sofrimento cada vez mais acentuado da população. Poucos foram os frutos que o nosso inconsistente Estado Social conferiu às classes desfavorecidas, fazendo-se sentir, na atualidade, os efeitos de miséria e gritantes desigualdades sociais que têm impedido as mínimas condições de vida digna à quase totalidade do sofrido povo brasileiro.

É nesta configuração estatal e societária que o Direito Penal se insere. Foi produzido e é produto do modelo de Estado conformado sob o domínio de uma burguesia liberal e, agora, neoliberal, sempre vinculada à proteção de seu patrimônio e seus meios de produção, ligada a compromissos de manutenção desse estado de alienação das camadas sociais subalternas, para as quais o Direito Penal sempre foi dirigido sem regalias e com intensidade, ao contrário do tratamento penalístico que a camada detentora do poder político e econômico a si própria conferiu, à qual são reservadas as benesses e os subterfúgios legais.

Qualquer pretensão de uma (re) visão do Direito Penal brasileiro passa pela necessária postura crítica acerca de suas origens e do fenômeno da conformação do Estado, bem como pela identificação da necessidade de sua adaptação aos fundamentos do Estado Democrático de Direito atualmente estabelecido constitucionalmente. Para tanto, imprescindível a revisão da noção de bem jurídico e uma profunda incursão acerca dos tipos penais vigorantes em nosso Código Penal e legislação esparsa, o que permitirá verificar em qual sentido deve voltar o Direito Penal suas baterias.

---

[50] STRECK, Lenio Luiz. *Op. cit.*, p. 22-3.

2. O Direito Penal no Brasil

2.1. Da vingança privada ao Brasil colônia

Assim como em toda a humanidade, o que hoje se identifica como o Direito Penal, ou o direito exercido pelo Estado de estabelecer regras destinadas a disciplinar determinadas condutas humanas, impondo-lhes sanções, com finalidades tradicionalmente aceitas como retribuição ao mal causado, de prevenção geral ou particular e, ainda, ressocializadoras,[51] sucedeu um período de irracionalidade humana retributiva, onde a um mal retribuía-se com outro mal, numa forma de reação cega, não regulada por noções de justiça. Nesse período, que antecede a formação do Estado, a prática de um delito acarretava não somente a reação da vítima, mas também de seus parentes e até de toda a tribo ou clã, o que proporcionava, inclusive, lutas grupais de conseqüências graves. Em contrapartida a essa fase, extremamente primitiva, concebeu-se a necessidade de uma limitação da extensão da pena, para que viesse a atingir tão-somente o autor imediato do delito - *lei de talião*.[52]

No Brasil não foi diferente. Antes da dominação portuguesa, com o descobrimento, a primitiva civilização brasileira também adotava a vingança privada, desde a sua modalidade ilimitada até a proporcionalidade do talião. Evidentemente, não se tratava de uma sociedade organizada, prevalecendo a existência de tabus e regras

---

[51] Bitencourt conceitua o Direito Penal como "um conjunto de normas jurídicas que tem por objeto a determinação de infrações de natureza penal e suas sanções correspondentes - penas e medidas de seguranças." BITENCOURT, Cézar Roberto. *Manual de Direito Penal*, p. 2.

[52] Para um panorama acurado acerca da evolução histórica das sanções penais, bem como referentemente a críticas e alternativas acerca das teorias explicativas das penas, ver *Fascículos de Ciências Penais*, nº 3, 1992.

Direito Penal no Estado Democrático de Direito
Perspectivas (re)legitimadoras

consuetudinárias, quase sempre dominadas por elementos místicos.[53] As tribos aqui existentes encontravam-se em estágios de desenvolvimento diversos. Os tupis apresentavam-se mais evoluídos em comparação com os tapuias, estes chamados por aqueles de bárbaros. As guerras nunca eram motivadas por elementos econômicos, mas destinavam-se à captura de prisioneiros para ritos antropofágicos, o estabelecimento de troféus e para vingança dos parentes mortos.[54] Em vista do rudimento das práticas punitivas então vigentes, nunca tiveram elas influência no sistema jurídico a partir de então.

O Direito Penal que prevaleceu em nosso país a partir do descobrimento até a independência tinha como fonte as Ordenações do Reino de Portugal. No período colonial, passaram a vigorar no Brasil as Ordenações Afonsinas, publicadas em 1446, sob o reinado de Dom Afonso V. Em 1521, sucederam-nas as Ordenações Manuelinas, oriundas de Dom Manoel I, que vigoraram até o surgimento da Compilação de Duarte Nunes de Leão, em 1569, efetivada por ordem do Rei Dom Sebastião. Em suma, entretanto, verificou-se a ineficácia dos ordenamentos apontados, na medida em que, em realidade, existia um número muito elevado de leis e decretos reais que visavam a solucionar situações peculiares, casuísmos da nova colônia. Não bastasse, a essa realidade conturbada de ordenamentos acresciam-se os poderes que eram conferidos com as cartas de doação destinadas aos senhorios. Criou-se, pois, uma situação peculiar, na medida em que, em essência, o arbítrio e a mão forte dos donatários é que estabelecia o Direito a ser aplicado.[55]

---

[53] GONZAGA, João Bernardino. *O Direito Penal indígena*, p. 120.

[54] PIERANGELI, José Henrique. *Códigos Penais do Brasil*, p. 5.

[55] "As cartas de doação entregavam aos capitães donatários o exercício de toda a justiça. Diziam elas: No crime, o capitão e seu ouvidor têm jurisdição conjunta com alçada até pena de morte inclusive, em escravos, gentios, peões e cristãos e homens livres, em todo e qualquer caso, assim para absolver como para condenar, sem apelação nem agravo" (segundo o resumo de LISBOA, J. F. *Obras III*, p. 300). E acrescentavam: "Nas terras da capitania não entrarão em tempo algum nem corregedor, nem alçada, nem alguma outra espécie de justiça para exercitar jurisdição de qualquer modo em nome d'el-rei" (LISBOA, J. F. *Op. cit.*, pág. 301). Como diz Martins Júnior, "jurídico-politicamente o inventário dos institutos coloniais dava em resumo um certo número de pequenos senhores absolutos e despóticos, independentes entre si, vassalos de uma coroa longínqua, e detentores de um formidável poder de administrar e julgar só limitado pelo arbítrio individual e próprio" (Martins Júnior, *Op. cit.*, p. 174)." BRUNO, Aníbal. *Direito Penal*, p. 172, *in* nota de rodapé.

A visão que se pode estabelecer do período do Brasil Colonial é de um calamitoso regime jurídico-penal.[56]

"Pode-se afirmar, sem exagero, que se instalou tardiamente um regime jurídico despótico, sustentado em um neofeudalismo luso-brasileiro, com pequenos senhores, independentes entre si, e que, distantes do poder da Coroa, possuíam um ilimitado poder de julgar e administrar os seus interesses. De certa forma, essa fase colonial brasileira reviveu os períodos mais obscuros, violentos e cruéis da História da Humanidade, vividos em outros continentes."[57]

Oficialmente, a legislação penal que deveria vigorar no Brasil era aquela estabelecida nas Ordenações Filipinas, em seus 143 títulos do Livro V, promulgadas em 1603 por Felipe II. Essa normatização penal caracterizava-se por um regime de exceção, com ampla criminalização e severas punições, que alcançavam o açoite, amputação de membros, as galés, o degredo e, inclusive, a pena de morte. Não bastasse, não era adotado o princípio da legalidade,[58] restando ao arbítrio do julgador a escolha da pena aplicável a cada caso. O Código Filipino foi ratificado por Dom João VI, e, em 1823, por Dom Pedro I.

No dizer de José Geraldo da Silva,

"As Ordenações Filipinas possuíam o crivo medieval, e eram arcaicas já na sua época. O jurista português, Melo Freire,

---

[56] PRADO, Luiz Régis; BITENCOURT, Cezar Roberto. *Elementos de Direito Penal*, p. 40.

[57] BITENCOURT, Cezar Roberto. *Op. cit.*, p. 41.

[58] Acerca do princípio da legalidade, Luiz Luizi disserta com maestria, no sentido de que o "postulado da Reserva Legal, além de arginar o Poder punitivo do Estado nos limites da lei, dá ao direito penal uma função de garantia, posto que tornando certos o delito e a pena, asseguram ao cidadão que só por aqueles fatos previamente definidos como delituosos, e naquelas penas previamente fixadas pode ser processado e condenado. Daí porque é de indiscutível atualidade a lição de R. Von Hippel quando sustenta que o princípio da Reserva Legal é um axioma destinado a assegurar a liberdade do cidadão contra a onipotência e a arbitrariedade do Estado e do Juiz." Segundo o doutrinador, o aludido postulado somente teve assento constitucional no Brasil em 1824, com a primeira Constituição nacional, em seu artigo 179, XII. Seguiu-se no artigo 72, § 15, na Constituição de 1891, no inciso 26 do artigo 113 da Constituição de 1934, no artigo 141, § 25 da Constituição de 1946, no artigo 150, § 16, da Constituição de 1967, e no artigo 153, § 16, da Emenda Constitucional nº 01 de 1969, encontrando-se no artigo 5º, inciso XXXIX da atual Constituição Federal". In: *Os Princípios Constitucionais Penais*, p. 13-8. Ver também, LOPES, Mauricio Antonio Ribeiro. *Princípios políticos do Direito Penal*, p. 76-82.

citado por Edmundo Oliveira, menciona os graves defeitos apresentados pelas Ordenações Filipinas: 1) confundiam o Direito com a Moral e a Religião, numa ocasião em que a Renascença se abeberava nos estudos de Aristóteles e Platão, constituindo um absurdo se manter, em pleno século XVII, uma legislação que persistia nessa confusão; 2) erigiam em crime o vício (crime moral e o pecado); 3) estabeleciam sistema cruel de penas, tais como a morte civil, o degredo para o Brasil e para a África; 4) sancionavam a desigualdade perante a lei. Se fosse um nobre o delinqüente, deveria este comparecer à Corte para prestar depoimento sobre o ato delituoso e verificar qual a sentença, geralmente branda, que lhe seria atribuída. A pena de morte podia ser: pena de morte natural (enforcamento no pelourinho, seguindo-se o sepultamento); morte natural cruel (dependia do arbítrio do juiz, sendo freqüente a morte na roda). Morte natural pelo fogo (o réu era queimado vivo); morte natural para sempre (enforcamento, devendo o cadáver ficar exposto até o apodrecimento). Além da pena de morte, havia sanções pesadas como mutilações, confisco total de bens e degredo; 5) o não conhecimento do chamado princípio da personalidade do Direito Penal, que se traduz no princípio de que a pena não pode passar da pessoa do delinqüente, visto que, vez por outra, os descendentes do acusado eram, também, atingidos pela sentença penal, durante a vigência das Ordenações Filipinas; 6) abusavam das penas infames, da pena de morte e pena de morte civil. A sentença de Tiradentes e outros participantes da Inconfidência Mineira retrata a hediondez da legislação aplicada no Brasil, à época."[59]

Portanto, trata-se de legislação extremamente gravosa que perdurou em nosso país por mais de dois séculos.

De qualquer sorte, a despeito do panorama sombrio da legislação penal até então vigorante, conotação básica da tutela penal era a proteção da propriedade privada, com a desigualdade entre cidadãos e escravos, estes vistos como objetos e destinados à exploração da força de trabalho. O ser humano a serviço sem qualquer condição humana, ao alvedrio do capital privado, das classes dominantes detentoras do poder econômico, estabelecido nas mãos de pequena parcela da sociedade burguesa da época. Prova disso está na gravís-

---

[59] SILVA, José Geraldo da. *Direito Penal Brasileiro*, p. 59-60.

sima penalização para o delito de furto, bem como no tocante à reprimenda estabelecida aos escravos.[60]

"A ideologia da classe dominante colonial é a da metrópole, na fase açucareira: o senhor de engenho próspero é uma espécie de mandatário, de procurador da classe dominante metropolitana e os poderes que ela exerce, em Portugal, através do Estado, são os poderes delegados aos seus representantes na colônia. Trata-se de uma ideologia escravagista e feudal, a que a legislação atende com rigor: discriminatória, racista, resguardando-se em elementos os mais diversos, que vão do modo de trajar ao preconceito de religião e de cor."[61]

O império foi, pois, essencialmente, a conjugação do latifúndio com o escravismo.

Inobstante com peculiaridades um tanto diferentes, a partir da independência, estabelecida em 1822, verifica-se o surgimento de um modelo menos atroz e aleatóreo, inclusive pela inserção do princípio da legalidade em nossa primeira Constituição. Os contornos da tutela jurídico-penal, entretanto, não se modificam em essência.

---

[60] Nas Ordenações Filipinas, o mais grave dos crimes dizia respeito aos delitos de lesa-majestade, previstos no Título VI: "Lesa Magestade quer dizer traição commettida contra a pessoa do Rey ou seu Real Stado, que he tão grave e abominavel crime, e que os antigos Sabedores tanto estranharaõ, que o compravaõ á lepra; porque assi como esta enfermidade enche todo o corpo, sem nunca mais se poder curar, e empece ainda aos descendentes de quem a tem, e aos que com elle conversaõ, polo que he apartado da communicaçaõ da gente: assi o erro da traição condena o que a commette, e empece e infama os que de sua linha descendem, postoque não tenhaõ culpa." PIERANGELLI, José Henrique. *Op. cit.*, p. 20. Paralelamente, a tutela dos crimes patrimoniais era extremamente acentuada, ao ponto de se impor aos ladrões a pena de morte natural como regra, galés e açoites para pequenos valores, incluindo até a degradação para sempre do Brasil, esta em caso de tentativa (Título LX). PIERANGELLI, José Henrique. *Op. cit.*, p. 51-3. Outra demonstração do privilegiamento dos detentores do poder, como não poderia deixar de ser, interessante passagem é encontrada no Título XXXVIII, ao estabelecer o crime de adultério: "Achando o homem casado sua mulher em adulterio, licitamente poderá matar assi a ella, como o adultero, salvo se o marido for peão, e o adultero Fidalgo, ou nosso Desembargador, ou pessoa de maior qualidade. Porém, quando matasse alguma das sobreditas pessoas, achando-a com sua mulher em adulterio, não morrerá por isso mas será degradado para Africa com pregão na audiencia pelo tempo, que aos Julgadores bem parerecer, segundo a pessoa, que matar, não passando de trez annos." PIERANGELLI, José Henrique. *Op. cit.*, p. 42. Para uma observação completa do conteúdo das Ordenações vigentes no Brasil, consultar THOMPSON, Augusto. *Escorço Histórico do Direito Criminal Luso-Brasileiro.*

[61] SODRÉ, Nelson Werneck. *Capitalismo e Revolução Burguesa no Brasil*, p. 40-1.

Direito Penal no Estado Democrático de Direito
Perspectivas (re)legitimadoras

2.2. A passagem para o modelo criminal imperial

Com o surgimento da Constituição de 1824, tornou-se imperioso, também, o nascimento de um Código Criminal *fundado nas sólidas bases da justiça e da eqüidade* (art. 179, § 18). Em 1830, o imperador D. Pedro I sancionou o Código Criminal esboçado por Bernardo Pereira de Vasconcellos, constituindo-se no primeiro Código autônomo da América Latina. Identificam-se no principiante Código brasileiro idéias de Bentham, Beccaria e Mello Freire, reflexos do Código Penal Francês de 1810, do Código da Baviera de 1813, do Código Napolitano de 1819 e no Projeto de Livingston de 1825.[62] No dizer de Bitencourt, o Código Criminal do Império pode ser identificado como um dos mais bem elaborados da época, influenciando de maneira acentuada o Código Penal espanhol de 1848 e o Código Penal português de 1852, em razão de sua clareza, precisão, concisão e apuro técnico, identificando o surgimento da pena de multa como marco inovatório no sistema penal.[63] A despeito dos avanços que podem ter sido instalados com o advento do Código de 1830, são apontados vícios inaceitáveis, mormente por estabelecer discriminação entre os criminosos, com tratamento mais rigoroso para os escravos, na medida em que somente a eles ainda aplicava-se a pena de galés e a pena de morte, inobstante a Constituição assegurasse a igualdade de todos perante a lei. Havia, pois, um descompasso em relação ao Código Penal, pois o escravo recebeu nele tratamento desigual.

Percebe-se, até então, que a legislação penal vigente em nosso país ainda era fruto e reflexo do ambiente jurídico-social de uma recente colonização, com a transposição de normatização alienígena que, por vezes, já não se aplicava em outras estruturas sociais mais desenvolvidas.

> "Realmente, tratava-se, na época, de um modo de produção historicamente superado e de há muito, pelo menos no que respeitava ao Ocidente europeu, que marchava na vanguarda das transformações sociais e econômicas da humanidade. Ele reaparece, entretanto, na própria Europa, e na área mais interessada na mudança, Portugal, que capitaneava as conquistas ultramarinas que gerariam o mercado mundial. Para as

---

[62] BRUNO, Aníbal. *Op. cit.*, 178-9, efetua esboço acerca dessas características.
[63] BITENCOURT, Cezar Roberto. *Op. cit.*, p. 42.

áreas em que o escravismo reapareceu não tinha a mínima importância saber se ele existira antes, e fora superado."[64]

Vivíamos, efetivamente, uma sociedade transplantada, onde uns chegaram para serem escravos, enquanto outros, para serem senhores. A disciplina jurídica necessária, notadamente penal, dessa forma, deveria dar guarida a essa estrutura social-produtiva, de interesses patrimoniais-colonizadores.

A despeito da humanização das penas e da legitimação do sistema penal-punitivo por meio do princípio constitucional da reserva legal, a legislação penal vigorante a partir da independência refletiu a cultura liberal influenciada pelo iluminismo europeu, bem como o ambiente cultural instalado em nosso país, constituído ainda como uma sociedade escravagista, composta por estrutura agrária latifundiária e de monocultura de exportação (cana-de-açúcar e algodão). O trabalho escravo representava a base sob a qual a aristocracia rural, com seus feudos de grandes extensões de terras, sustentava o poder econômico e político da época. Por volta de 1872, a população brasileira era composta de 94,5% de pessoas livres e 5,5% de escravos. O país era dominado por um pequeno grupo de fazendeiros e senhores de terras, identificando-se o predomínio do poder de uns sobre os outros pela quantidade de terras e propriedade de escravos que cada senhor possuía. Essa estrutura, aliás, decorre das precedentes sesmarias, surgidas por meio das cartas de doação de terras feitas pela Coroa, a partir do descobrimento. Apesar da modificação política ocorrida com a autonomia, identifica-se a instalação de uma corte, com um imperador à frente e os titulares a seu redor, como vassalos, compondo uma nobreza forjada por meio de títulos, que denotavam, na maioria dos casos, as propriedades que detinham. Afigurava-se, portanto, uma classe impregnada no poder, profundamente ligada à propriedade, e a propriedade era o latifúndio escravista e feudal. O trabalho escravo e a apropriação de grandes extensões de terras foram os traços da infra-estrutura da classe dominante brasileira na época da passagem do regime colonial para a autonomia.[65]

Identifica-se, portanto, no período imperial, um modo de produção ainda baseado na cultura escravagista, de exploração da mão-de-obra escrava, verificando-se reflexos dessa estrutura social em todos os âmbitos do Direito. Em que pese não se perceber

---

[64] SODRÉ, Nelson Werneck. *Op. cit.*, p. 6.
[65] Idem, p. 46-7.

Direito Penal no Estado Democrático de Direito
Perspectivas (re)legitimadoras

qualquer conotação normativa de cunho escravocrata na Constituição de 1824, também o exercício dessa forma de exploração humana não era vedado. Em decorrência, a possibilidade de submissão do ser humano à condição de objeto estava aberta já na Consolidação das Leis Civis, ao prever a possibilidade de o homem servir de objeto de propriedade, de negócio, definindo os escravos como semoventes (artigo 42 da Consolidação das Leis Civis). Quanto ao Direito Penal, destarte, conforme antes referido, verificou-se um desequilíbrio na tutela de proteção dos bens jurídicos ligados aos detentores do poder econômico em detrimento dos demais cidadãos, mormente aqueles seres humanos submetidos à escravidão. A punição destes era admitida no âmbito privado, com castigos físicos, enquanto o julgamento dos cidadãos livres somente poderia ser praticado pela justiça pública (art. 14, § 6º, do Código Criminal). O crime de insurreição, praticado por qualquer pessoa ou grupo, era punido com a pena de morte para os líderes (artigos 113 e 115 do Código Criminal).[66] Sob esse prisma, pode-se concluir a relevância conferida aos bens jurídicos que visavam à manutenção da propriedade privada e do *establishment*, mantido por pequeno grupo de grandes proprietários de terras. Aliás, a pena então estabelecida à insurreição era idêntica ao homicídio (art. 192 do Código Criminal), em nítida demonstração, ao mínimo, da equiparação axiológica entre a propriedade e a vida humana. Incensurável, por outro lado, conclusão no sentido da prevalência da tutela dos valores patrimoniais em detrimento da vida humana, quando conjugada a desumanidade a que se submetiam os escravos, além da pena possivelmente imposta à violação da estrutura de poder econômico.

---

[66] A sentença condenatória de Joaquim José da Silva Xavier, popular Tiradentes, é modelar nesse sentido. "Portanto condemnam ao Réu Joaquim José da Silva Xavier por alcunha de Tiradentes Alferes que foi da tropa paga da Capitania de Minas, a que com baraço e pregação seja conduzido pelas ruas públicas ao lugar da forca e nella morra morte natural para sempre, e que depois de morto lhe seja cortada a cabeça e levada a Villa Rica aonde em o lugar mais público della será pregada, em um poste alto até que o tempo a consuma, e o seu corpo será dividido em quatro quartos, e pregados em postes, pelo caminho de Minas no sítio da Varginha e das Sebolas aonde o Réu teve as suas infames praticas, e os mais nos sítios (sic) de maiores povoações até que o tempo também os consuma; declaram o Réu infame, e seus filhos e netos tendo-os, e os seus bens aplicam para o Fisco e Camara Real, e a casa em que vivia em Villa Rica será arrasada e salgada, para que nunca mais no chão se edifique, e não sendo própria será avaliada e paga o seu dono pelos bens confiscados, e, no mesmo chão se levantará um padrão, pelo qual se conserve em memoria a infâmia deste abominável Réu." SILVA, José Geraldo da. *Op. cit.*, p. 60-1.

Ver-se-á, guardadas as proporções, que essa ideologia perdura no sistema penal brasileiro, na atualidade.

2.3. O Direito Penal na República

A passagem do modelo político imperial para o republicano acarretou, naturalmente, uma reestruturação no Direito Penal vigente. Esse processo deu-se com relativa concomitância em relação à abolição da escravidão, bem como com o deslocamento do modelo escravagista de produção para o modo de produção não-servil, caminhando para uma incipiente industrialização fabril, fenômenos que também refletiram-se no sistema punitivo brasileiro.[67] Efetivamente, em 11 de outubro de 1890, passa a vigorar no Brasil o Código Penal da República, que, a despeito de ser muito criticado em razão da sua falta de técnica legislativa, impropriedade gramatical e dubiedade, foi taxado por Cezar Roberto Bitencourt como "o pior Código Penal de nossa história; ignorou completamente os notáveis avanços doutrinários que então se faziam sentir, em conseqüência do movimento positivista, bem como o exemplo de códigos estrangeiros mais recentes, especialmente o Código Zanardelli".[68] Importantes inovações, de inspiração liberal, podem ser apontadas, como a consagração do princípio da legalidade, a disciplina dos crimes culposos, a aplicação de pena de multa, a abolição da pena de morte e dos açoites. Em suma, pode-se verificar uma humanização das penas.[69]

---

[67] Para uma completa análise do modelo escravagista de produção, a formação do Direito identificado por burguês e o desenvolvimento do capitalismo em nosso país, ver SAES, Décio. *A formação do Estado Burguês no Brasil*. Ver, também, SODRÉ, Nelson Werneck. *Op. cit.* BASBAUN, Leôncio. *História Sincera da República*. Ver FAORO Raymundo. *Op. cit.*, v. 1 e 2.

[68] BITENCOURT, Cezar Roberto. *Op. cit.*, p. 43.

[69] José Frederico Marques, por sua vez, analisando o Código Republicano, aduz que "O velho estatuto republicano acusava de fato, muitas deficiências; todavia, cumpriu sua missão e se não mereceu os louvores endereçados pelos da terra e de fora, ao código do Império, nem por isso deslustrou nossa cultura, como pretendem alguns." MARQUES, José Frederico. *Curso de Direito Penal*, p. 89-90. Em contrapartida, citando Plínio Barreto, Marques afirma que "*O código de 1830 é um trabalho que depõe a favor da capacidade legislativa nacional mais do que o Código de 1890, ora em vigência. Superior a êste pela precisão e justeza da linguagem, constitui, para a época em que foi promulgado, um título de orgulho, ao passo que o de 1890, pôsto em face da cultura jurídica da era em que foi redigido, coloca o legislador republicano em posição vexatória, tal a soma exorbitante de erros absurdos que encerra, entremeados de disposições adiantadas, cujo alcance não pôde ou não soube medir.*" *Op. cit.*, p. 90, em nota de rodapé.

Direito Penal no Estado Democrático de Direito
Perspectivas (re)legitimadoras

O igualitarismo liberal foi concedido por meio da extinção dos crimes de insurreição de escravos, figura jurídica obviamente defasada, estabelecendo formalmente a liberdade e a igualdade de tratamento penal entre os cidadãos. A face burguesa do modelo penal implantado, entretanto, refletiu-se no surgimento do crime de sonegação de impostos, estabelecido na segunda parte do artigo 265, limitado apenas aos tributos de entrada, saída e consumo de mercadorias. Por meritório que possa parecer, destarte, essa previsão repressiva, destinada a toda a população, culminava por atingir as camadas majoritárias menos favorecidas, das classes baixas e média, no tocante à sonegação pela entrada e consumo de mercadorias, na medida em que o preço do produto continha o valor dos tributos, repassados e recolhidos pelas camadas altas e favorecidas. *A contrario sensu*, mesmo havendo previsão constitucional para a criação de impostos sobre a propriedade territorial rural e sobre circulação de mercadorias, desde a Constituição de 1891, tais tributos não foram instituídos à época, assim como não houve, por conseqüência, a instituição do crime de sonegação de tais tributos, em evidente demonstração do tratamento privilegiado às camadas sociais economicamente dominantes.

Aliás, esse fenômeno protetivo da camada superior da pirâmide social não se faz inusitado, na medida em que, atualmente, a Constituição de 1988 prevê, em seu artigo 153, inciso VII, a competência da União para instituir imposto *sobre grandes fortunas, nos termos de lei complementar,* o que ainda inocorreu, como se o legislador tivesse tamanha dificuldade que, já decorridos mais de doze anos, não consiga encontrar uma definição para o conceito de *grandes fortunas,* ainda isentas desse tributo. Conseqüência disso, inobstante a previsão atual acerca do delito de sonegação de tributos, *a sonegação do imposto sobre grandes fortunas ainda não é passível de punição penal ou administrativo-tributária.* A mesma anomalia legislativa, refletindo as forças sociais político-econômicas dominantes, pode ser constatada relativamente ao Imposto de Renda, que passou a ser exigível no Brasil com a Lei nº 4.625/22. De forma estarrecedora, a criminalização de sua sonegação somente passou a merecer atenção legislativa a partir de 14 de julho de 1965, com a Lei nº 4.729/65, abrangente da sonegação fiscal como um todo. Na seara da delinqüência econômico-tributária, teremos oportunidade de abordagem específica, em capítulo apartado, onde as vicissitudes das classes dominantes e da deturpação do atual modelo penal apresentam-se ainda mais latentes, não destoantes da ideologia predominante da época de instituição do atual modelo.

Como conseqüência dos desajustes do Código Republicano, uma infinidade de leis penais esparças foram editadas, compondo elas o que se denominou por Consolidação das Leis Penais, compilada pelo desembargador Vicente Piragibe e tornada oficial por meio do Decreto nº 22.213, de 14 de dezembro de 1932.

Nesse momento histórico da vida nacional, já suplantado o modelo escravagista, via-se surgir, concomitantemente com a manutenção de uma estrutura latifundiária baseada, agora, na produção do café e do algodão, já contando com a mão-de-obra imigrante, princípios de industrialização e a aceleração do capitalismo, fenômeno impulsionado, basicamente, pela abolição da escravatura, aumento da imigração e da produção em geral, aumento do mercado interno, redução das importações, fim da guerra mundial de 1914-1918, uma nova dicotomia social, não baseada na relação senhor-escravo, mas no predomínio de uma classe burguesa composta pelo colonato, comerciantes, proprietários de indústrias, classe média urbana, burocratas. No dizer de Nelson Werneck Sodré, "Antes, havia burgueses isolados, como indivíduos, ilhados pelo predomínio absoluto do latifúndio e numa sociedade em que eram minoria reduzida. Agora, já se delineia a burguesia como classe."[70] Essa base social apresentou-se como fermento ideal para a proliferação e implementação das idéias do iluminismo, emergindo a ideologia do igualitarismo jurídico formal, o direito de igualdade entre os trabalhadores, ainda refletindo as lutas pela libertação dos escravos. Segundo Décio Saes, os episódios da abolição da escravatura, a proclamação da República e a Assembléia Constituinte, bem como os movimentos sociais que se seguiram, mormente no predomínio das classes dominantes proprietárias, permitiram a formação, no Brasil, de um Estado burguês, com um conseqüente Direito burguês e a reorganização do Estado segundo os princípios do burocratismo.[71]

O Direito Penal editado à época não foge a essas características. No dia 1º de janeiro de 1942, entrou em vigor o novo Código Penal, criado pelo Decreto-Lei nº 2.848, de 7 de dezembro de 1940, que ainda vigora entre nós em sua parte especial, não obstante tenha sido alterado em alguns dispositivos legais pela legislação esparsa que se seguiu. Conforme José Frederico Marques, "O novo Código Penal é eclético, pois concilia sob seu texto o pensamento neo-clássico e o positivismo como bem salienta a exposição de motivos.

---

[70] SODRÉ, Nelson Werneck. *Op. cit.*, p. 74.
[71] SAES, Décio. *Op. cit.*, p. 185.

Direito Penal no Estado Democrático de Direito
Perspectivas (re)legitimadoras

Nele, os postulados clássicos fazem causa comum com os princípios da Escola Positiva."[72]

Fugindo à influência do regime ditatorial do Estado Novo, vigorante de 1937 a 1945, o Código Penal então nascido, e até hoje vigente em sua parte especial, traduziu um direito punitivo liberal. Refletiu, sobremaneira, o ambiente social da época.

No âmbito dos crimes contra o patrimônio, de maneira acentuada, os reflexos desse pensamento apresentam-se visíveis. Veja-se que o crime de furto, com o novo e atual Código, torna-se extremamente abrangente, traduzindo a necessidade da camada de proprietários, agora também urbanos, de tutelar seu patrimônio, na medida em que o perfil societário modificou-se para agregar, nos novos centros urbanos, *imigrantes, ex-escravos, proletários, desempregados e sub-empregados*. Daí a criminalização de maneira qualificada do furto perpetrado mediante o emprego de chave falsa (art. 155, par. 4°, inc. III, CP), na medida em que os valores pertencentes às camadas abastadas eram guardados, em grande parte, em cofres, nas residências. Aliás, todas as qualificadoras do furto, assim como a majorante do furto noturno, ainda vigentes, não se encontravam previstas no Código Republicano e na Consolidação das Leis Penais anteriormente vigorantes. Na figura do estelionato, cria-se a versão da emissão de cheque sem suficiente provisão de fundos, ou frustração do seu pagamento (art. 171, § 2°, inc. VI).

Ainda no domínio da tutela jurídica do patrimônio privado, os delitos de usurpação foram incrementados, com o apenamento acentuado da *alteração de limites, a usurpação de águas, o esbulho possessório e a supressão ou alteração de marca em animais* (arts. 161 e 162 do CP), esta punida com pena de seis meses a três anos de detenção, além da multa, ou seja, com pena superior àquela prevista para o abandono de incapaz (detenção de seis meses a três anos - art. 133), perigo para a vida ou saúde de outrem (detenção de três meses a um ano - art. 132), exposição ou abandono de recém-nascido (detenção de seis meses a dois anos - art. 134), apenas para exemplificar, na medida em que abordagem mais acurada da disparidade de tratamento na proteção do bem jurídico será efetivada em capítulo futuro deste trabalho.

Referentemente aos crimes contra a organização do trabalho, a greve, configurada com a mera paralização do trabalho por três pessoas, viu-se punida com rigor desmedido (art. 200 e parágrafo único do Código Penal), refletindo, evidentemente, a proteção que

---

[72] MARQUES, José Frederico. *Op. cit.*, p. 93.

se estabelecia aos detentores do poder produtivo, em detrimento das insipientes classes trabalhadoras menos favorecidas. Veja-se, neste particular, que a mera paralisação do trabalho, praticada com violência *contra coisa*, era figura típica criminal, bastando o concurso de, pelo menos, três empregados, não suficientes as conseqüências trabalhistas que essa conduta pudesse acarretar.

O Direito Penal e a escala axiológica de tutela de bens jurídicos, instalados a partir do Código de 1940, pois, reflete o modelo de Direito que é fruto da sociedade-Estado que não se coadunam com os novos ares de um Estado Democrático de Direito, exsurgido a partir da Constituição de 1988. Esse modelo de Direito e sua dogmática é identificado por Lenio Luiz Streck, com acerto, ao referir:

"O Direito brasileiro e a dogmática jurídica que o instrumentaliza está assentado em um paradigma liberal-individualista que sustenta essa desfuncionalidade, que, paradoxalmente, vem a ser a sua própria funcionalidade! Ou seja, não houve ainda, no plano hermenêutico, a devida filtragem - em face da emergência de um novo modo de produção de Direito representado pelo Estado Democrático de Direito - desse (velho/defasado) Direito, produto de um modo liberal-individualista-normativista de produção de direito..."[73]

2.4. O Direito Penal brasileiro de cunho liberal

Na medida em que se identifica o modo de produção do direito brasileiro como liberal-individualista-normativista, destoante dos ideais constitucionais de implementação do tão almejado Estado Democrático de Direito, inexorável a inclusão do Direito Penal nesse contexto, porquanto constitui-se em fatia do ambiente jurídico onde as características e a ideologia desse modo de produção são latentes.

Se o Direito Penal tem sido posto no centro da discussão proporcionada em razão do acentuado índice de violência e criminalidade vertido em nosso contexto social, a despeito das diversas faces de problema com tamanha dimensão, ressalta evidente que um dos elementos de defasagem do sistema punitivo é a nítida ideologia de tutela aos interesses individuais-patrimoniais, fruto da ideologia do modelo de Estado Liberal.

---

[73] STRECK, Lenio Luiz. *Op. cit.*, p. 31-2.

Direito Penal no Estado Democrático de Direito
Perspectivas (re)legitimadoras

Márcia Dometila Lima de Carvalho identifica que:

"A Constituição de 1988 surgiu, renovando as esperanças do povo brasileiro e pondo fim a um longo período de anestesiamento democrático do País. O Estado Social de Direito ressurgiu como Estado Democrático, pretendendo resgatar o desgaste sofrido, através das influências renovadoras recebidas de além-mar (Espanha - Portugal - Alemanha). Não se furtou, entretanto, aos compromissos liberalistas, que, se mantidos em equilíbrio com os compromissos com a socialidade e a solidariedade social, poderá permitir que sejam alcançados os objetivos apregoados (artigo 3º)".[74]

Prossegue a aludida autora ressaltando que:

"Quanto ao Direito Penal, não é possível furtar-se ao seu questionamento, mormente no tocante à sua parte especial, que, ao lado de uma complexa e flutuante legislação extravagante, tecnicamente mal elaborada, vige desde 1940, quando as condições político-econômicas do País eram diversas e foram, ao longo desse acidentado percurso constitucional, significativamente modificadas. Portanto, com a substituição da antiga ordem constitucional, de cunho, ao mesmo tempo liberal e autoritário, pela nova ordem constitucional de 1988, fruto de uma longa discussão e ampla Assembléia Constituinte, urge pôr-se em debate a questão da validade e eficácia das normas infraconstitucionais precedentes, de caráter penal, especialmente a tipologia especial, uma vez que a Parte Geral data de época próxima, fruto de longo debate, também, entre juristas e estudiosos do Direito Penal."[75]

Segundo Lenio Luiz Streck, não apenas o Direito Penal vive momento de crise, mas o Direito brasileiro e a dogmática jurídica, pois ambos estão assentados "em um paradigma liberal-individualista que sustenta essa desfuncionalidade..."[76]

O Direito penal tem-se mantido, no Brasil, ligado ao cerne de suas origens, protegendo bens jurídicos de interesse individual, relegando a plano secundário, quando não totalmente desconsiderados, os direitos coletivos ou sociais ofendidos pela criminalidade graduada. As propostas sugeridas acerca da legislação cingem-se

---

[74] CARVALHO, Márcia Dometila Lima de. *Fundamentação Constitucional do Direito Penal*, p. 22.
[75] Idem, p. 22.
[76] STRECK, Lenio Luiz. *Op. cit.*, p. 31.

em torno do paradoxo da penalização acentuada e da disseminação de indultos e leis esparsas conflitantes. Há um intenso desequilíbrio na proteção de bens jurídicos. Sintoma dessa dessintonia é perfeitamente identificado quando efetuada prospecção e análise da parte especial do Código Penal vigente e legislação extravagante. Alguns casos são sintomáticos. Apenas para se ter um idéia, na medida em que haverá desenvolvimento do tema em capítulo apartado, pode ser ressaltado que muitos delitos contra o patrimônio privado mantêm-se apenados com mais rigor ante delitos de extrema lesividade social, a exemplo daqueles contra a ordem tributária, econômica e relações de consumo, ou aqueles praticados por Prefeitos (Decreto-Lei nº 201/67). O particular que pratica delito de extorsão (art. 158 do CP) está sujeito a uma pena superior àquela prevista para o funcionário público que pratica concussão (art. 316 do CP). O indivíduo que furtar, mediante o uso de chave falsa, uma bolsa dentre as mais de vinte existentes na residência de uma senhora (com valor superior a *um salário-mínimo*), receberá uma pena entre 2 a 8 anos de reclusão (art. 155, § 4º, inc. III, CP), enquanto o Prefeito Municipal que desviar um montante de R$ 600.000,00 de uma Prefeitura, incidindo nos incisos I ou II do Decreto-Lei nº 201/67, será apenado entre 2 a 12 anos de reclusão, e, se praticar alguma das outras condutas, produzindo vultoso prejuízo à comunidade por ele dirigida, será apenado com sanção de 3 meses a 3 anos de detenção. Para os delitos contra a ordem tributária, o benefício da extinção da punibilidade pelo pagamento é concedido, enquanto, aos demais delitos contra o patrimônio privado, o mesmo benefício não se estende. As benesses da legislação (Ex.: Lei nº 9.714/99) são estendidas indiscriminadamente, mesmo para crimes praticados em afronta a interesses de toda a coletividade, violentos intrinsecamente, contemplando o administrador público corrupto, o sonegador e, por uma infeliz interpretação literal, o traficante.

Encontramo-nos em um Estado Democrático de Direito, onde a Constituição Federal representa a vontade constitucional de realização do Estado Social, ainda não instituído em nosso país. Nossa Constituição contempla os direitos chamados de segunda e terceira gerações, preconizando instrumentos para a sua implementação, em explícita demonstração no sentido de que ainda não estão implementados, em razão da falta de efetivação da função social do Estado.

Daniel Sarmento, com muita propriedade, ressalta que:

"Sem embargo, é interessante observar que o Brasil chega a esta fase sem ter se beneficiado das conquistas do Estado Liberal e do Estado Social... Da mesma maneira, pode-se afirmar que poucos foram os frutos que o nosso arremedo de Estado Social legou às classes desfavorecidas. Impulsionada por duas ditaduras, a expansão do Estado, com a criação de centenas de empresas estatais, pouco contribuiu para amenizar a miséria e as gritantes desigualdades sociais que têm flagelado o sofrido povo brasileiro."[77]

O resgate do Direito Penal, nesse contexto de clamor social por afronta à violência, passa por uma nova contextualização de sua ideologia para que, sem descurar da tutela de bens tradicionalmente valorados, abarque com sobrecarga a criminalidade que afronta e impede a implementação dos direitos sociais e dos objetivos da República, que atinge a sociedade em seus direitos basilares, condutas que se tornam barreiras para a própria atuação do Estado no seu exercício das funções básicas previstas na Constituição.

Márcia Dometila Lima de Carvalho, novamente com precisão, nesse sentido, afirma:

"Certo é que o nosso Código - como os demais códigos da América Latina - é fruto da Revolução Francesa, do pensamento humanista dos iluministas e racionalistas europeus, que, por sua vez, traduziam o resultado da luta social dos trabalhadores e da burguesia, contra o feudalismo e o absolutismo de então. Foi deste processo social que se destacaram determinados bens a serem protegidos: vida, liberdade, honra, propriedade, etc. E, dentre esses bens a serem tutelados, destacaram-se, também, como resultado desse desenvolvimento social, os direitos fundamentais, a partir de então conquista impostergável de todas as Constituições Modernas."[78]

A partir desse desiderato, constata-se a necessidade de uma readequação do Direito Penal em nosso país. É imperioso rever institutos como o Decreto-Lei nº 201, que pune condutas ilícitas praticadas por Prefeitos Municipais, os crimes perpetrados pelos demais administradores públicos, redimensionar a tutela dos delitos cometidos por funcionários públicos, acentuar a reprimenda à criminalidade econômica, rever institutos como as *isenções* concedi-

---

[77] SARMENTO, Daniel. Constituição e Globalização: A crise dos paradigmas do Direito Constitucional. *In: Anuário Direito e Globalização - A Soberania*, p. 159.
[78] CARVALHO, Márcia Dometila Lima de. *Op. cit.*, p. 35.

das a sonegadores de tributos, a criminalização de condutas que representam improbidade administrativa com apenamento acentuado e modelar, etc.

Somente com essa nova postura, o Direito Penal passará, desvinculando-se exclusivamente do modelo liberal-individualista-normativista de tutela de condutas criminosas, para uma realidade adequada ao clamor constitucional e social de afronta à criminalidade efetivamente lesiva, que impede, inclusive, a implementação dos direitos constitucionais e do Estado Democrático de Direito.

3. O Direito Penal no Estado Democrático de Direito

3.1. Um conceito substancial de Constituição

Adotamos, no presente trabalho, o conceito de Constituição Dirigente apregoado pelo Professor José Joaquim Gomes Canotilho,[79] no sentido de que, como patamar jurídico maior de um país, a Constituição é compromissória, representando uma direção vinculante para a sociedade e o Estado. É, assim, resultado de um constituir social, representação das aspirações maiores de um povo, de conteúdo normativo substancial, de acentuada carga axiológica, dirigente para o campo da formulação, interpretação e aplicação das leis.

> "Independentemente da função substantiva que resulta do dar forma e processo ao actuar estadual, a constituição jurídica é também uma constituição política: a fixação de formas ou processos adquire sentido material quando relacionada com determinados fins. Não sendo nenhuma organização neutra quanto aos fins, também a organização constitucional só alcançará dignidade material quando superar definitivamente as sequelas de descrédito do Estado de Direito Formal. Ela deve ser uma ordem fundamental material."[80]

Conforme ressaltado por Daniel Sarmento, o fundamento constitucional desenvolvido por Canotilho inspirou sobremaneira o pensamento jurídico brasileiro, "tendo penetrado de modo profundo nas linhas gerais da Constituição de 1988."[81] Nesta senda, Lobato

---

[79] CANOTILHO, José Joaquim Gomes. *Constituição dirigente e vinculação do legislador*: contributo para a compreensão das normas constitucionais programáticas.
[80] Idem, p. 151-2.
[81] SARMENTO, Daniel. *Op. cit.*, p. 57.

assevera que as normas definidoras dos direitos e garantias fundamentais inseridos na Constituição têm aplicação imediata, estendendo esta força normativa não apenas para os direitos individuais e coletivos previstos no artigo 5º e seus setenta e sete incisos, mas também a todos os direitos sociais, econômicos e culturais previstos nos títulos VII e VIII, na medida em que são um desenvolvimento dos direitos sociais mencionados no artigo 6º da Constituição, o que impõe uma atuação positiva do Estado para a implementação de todos esses direitos.

> "O novo perfil do Estado caracterizado com a constitucionalização destes direitos exige uma clara definição das políticas públicas, ou seja, políticas de ação governamental, em vista da realização destes novos direitos créances, direitos de obter do Estado as condições materiais para o pleno exercício da cidadania, permitindo-se o desenvolvimento integral da pessoa humana. (sic)"[82]

Paulo Bonavides assevera que a Constituição definiu direitos sociais básicos, por meio de princípios fundamentais, como os valores sociais do trabalho e a livre iniciativa, estabeleceu objetivos fundamentais para a República como o desenvolvimento nacional, a erradicação da pobreza e da marginalização e a redução das desigualdades sociais e regionais, e, por último, definiu os direitos sociais, abrangendo genericamente a educação, a saúde, o trabalho, o lazer, a segurança, a previdência social, a proteção à maternidade e à infância, a assistência aos desempregados, além de encontrar-se, nos artigos 6º e 7º, os direitos sociais especificamente em favor dos trabalhadores, todos dotados de uma substancialidade nunca conhecida nas Constituições anteriores, impondo-se a sua implementação material como desiderato do Estado Democrático e Social de Direito.[83] Nessa senda, Canotilho consagra o entendimento no sentido de que:

> "Concebendo-se a constituição como norma e tarefa, como programa de acção e como plano normativo, interessa ainda aprofundar o sentido constitucionalmente vinculante desta tarefa ou programa constitucional... o bloco constitucional dirigente não substitui a política; o que se torna é premissa material da política. As normas constitucionais programáticas

---

[82] LOBATO, Anderson Cavalcante. Os desafios da proteção jurisdicional dos direitos sociais, econômicos e culturais. *In: Revista Estudos Jurídicos*, p. 5-24.
[83] BONAVIDES, Paulo. *Curso de Direito Constitucional*, p. 338-9.

põem a claro que a vinculação jurídico-constitucional dos actos de direcção política não é apenas uma vinculação através de limites, mas uma verdadeira vinculação material que exige um fundamento constitucional para esses mesmos actos. Só este entendimento se afigura compatível com o sentido actual do Estado de Direito Democrático: o poder estadual não é uma entidade substancial preexistente à constituição e limitada a posteriori por esta; é um poder com fundamento na constituição, devendo os seus actos considerar-se também, e em qualquer caso, constitucionalmente determinados. (sic)"[84]

Aliás, nada melhor que esta concepção de Constituição, substancialista, dirigente e vinculante, a partir da realidade de um país ainda identificado como de terceiro mundo, com altos índices de pobreza, desigualdades e injustiças sociais, fenômenos que vêm massacrando a qualidade de vida dos cidadãos. Dispensa-se, pois, nos limites deste trabalho, a (re)visão agora proposta por Canotilho, que procura adequar o conceito do plano constitucional ao movimento pós-modernista, reflexo dos efeitos daquilo que identifica por "sociedade aberta ao pluralismo social, aos fenômenos organizativos supranacionais e à globalização econômica", no sentido de que a Constituição, agora identificada como uma "ordem-quadro",

"é um estatuto reflexivo que, através do estabelecimento de esquemas procedimentais, de apelo a auto-regulações, de sugestões no sentido da evolução político-social, permite a existência de uma pluralidade de opções políticas, a compatibilização dos dissensos, a possibilidade de vários jogos políticos e a garantia da mudança através da construção de rupturas."[85]

Esta nova acepção desconsidera a força normativa da Constituição, reduzindo-a a uma norma procedimental, esvaziada, que

---

[84] CANOTILHO, José Joaquim Gomes. *Op. cit.*, p. 463-4.
[85] CANOTILHO, José Joaquim Gomes. *Direito Constitucional e teoria da Constituição*, p. 1235, 1272-3. Mesmo assim, Canotilho não consegue desvincular-se totalmente de sua teoria inicial, tão valiosa e inspiradora do constitucionalismo atualmente vivido em nosso país, pois refere que "As considerações acabadas de referir relativizam o caráter dirigente de um texto constitucional mas tão pouco significam que as constituições não possam e não devam ter um papel de mudança social. Tendo em conta os limites da realidade (constituição material) e os limites reflexivos de uma lei (ou seja a relativa incapacidade de prestação), a constituição continua a ser um documento radical."

não se coaduna com as aspirações vividas em um ambiente de Estado Democrático de Direito.[86]

O Direito não é um mero somatório de regras avulsas, obtidas da vontade, exclusivamente, compondo uma concatenação de fórmulas verbais articuladas entre si. Apresenta-se ele como uma unidade de sentido, é *"coerência"*, ou mais ainda, *"consistência"*. É uma unidade de sentido, que representa valores incorporados em regras. Traduz princípios que são anteriores às regras formais. Na base de todo o Direito está a Constituição, que contém e coordena essa ordem de princípios e valores, orientadores de todo o Direito, servindo eles de *"pautas ou critérios"* por excelência, *"para a avaliação de todos os conteúdos normativos"*. A Constituição representa, por meio dos princípios a ela inerentes, uma *"supralegalidade material"*, tornando-se fonte primeira do ordenamento jurídico. A Constituição, ao mesmo tempo em que é fonte primária formal, acima de tudo, representa o extrato material ou de conteúdo de todo o ordenamento, pois legitima todo o Direito e fundamenta sua origem. A essencialidade material da Constituição deriva de ser ela a expressão do *"consenso social sobre os valores básicos"*, tornando-se fonte completa da ordem jurídica, o que torna os princípios nela

---

[86] Comungo, neste sentido, com o pensamento de Streck, que também reporta-se à primeira postura de Canotilho, bem como às idéias de Jorge Miranda, Paulo Bonavides, Celso Antônio Bandeira de Mello, Eros Grau e outros, no sentido da ampla eficácia das normas constitucionais. STRECK, Lenio Luiz. As (novas) penas alternativas à luz da principiologia do Estado Democrático de Direito e do Controle de Constitucionalidade. In: *A Sociedade, a Violência e o Direito Penal*, p. 123. Sarmento, da mesma forma, ressalta que a perspectiva pós-moderna "desconsidera, de modo niilista, as virtualidades que tem a Lei Maior de, de alguma maneira, conformar a realidade social, promovendo os valores fundamentais de uma comunidade política. A aplicação do ideário pós-moderno ao direito constitucional corresponderia à retirada do texto constitucional das normas programáticas, bem como daquelas tingidas por algum colorido ideológico. O resultado seria uma constituição insossa, próxima ao figurino pré-weberiano do constitucionalismo liberal. Trata-se, em nosso entendimento, de uma compreensão perniciosa do fenômeno constitucional, que extrai da Constituição o seu caráter de epicentro axiológico do ordenamento jurídico e de norma legitimadora do Estado. Esta ótica revela-se cruel, sobretudo em países subdesenvolvidos como o Brasil, pois quando a Constituição abandona o projeto de emancipação das classes desfavorecidas, ela passa a coonestar, com o seu silêncio de Pilatos, o *status quo* de profunda injustiça social. Portanto, se, por um lado, é inegável a crise do constitucionalismo moderno, por outro, a solução preconizada pelo pós-modernismo não a resolve. Não se cura a doença matando o doente. Parafraseando Habermas, podemos dizer que, também no Direito Constitucional, o projeto da modernidade está ainda inacabado." SARMENTO, Daniel. *Op. cit.*, p. 68-9.

estampados o critério mediante o qual são avaliados todos os conteúdos normativos do sistema.[87]

No dizer de Mauricio Antonio Ribeiro Lopes,

"A constitucionalização dos valores básicos e dos princípios deles derivados não somente coloca o juiz no marco necessário de uma jurisprudência de valores como também acolhe o fundamento básico e assinala o sentido inspirador, nos quais deverá desenvolver-se o exercício do poder legislativo... As Constituições fazem no século XX o que os Códigos fizeram no século XIX: uma espécie de positivação do Direito Natural, não pela via racionalizadora da lei, enquanto expressão da vontade geral, mas por meio dos princípios gerais, incorporados na ordem jurídica constitucional, onde logram valoração normativa suprema, ou seja, adquirem a qualidade de instância primária, sede de toda a legitimidade do poder. Isto, por ser tal instância a mais consensual de todas as intermediações doutrinárias entre o Estado e a sociedade."[88]

Portanto, as normas constitucionais vigentes em nosso país, traduzindo a essência da razão social, a base principiológica de conteúdo substancial, preconizam comandos de transformação da realidade, buscam estabelecer a igualdade na medida em que se quer construir uma sociedade mais justa e solidária, em que se postula a erradicação (não apenas a redução) da pobreza e da marginalização, enfim, o caminho para a redução das desigualdades sociais e regionais. Esses comandos devem refletir-se para todos os ramos do Direito, apresentando-se o Direito Penal como um dos instrumentos para o alcance deste desiderato constitucional democrático.

O Direito, no Estado Democrático de Direito, assume uma função transformadora da realidade, a realidade vivida em nosso país. Longe estamos, pois, do conceito liberal de Estado, onde as liberdades políticas têm uma importância intrínseca menor do que a liberdade pessoal e de consciência, onde, diante da opção principal de escolha entre as liberdades políticas e as restantes liberdades, prefere-se governo do bom soberano que reconhece estas últimas e que garanta o domínio da lei de caráter geral e abstrato. A segurança da propriedade e dos direitos liberais representaria neste contexto a essência do constitucionalismo. "O homem civil precederia o

---

[87] LOPES, Mauricio Antonio Ribeiro. *Op. cit.*, p. 119-20.
[88] Idem, p. 120-1.

Direito Penal no Estado Democrático de Direito
Perspectivas (re)legitimadoras

81

homem político, o burguês estaria antes do cidadão. O *Bürger* que preza a sua liberdade em face do poder terá mais liberdade do que o *Bourgeois* que cultiva a liberdade política."[89] Por isso, o Estado Democrático de Direito é um *plus* ao Estado Liberal e Social, constituindo-se em mola propulsora da implementação de uma justiça social que, sem detrimento da liberdade, avance para a obtenção da igualdade substancial, da redução das diferenças sociais, da pobreza, enfim, da concretização dos valores indispensáveis a uma sociedade justa.

3.2. Um Direito Penal vinculado aos valores constitucionais

O Direito Penal, em um Estado Democrático e Social de Direito, não pode ficar imune à filtragem constitucional, extraindo-se da hierarquia valorativa contida na Constituição seu conteúdo material e sua legitimação.

Francesco C. Palazzo, em sua abordagem às indicações constitucionais de conteúdo, no sentido da delimitação da intervenção penal, ressalta a importância da noção de bem jurídico, afirmando que quanto mais rigorosa for a formulação de um catálogo de bens jurídicos previsto constitucionalmente, maior será a influência da Constituição no sistema jurídico e, acima de tudo, sua influência na política criminal. Ao apreciar o conteúdo constitucional-penal vigorante nas Constituições de Espanha, Itália e Alemanha, ressalta que, nos dois primeiros países, extrai-se da carta constitucional um catálogo de bens jurídicos de tutela necessária pelo Direito Penal, estabelecendo uma hierarquia de valores. Esta tendência de *"juridicizar"* constitucionalmente o bem objeto da proteção penal, oferecendo um catálogo de bens de relevo constitucional, serve de norte ao legislador no sentido da reforma da parte especial do Código, além de sinalizar para uma vasta gama de condutas onde a despenalização afigura-se necessária, sob pena de o poder punitivo manter-se como instrumento de abuso contra a liberdade individual. Na Alemanha, inobstante a consciência da necessidade de delimitação do círculo de interferência penal por meio da Constituição, de onde deve ser extraído o fundamento material para a legitimidade da legislação penal, verificam-se resistências doutrinárias e jurisprudenciais em admitir-se a politização expressa de certas preferências substanciais específicas. A *"jurisdicização"* das

---

[89] CANOTILHO, José Joaquim Gomes. *Op. cit.*, p. 93.

condutas puníveis sofre, efetivamente, uma dedução de origem constitucional, mas o ordenamento penal reflete exigências sociais históricas, emergindo da realidade e do reclamo social, quando este clamor é relevante e suficientemente intenso. Não ocorre, pois, na Alemanha, a especificação constitucional da delimitação da matéria penal, mas o conteúdo da matéria penal é extraído de genéricos *"princípios políticos-constitucionais"*, derivados do *Rechtsstaatsprinzip*, mais capazes de direcionar, constitucionalmente, uma moderna tendência de política criminal, permanecendo o legislador incumbido da ulterior concretização.[90]

No Brasil, efetivamente, pode-se apontar a existência de um modelo misto, no sentido de que, a despeito de haver, na Constituição, cláusulas expressas indicando um catálogo de bens jurídicos necessariamente tuteláveis pelo Direito Penal, a exemplo do artigo 5º, incisos XLII, XLIII e XLIV, onde impõe-se a penalização acentuada à prática do racismo, da tortura, do tráfico ilícito de entorpecentes e drogas afins, o terrorismo e os crimes definidos, a *posteriori*, como hediondos, bem como a ação de grupos armados, civis ou militares, contra a ordem constitucional e o Estado Democrático, ainda verificam-se princípios penais e processuais penais explícitos, como o da legalidade (inc. XXXIX), irretroatividade da lei penal (XL), humanização e individualização da pena (XLV, XLVI a L), do devido processo legal (LIV), contraditório e ampla defesa (LV), presunção de inocência (LVII), etc. A despeito deste catálogo de bens jurídicos e princípios inerentes ao sistema penal e processual penal, inegável a vinculação do conteúdo material do Direito Penal a partir da Constituição. Na afirmativa de Palazzo, junto às explícitas cláusulas de penalização, outras existem tacitamente, não apenas porque a presença de cláusulas expressas não autorizam, à evidência e fundadamente, o "argumento do *ubi lex voluit dixit...*, mas, de maneira especial, pelo papel que podem representar na observância do princípio generalíssimo da *ragionevolezza* (razoabilidade)". O conteúdo inserido na Constituição impõe a proteção penalística desses valores, mesmo não se verificando cláusula expressa de penalização. Ressalta que "há, de qualquer modo, de ser entendido como parte integrante do que expressamente afirmado pelo constituinte."[91]

Efetivamente, a despeito de serem verificados princípios constitucionais, relativos ao direito penal, tendentes a limitar a interven-

---

[90] PALAZZO, Francesco C. *Valores Constitucionais e Direito Penal*, p. 84-6.
[91] Idem, p. 105-6.

Direito Penal no Estado Democrático de Direito
Perspectivas (re)legitimadoras

ção da atividade estatal-penal, no sentido de garantir a inviolabilidade do direito à liberdade e outras prerrogativas individuais, como reflexos da ideologia propulsora do Estado de Direito (*Rechtstaats*), é inegável a existência de uma série de preceitos destinados a alargar a incidência do direito criminal. No dizer de Luiz Luisi, essas normas constitucionais destinam a fazer do Direito Penal

> "um instrumento de proteção de direitos coletivos, cuja tutela se impõe para que haja uma justiça mais autêntica, ou seja, para que se atendam as exigências de Justiça material. Expressam esses tipos de formas constitucionais, as instâncias do *Sozialstaats*, e fazem com que o Estado exerça uma função ativa, ampliando a área de atuação do Direito Penal. Ressalte-se que não se exclui dessa atividade ampliadora da interferência penal a proteção de certos direitos rigorosamente individuais, não tutelados no regime penal do *Rechtstaats*, como o personalíssimo direito à intimidade. Esse tipo de normas constitucionais tem sido chamadas de cláusulas de criminalização, sendo algumas expressas e inequívocas, e outras facilmente deduzíveis do contexto das normativas constitucionais. Este aspecto criminalizador das Constituições mais recentes é visto por F. Mantovani como uma função propulsora da interferência criminal, objetivando o cumprimento dos deveres individuais de solidariedade econômica e social, e, também, de remoção dos obstáculos econômicos e sociais que se opõe a homogenização e predispõe à criminalidade."[92]

Portanto, a normatividade constitucional é representativa dos valores sociais básicos, inarredáveis, devendo refletir-se em todo o ordenamento jurídico, notadamente no Direito Penal. Conforme afirma Mauricio Antonio Ribeiro Lopes,

> "Essa a razão pela qual se reputa tão significativa e salutar a fixação de princípios constitucionais em matéria penal, como meio e condição de resguardar um determinado conjunto de valores sociais, individuais, éticos e humanistas, postos a salvo das questões meramente circunstanciais e temporais, como forma de eleição de um modelo de sistema de proteção aos interesses humanos fundamentais nas duas pontas de atuação do Direito Penal: a orientação criminalizadora e a orientação de salvaguarda da liberdade."[93]

---

[92] LUISI, Luiz. *Princípios Constitucionais Penais*, p. 41-2.
[93] LOPES, Mauricio Antonio Ribeiro. *Op. cit.*, p. 120-1.

Márcia Dometila Lima de Carvalho acrescenta que

"toda a norma penal carece de fundamentação constitucional... Por outro lado, se a ameaça aos valores jurídicos constitucionais é que demonstra a necessidade da repressão penal, em detrimento, mesmo, dos direitos e garantias fundamentais do cidadão, assegurados também pelo texto constitucional, a hierarquia dos bens jurídicos, protegidos penalmente, não poderá deixar de guardar íntima relação com a hierarquia dos valores jurídico-constitucionais. Lícito, pois, concluir que a desfuncionalidade, antinomia, enfim, falta de harmonia entre a norma penal concretizada e a justiça positivada ou almejada pela Constituição, deve ser traduzida como inconstitucionalidade. Ao contrário, a sanção penal será precedente e legítima, quando absolutamente necessária para a salvação das bases fundamentais em que se assenta a sociedade justa e livre, que a Constituição visa a construir."[94]

Sob esse prisma, afigura-se evidente a necessidade de o conteúdo das normas penais direcionarem-se no sentido da proteção dos bens e valores constitucionalmente estabelecidos, sendo inegável que representam eles o que de mais relevante há para a sociedade brasileira. Aliás, irretorquível que a proteção da dignidade humana, da cidadania, dos valores sociais do trabalho, o repúdio ao terrorismo, ao racismo, aos crimes hediondos, o desiderato de erradicação da pobreza e da marginalização, a redução das desigualdades sociais, o estabelecimento de uma sociedade justa, sem preconceitos de origem, raça, sexo, cor, idade ou qualquer outra forma de discriminação, a prestação de saúde, educação e lazer ao povo, a dignidade e o acesso ao trabalho, às condições de vida dignas, são valores que, inseridos na Constituição, conduzem impositivamente o Direito Penal à sua tutela. Esta tutela é o desiderato maior do Direito Penal, o sumo de sua legitimação, sendo esta a fonte de prospecção dos bens jurídicos penalmente tuteláveis.

É nessa linha que Lenio Luiz Streck vai dizer não ter dúvidas de que

"as baterias do Direito Penal do Estado Democrático de Direito devem ser direcionadas preferentemente para o combate dos crimes que impedem a realização dos objetivos constitucionais do Estado. Ou seja, no Estado Democrático de Direito - instituído no art. 1º da CF/88 - devem ser combatidos os crimes que

---

[94] CARVALHO, Márcia Dometila Lima de. *Op. cit.*, p. 23-4.

fomentam a injustiça social, o que significa afirmar que o direito penal deve ser reforçado naquilo que diz respeito aos crimes que promovem e/ou sustentam as desigualdades sociais".[95]

Também com muita pertinência, Francesco C. Palazzo assevera que:

> "Enquanto as indicações constitucionais de fundo (que atuam no sentido da descriminalização) são, ainda, expressão de um quadro constitucional característico do Estado liberal de direito, pressupondo, outrossim, uma implícita relação de tensão entre política criminal e direito penal, as vertentes orientadas no sentido da criminalização traduzem a expressão de uma visão bem diversa do papel da Constituição no sistema penal: as obrigações de tutela penal no confronto de determinados bens jurídicos, não infreqüentemente característicos do novo quadro de valores constitucionais e, seja como for, sempre de relevância constitucional, contribuem para oferecer a imagem de um Estado empenhado e ativo (inclusive penalmente) na persecução de maior número de metas propiciadoras de transformação social e da tutela de interesse de dimensões ultraindividual e coletivas, exaltando, continuadamente, o papel instrumental do direito penal com respeito à política criminal, ainda quando sob os auspícios - por assim dizer - da Constituição."[96]

Efetivamente, a implementação dos valores constitucionais não pode permanecer vinculada à concretização da vontade política do governante. Aliás, enquanto isso acontecer, certamente, ver-se-á ainda mais cristalina a realidade calamitosa a que está submetido o povo brasileiro.

Não se espera que, por meio da intervenção do Direito Penal, se possam deslocar as funções do governante para o sistema punitivo, mas a legitimação desta parcela do Direito passa, necessariamente, por uma re(visão) de sua postura. Postura esta que, conforme será demonstrado amiúde, ainda vincula-se a um modelo de Estado Liberal, onde os compromissos do Direito Penal, assim como tudo o que emana do Estado, voltam-se à tutela dos interesses individuais-patrimoniais, ocorrendo uma dessintonia entre a tutela

---

[95] STRECK, Lenio Luiz. *Op. cit.*, p. 124.
[96] PALAZZO, Francesco C. *Op. cit.*, p. 103.

socialmente necessária e constitucionalmente autorizada e aquela exercida pela legislação penal.

O que se quer afirmar, pois, é que o Direito, mas especialmente o Direito Penal, objeto deste trabalho, somente estará legitimado quando intervier como fenômeno de tutela dos objetivos e valores do Estado Democrático de Direito, lançando seus tentáculos para atingir a criminalidade de efetiva lesividade social, "um direito penal interventivo naquilo que diz respeito à criminalidade econômico-social", esta sim, lesiva aos propalados objetivos desse novo modelo de Direito (como a igualdade, justiça social, etc.).[97]

3.3. O Direito Penal do Estado Democrático de Direito e a transposição da idéia liberal-burguesa da igualdade

Na medida em que o Estado Democrático de Direito pressupõe um *plus normativo* em relação ao Estado Liberal e ao Estado Social, assumindo o direito um caráter transformador da realidade e estimulante da implementação dos valores constitucionais, imperioso desmitificar a base sob a qual se erigiu o direito de modelo liberal-burguês, ou seja, de que a lei é abstrata e geral, destinandose a todos os cidadãos igualitariamente, para redimensioná-lo a uma concepção de igualdade substancial alcançada por meio da vinculação do Direito Penal aos anseios sociais preconizados na Constituição.

Conforme visto, o Liberalismo exsurgiu como uma nova visão global de mundo, composta por valores, crenças e interesses de uma classe social emergente (a burguesia), em sua luta histórica contra os domínios do feudalismo aristocrático fundiário, notadamente entre os séculos XVII e XVIII, no seio do continente europeu, tornando-se a expressão de uma ética individualista, voltada essencialmente para a idéia de liberdade total. Nos seus primórdios, constituiu-se no baluarte revolucionário que a burguesia capitalista (apoiada pelos camponeses e pelas camadas sociais menos favorecidas) empregou contra o Antigo Regime Absolutista. Entretanto, ao início, o Liberalismo envolvia tanto os interesses individuais da burguesia enriquecida como de seus aliados economicamente menos favorecidos. Com o avançar do tempo, quando o capitalismo ingressou na fase industrial, a burguesia assumiu o poder político, consolidando o controle econômico, passando a pôr em prática

---

[97] STRECK, Lenio Luiz. *Op. cit.*, p. 126-7.

Direito Penal no Estado Democrático de Direito
Perspectivas (re)legitimadoras

somente os fundamentos que mais lhe interessavam, e, com isso, atuando em sentido contrário à distribuição social da riqueza e excluindo o povo do acesso ao governo.[98]

Sob os auspícios do Liberalismo e da Declaração dos Direitos do Homem e do Cidadão de 1789, diversas legislações penais vieram à tona, notadamente o Código Penal de Napoleão, de 1810, o Código Penal bávaro de 1813, o Código Penal prussiano de 1815 e o Código Penal italiano de 1889. Nesses textos legislativos, a reafirmação do Estado de Direito Liberal apresentava-se de interesse marcante, traduzido pela descrição punível com demarcação nítida, devendo a pena ser variável entre um mínimo e um máximo, mas sempre determinada, exigindo-se uma proporção entre a gravidade da conduta punível e a reprimenda em concreto, sanção que somente poderia ser aplicada por um juiz com poderes limitados de discricionariedade. A finalidade da pena destina-se à prevenção geral, que consiste em um contra-estímulo ao crime. No dizer de Mauricio Antonio Ribeiro Lopes, "Trata-se em síntese de uma legislação penal individualista, de um individualismo formal e abstrato que só aspirava a construir uma base sólida para um direito penal ao serviço da liberdade do homem."[99] Essas características ainda estão impregnadas em nosso Direito Penal, produzindo um modelo punitivo extremamente seletivo, desigual e injusto, que premia camadas sociais economicamente e politicamente privilegiadas, em detrimento dos cidadãos não dotados desses *predicados*. Destoante, pois, dos auspícios do Estado Democrático e Social de Direito instalado.

Na medida em que, por meio da Constituição de 1988, instituiu-se no Brasil um Estado Democrático, destinado a assegurar o exercício dos direitos sociais e individuais, constituindo-se como objetivos fundamentais da República, dentre outros, a redução das desigualdades sociais e regionais, inegável o desiderato constitucional de afirmação dos direitos sociais e do estabelecimento de uma igualdade substancial, diversa daquela que inspirou o modelo de Estado Liberal. Paulo Bonavides, com muita propriedade, ressalta que:

> "Deixou a igualdade de ser a igualdade jurídica do liberalismo para se converter na igualdade material da nova forma de Estado. Tem tamanha força na doutrina constitucional vigente

---

[98] LOPES, Mauricio Antonio Ribeiro. *Op. cit.*, p. 208-9.
[99] Idem, p. 210.

que vincula o legislador, tanto o que faz a lei ordinária nos Estados-membros e na órbita federal como aquele que no círculo das autonomias estaduais emenda a Constituição ou formula o próprio estatuto básico da unidade federada. Na presente fase da doutrina, já não se trata em rigor, como assinalou Leibholz, de uma igualdade perante a lei, mas de uma igualdade feita pela lei, uma igualdade através da lei... Ela que nascera ideológica, levantada nos braços do direito natural, se despolitizou num segundo momento, ao adquirir uma neutralidade de aparência, a qual apenas subsistiu enquanto pôde subsistir o antigo Estado de Direito da burguesia liberal e capitalista do século XIX... Foi na crista dessa onda que prosperou o entendimento segundo o qual a igualdade somente vinculava o Executivo e o Judiciário e não o Legislativo, conforme a doutrina clássica de um positivismo rígido, absoluto, indiferente a problemas de legitimidade e justiça".[100]

Inseridos em um ambiente jurídico decorrente do Estado Democrático, impregnado de valores sociais a realizar, a interpretação constitucional do princípio da igualdade somente pode estabelecer-se no sentido de sua substancialidade, ou seja, o afastamento de concepções que admitem o princípio constitucional da igualdade como mero instrumento abstrato e geral, apenas formalmente estabelecido. Imperativa uma exegese valorativa, de implementação material das condições de tratamento igualitário entre os cidadãos. Bonavides, novamente com relevância, aduz que:

"O Estado social é enfim Estado produtor de igualdade fática. Trata-se de um conceito que deve iluminar sempre toda a hermenêutica constitucional, em se tratando de estabelecer equivalência de direitos. Obriga o Estado, se for o caso, a prestações positivas; a prover meios, se necessário, para concretizar comandos normativos de isonomia. Noutro lugar já escrevemos que a isonomia fática é o grau mais alto e talvez mais justo e refinado a que pode subir o princípio da igualdade numa estrutura normativa de direito positivo. Os direitos fundamentais não mudaram, mas se enriqueceram de uma dimensão nova e adicional com a introdução dos direitos sociais básicos. A igualdade não revogou a liberdade, mas a liberdade sem a igualdade é valor vulnerável. Em última análise, o que aconteceu foi a passagem da igualdade jurídica

---

[100] BONAVIDES, Paulo. *Curso de Direito Constitucional*, p. 341-2.

para a igualdade real, do mesmo modo que da igualdade abstrata se intenta passar para a igualdade fática."[101]

Após efetuar abordagem extremamente profunda acerca da criminologia clássica, positivista e liberal,[102] que não são objeto específico deste trabalho, Alessandro Baratta ressalta que essas ideologias fundaram-se, em suma, sob as bases de que o sistema penal destina-se ao controle e defesa social, ao controle social do desvio, dirigindo-se todos os processos de criminalização primária (mecanismo de produção das normas), de criminalização secundária (os mecanismos de aplicação das normas, ou seja, o processo penal, órgãos de investigação e o juízo) e os mecanismos de execução das sanções penais para esses fins. Sobre essas bases estabeleceu-se o *tótem* da igualdade como base ideológica do Direito Penal da defesa social. Baratta destaca que:

"O mito da igualdade pode ser resumido nas seguintes proposições: a) o direito penal protege igualmente todos os cidadãos contra ofensas aos bens essenciais, nos quais estão igualmente interessados todos os cidadãos (princípio do interesse social e do delito natural); b) a lei penal é igual para todos, ou seja, todos os autores de comportamentos anti-sociais e violadores de normas penalmente sancionadas têm iguais chances de tornar-se sujeitos, e com as mesmas conseqüências, do processo de criminalização (princípio da igualdade)."[103]

O que se pode vislumbrar, apenas, é uma igualdade formal, preconizada abstratamente na norma penal.

Essa visão estática e ingênua da realidade, sem qualquer prospecção crítica, mantém o Direito Penal sob uma visão positivista, que não questiona o móvel da construção política do sistema penal, que se destina à mantença da ordem estabelecida. Assevera Nilo Batista:

"Quando a criminologia[104] positivista não questiona a construção política do direito penal (como, por quê e para quê se

---

[101] BONAVIDES, Paulo. *Curso de Direito Constitucional*, p. 343.

[102] Para uma apreciação acurada do tema, ver BARATTA, Alessandro. *Criminologia crítica e crítica do Direito Penal*. Introdução à Sociologia do Direito Penal, p. 21-158. Ver, também, CASTRO, Lola Aniyar de. *Criminologia* - Da Reação Social.

[103] BARATTA, Alessandro. Op. cit., p. 162.

[104] Por criminologia pode-se concebê-la como uma "ciência empírica e interdisciplinar, que se ocupa do estudo do crime, da pessoa do infrator, da vítima e do controle social do comportamento delitivo, e que trata de subministrar uma informação válida, contrastada, sobre a gênese, dinâmica e variáveis principais do

ameaçam penalmente determinadas condutas, e não outras, que atingem determinados interesses, e não outros, com o resultado prático, estatisticamente demonstrável de se alcançar sempre pessoas de determinada classe, e não de outra), nem a aparição social de comportamentos desviantes (seja pelo silêncio estratégico do legislador, que não converte aquilo que a maioria desaprova - desviante - em delituoso, seja pelo descompasso entre vetustas bases morais, a partir das quais se instalaram instrumentos de controle social, e sua incessante transformação histórica, seja até pela própria etiologia enquanto processo social individualizável), nem a reação social (desde as representações do delito, do desvio, da pena e do sistema penal, dispersas no movimento social, ou até o exame das funções aparentes e ocultas, que a pena desempenha, nomeadamente a pena privativa da liberdade, tal como existe e é executada pelas diversas instituições que dela participam); quando a criminologia positivista não questiona nada disso, ela cumpre um importante papel político, de legitimação da ordem estabelecida."[105]

Aliás, essa visão insidiosa da igualdade, sobre a qual se sustenta o Direito Penal ainda hoje em nosso país, é objeto da moderna criminologia crítica, que se insurge, exatamente, com a forma de abordagem do sistema penal com vistas à disfarçada neutralidade liberal-individualista-positivista. Essa nova visão, crítica da abordagem criminológica, procura desmitificar o apanágio da igualdade formal. Com propriedade, Batista assevera que:

---

crime - contemplado este como problema individual e como problema social -, assim como sobre os programas de prevenção eficaz do mesmo e técnicas de intervenção positiva no homem delinqüente." Esta definição é conferida por MOLINA, Antonio García-Pablos de; e GOMES, Luiz Flávio. *Criminologia*, p. 33. Verifica-se, entretanto, que atinente ao elemento controle social está contido em razão da noção clássica da Criminologia, constituindo sua inserção no conceito um giro sociológico que compensou o desmedido biologismo positivista sob cujos auspícios nasceu a criminologia. Segundo Castro, a criminologia possui duas funções, implícita e explícita. Por função explícita, consiste a criminologia em ser "a atividade intelectual que estuda os processos de criação das normas penais e das normas sociais que estão relacionadas com o comportamento desviante; os processos de infração e de desvio destas normas; e a reação social, formalizada ou não, que aquelas infrações ou desvios tenham provocado: o seu processo de criação, a sua forma e conteúdo e os seus efeitos." A função implícita da criminologia é a de "dar suporte de aparência científica às atividades de controle social formalizado." CASTRO, Lola Aniyar de. *Op. cit.*, p. 52-3.
[105] BATISTA, Nilo. *Introdução crítica ao Direito Penal Brasileiro*, p. 29 e 30.

"A Criminologia Crítica insere o sistema penal - e a base normativa, o direito penal - na disciplina de uma sociedade de classes historicamente determinada e trata de investigar, no discurso penal, as funções ideológicas de proclamar uma igualdade e neutralidade desmentidas pela prática. Como toda teoria crítica, cabe-lhe a tarefa de fazer aparecer o invisível."[106]

E, servindo-se dos ensinamentos de Quinney, refere Batista que "Compreender que o sistema legal não serve à sociedade como um todo, mas serve os interesses da classe dominante, é o começo de uma compreensão crítica do direito criminal, na sociedade capitalista."[107]

Efetivamente, conforme será demonstrado, o Direito Penal estabelecido em nosso país não se coaduna com as aspirações da moderna criminologia crítica, na medida em que é desigual, discriminatório, protetor das camadas sociais dominantes em detrimento da sobrecarga imposta à criminalidade clássica. Vêm ao encontro disso as assertivas de Alessandro Baratta, quando assevera que:

"a) o direito penal não defende todos e somente os bens essenciais, nos quais estão igualmente interessados todos os cidadãos, e quando pune as ofensas aos bens essenciais o faz com intensidade desigual e de modo fragmentário; b) a lei penal não é igual para todos, o *status* de criminoso é distribuído de modo desigual entre os indivíduos; c) o grau efetivo de tutela e a distribuição do *status* de criminoso é independente da danosidade social das ações e da gravidade das infrações à lei, no sentido de que estas não constituem a variável principal da reação criminalizante e da sua intensidade. A crítica se dirige, portanto, ao mito do direito penal como o direito igual por excelência. Ela mostra que o direito penal não é menos desigual do que os outros ramos do direito burguês, e que, contrariamente a toda aparência, é o direito desigual por excelência."[108]

A partir da distinção entre igualdade formal e desigualdade substancial, Baratta acentua que o sistema penal de controle do desvio revela, como em todo o direito burguês, a distinção entre igualdade formal dos sujeitos de direito e a desigualdade substancial dos indivíduos. Neste caso, esta manifesta-se nas chances de os

---

[106] BATISTA, Nilo. *Op. cit.*, p. 32-3.
[107] Idem, p. 33.
[108] BARATTA, Alessandro. *Op. cit.*, p. 162.

indivíduos serem definidos e controlados como desviantes pelo sistema penal. Apregoa que:

"No que se refere à seleção dos bens protegidos e dos comportamentos lesivos, o caráter fragmentário do direito penal perde a ingênua justificação baseada sobre a natureza das coisas ou sobre a idoneidade técnica de certas matérias, e não de outras, para ser objeto de controle penal. Estas justificações são uma ideologia que cobre o fato de que o direito penal tende a privilegiar os interesses das classes dominantes, e a imunizar do processo de criminalização comportamentos socialmente danosos típicos dos indivíduos a elas pertencentes, e ligados funcionalmente à existência da acumulação capitalista, e tende a dirigir o processo de criminalização, principalmente, para formas de desvio típicas das classes subalternas. Isso ocorre não somente com a escolha dos tipos de comportamentos descritos na lei, e com a diversa intensidade de ameaça penal, que freqüentemente está em relação inversa com a danosidade social dos comportamentos, mas com a própria formulação técnica dos tipos legais. Quando se dirigem a comportamentos típicos dos indivíduos pertencentes às classes subalternas, e que contradizem às relações de produção e de distribuição capitalistas, eles formam uma rede muito fina, enquanto a rede é freqüentemente muito larga quando os tipos legais têm por objeto a criminalidade econômica, e outras formas de criminalidade típicas dos indivíduos pertencentes às classes no poder."[109]

Alberto Zacharias Toron, reportando-se a Sutherland, assevera que há diferenças no tratamento dado aos criminosos do colarinho branco em relação aos demais delinqüentes. Isso decorre de três fatores:

"o *status dell uomod'affari*, a tendência ao abandono das sanções penais e a relativa desorganização na reação aos crimes do colarinho branco. No tocante ao primeiro aspecto, haveria um misto de temor e admiração em relação a estes delinqüentes. Referindo-se à magistratura, afirma que o namoro com o poder pode facilitar (ou dificultar) promoções, remoções, etc., dadas as eventuais relações dos homens de negócios com a cúpula do Judiciário. Atinente aos membros do Poder Legislativo, não raro, claudicam em seus deveres para evitar inimizades que, aí

---

[109] BARATTA, Alessandro. *Op. cit.*, p. 163-5.

Direito Penal no Estado Democrático de Direito
Perspectivas (re)legitimadoras

sim, dificultam a obtenção de apoio para campanhas eleitorais. No mais, juízes, administradores, legisladores e homens de negócios têm uma homogeneidade cultural, o que dificulta caracterizá-los dentro do estereótipo do criminoso. É como se o privilégio que o clero teve na idade média, por ser o grupo mais importante, fosse transferido ao hegemônico hoje, que são os *Businessmen.*"[110]

No que diz respeito ao abandono das sanções penais, aduz Toron ser uma prática equivocada para esta espécie de criminoso. Por último, no tocante à alegada desorganização na reação aos crimes de colarinho branco, acentua que, neste particular, o direito e a moral têm especiais relações por três razões:

"a) as violações das leis pelos homens de negócios são complexas e produzem efeitos difusos. Não se tratam de agressões simples e diretas de um indivíduo contra o outro. Ademais, podem permanecer por mais de um decênio sem serem descobertas: b) os meios de comunicação de massa não exprimem uma expressiva valoração moral da coletividade a respeito dos crimes do colarinho branco, em parte porque são fatos complexos, de difícil colocação jornalística, mas sobretudo porque também os jornais pertencem a homens de negócios que, à sua vez, são responsáveis por numerosos ilícitos análogos; e c) a normativa que disciplina as atividades econômicas faz parte de um setor novo e especializado do ordenamento jurídico, pois os velhos delitos da *common law*, assim como reproduzidos nos códigos penais comuns, constituíam-se de condutas danosas para o indivíduo."[111]

Analisando, ainda, os motivos pelos quais pessoas das camadas sociais privilegiadas delinqüem, destaca aquilo que identifica por *"capacidade de contra restar"*, isto é,

"a capacidade para reagir aos efeitos estigmatizadores da atividade etiquetada como criminosa. Enfim, os criminosos do colarinho branco são capazes de rejeitar as significações que lhes tentam atribuir. Assim, por exemplo, sonegar impostos num país onde se costuma dizer que o dinheiro arrecadado é mal dirigido ou, quando não, alimenta bolsos corruptos, longe de ser uma prática a ser escondida, passa a ser objeto de justo

---

[110] TORON, Alberto Zacharias. *Crimes de Colarinho Branco: Os novos Perseguidos?*, p. 76.
[111] Idem, p. 76-7.

aplauso e, de resto, poucos escondem que o fazem. Ou, por outra, comprar um objeto descaminhado quando no país vigia uma política de informática que, a pretexto de favorecer a indústria nacional, obrigava o consumidor a comprar computadores e seus acessórios ultrapassados e mais caros, era prática comum e sinal de inteligência."[112]

Referindo-se ao Direito Penal *"abstrato"*, compreensivo da legislação penalística, que o identifica por forma de *"criminalização primária"*, Alessandro Baratta afirma que seus conteúdos ou sistema de valores refletem,

> "predominantemente, o universo moral próprio de uma cultura burguesa-individualista, dando a máxima ênfase à proteção do patrimônio privado e orientando-se, predominantemente, para atingir as formas de desvio típicas dos grupos socialmente mais débeis e marginalizados. Basta pensar na enorme incidência de delitos contra o patrimônio na massa da criminalidade, tal como resulta da estatística judiciária, especialmente se se prescinde dos delitos de trânsito. Mas a seleção criminalizadora ocorre já mediante a diversa formulação técnica dos tipos penais e a espécie de conexão que eles determinam com o mecanismo das agravantes e das atenuantes (é difícil, como se sabe, que se realize um furto não agravado). As malhas dos tipos são, em geral, mais sutis no caso dos delitos próprios das classes sociais mais baixas do que no caso dos delitos de colarinho branco."[113]

Não bastasse, destaca que se pode identificar, também, não-conteúdos que compõem as normas penais, tornando o Direito Penal fragmentário às avessas, na medida da inidoneidade técnica de certas matérias que fogem ao controle do sistema penal (a assunção de relevância penal de determinadas matérias em detrimento de outras), assim como assinala a existência de uma lei de tendência que

> "leva a preservar da criminalização primária as ações anti-sociais realizadas por integrantes das classes sociais hegemônicas, ou que são mais funcionais às exigências do processo de acumulação do capital. Criam-se, assim, zonas de imunização

---

[112] TORON, Alberto Zacharias. *Op. cit.*, p. 76-7.
[113] BARATTA, Alessandro. *Op. cit.*, p. 176.

para comportamentos cuja danosidade se volta particularmente contra as classes subalternas."[114]

Estas observações são extremamente pertinentes quando verificamos, por exemplo, que no Brasil são oferecidos favores inigualáveis aos sonegadores de tributos, caracterizados pela extinção da punibilidade pelo pagamento do tributo antes do recebimento da denúncia (art. 34 da Lei nº 9.249/95), dentre inúmeras outras distorções que serão avaliadas a seguir. A seletividade e a desigualdade substancial produzida pelo sistema penal brasileiro é manifesta, bastando verificar que, segundo o último Censo Penitenciário Nacional publicado, 95% dos presos eram pobres e 75,85 só dispunham de assistência judiciária gratuita.[115]

Ela Wiecko Volkmer de Castilho, com muita propriedade, assevera que:

"A evolução do capitalismo provocou o reconhecimento dos denominados interesses difusos e coletivos. Essa denominação alude à existência de uma conflitividade social em cujo seio aqueles estratos que revelam maior vulnerabilidade no desenvolvimento capitalista logram impor por sua própria força um controle sobre o conteúdo e desenvolvimento de posições econômico-jurídicas dominantes e fechadas à participação. Diante disso, a crítica do Direito Penal como direito desigual prega o reforço da tutela penal em campos de interesse essencial para a vida dos indivíduos e da comunidade, tais como a saúde, a segurança no trabalho, o meio ambiente saudável, etc. Trata-se de dirigir os mecanismos da reação institucional para a criminalidade econômica, para os desvios criminais dos organismos estatais e para o crime organizado."[116]

Complementa, citando Alessandro Barattta, que o Direito Penal do Estado Democrático de Direito visa a romper com a ideologia que tende a privilegiar os interesses das classes hegemônicas e a imunizá-las do processo criminalizador. Tais interesses estão vinculados ao processo de acumulação capitalista, dirigindo a repressão penal de encontro aos comportamentos desviados, que são inerentes às classes sociais não privilegiadas.[117]

---

[114] BARATTA, Alessandro. *Op. cit.*, p. 176.
[115] Ministério da Justiça. *Censo Penitenciário Nacional*, p. 65.
[116] CASTILHO, Ela Wiecko V. de. *O controle penal nos crimes contra o sistema financeiro nacional*, p. 75.
[117] Idem, p. 78.

3.4. A criminalidade oculta

A criminologia tradicional positivista sempre fundamentou as suas investigações sobre a fonte de conhecimentos acerca do fenômeno da delinqüência em torno das estatísticas, visando a detectar aqueles comportamentos considerados maus, em si, merecedores de apenamento por meio de normas editadas abstratamente pelo legislador, que são produto de um consenso coletivo, estabelecendo punições a estas condutas definidas como desviantes. Raul Cervini assevera que o ataque mais certeiro à criminologia tradicional, de corte positivista, decorre do fato de que seus estudos baseiam-se no exame de populações de reclusos como índice significativamente representativo da delinqüência real da sociedade, e lastreados fundamentalmente nas estatísticas oficiais. Historicamente, a criminologia positivista se concentrou na ilusória tarefa de encontrar características diferenciais que puderam explicar o Direito por meio do *delinqüente fichado*, desconsiderando que o percentual dos reais infratores punidos pelo sistema penal não é superior a um por cento.[118] A base estatística sobre a qual se assentou a criminologia clássica, entretanto, apresenta-se como mais um sintoma do modelo penalístico liberal-individualista que desborda dos limites e valores inseridos em um Estado Democrático de Direito.

Uma análise crítica acerca da necessária (re)legitimação do Direito Penal, entretanto, não pode conformar-se com investigações científicas efetuadas com base em generalizações sobre uma amostra da criminalidade que mascara a desigualdade substancial estabelecida pelo modelo vigente, na medida em que não contém considerações acerca da faixa de delinqüência oculta e da criminalidade do *colarinho branco*.

As estatísticas não são representativas, quando se pretende um estudo sério acerca da criminalidade, por vários fatores. Dentre eles, podem-se apontar os motivos usualmente destacados para demonstrar que os dados estatísticos são muito instáveis, por exemplo, na dependência do direcionamento dos esforços policiais ao combate a determinados delitos, notadamente patrimoniais, ou à maior eficiência dos tribunais relativamente a determinadas infrações penais (citem-se, agora, os Juizados Especiais Criminais), ou, ainda, as condições de desenvolvimento econômico da população de determinadas regiões do país, a lotação de Delegados, efetivo policial, Magistrados e Promotores de Justiça, serventuários, etc.

---

[118] CERVINI, Raul. *Acerca de la cifra negra de la criminalidad oculta*, p. 45.

Há, entretanto, fatores que, sob a ótica que se pretende imprimir ao modelo de Direito Penal imergido no Estado Democrático de Direito, ao conceito material de crime e ao verdadeiro sentido da existência do poder punitivo estatal, assumem extrema relevância, notadamente a cifra oculta da criminalidade e a faixa delinqüencial do *colarinho branco*, que invariavelmente não compõem os índices estatísticos e não são objeto de ocupação da dogmática normativista positivista.

Segundo Lola Aniyar de Castro, existe uma faixa de criminalidade que não é explicada pelas estatísticas delitivas, nem mesmo através das investigações realizadas pelos meios mais perfeitos de pesquisa. A aludida autora assevera que existe uma criminalidade legal, uma criminalidade aparente e uma criminalidade real. A primeira consiste naqueles índices registrados nas estatísticas oficiais, compostas, na maior parte dos casos, de dados relativos a registros de condenações judiciais. Por criminalidade aparente apresenta-se aquela faixa conhecida pelos órgãos de controle social, como a polícia, os juízes, Ministério Público, mesmo que não apareça registrada nas estatísticas, por diversos motivos, dentre eles a inexistência de sentença, a desistência da ação, a falta de localização do autor, ou porque o processo encontra-se suspenso, por diversos motivos. A criminalidade real é a quantidade de infrações penais verdadeiramente existente em um determinado momento social. Assevera, ainda, que a cifra negra diminui à medida que aumenta a gravidade e a visibilidade do delito.[119] A identificada *cifra negra* da criminalidade seria aquela faixa existente entre a criminalidade aparente e a criminalidade real, sendo esta composta por uma enorme quantidade de casos que não compõem as estatísticas oficiais, notadamente da criminalidade identificada por legal. O filtro ocorre, primordialmente, em nível inicial, mais precisamente no descobrimento do fato, a atitude da vítima e da polícia, onde a maioria dos fatos delituosos permanece oculta. Em nível secundário, as possibilidades de a criminalidade agregar-se ao nível legal são menores, na medida em que se ascende às etapas do processo. Nele, as possibilidades de permanecerem ocultos determinados fatos delituosos dependem de fatores econômicos, políticos e do tráfico de influências.[120]

Essas constatações não são de difícil ilustração. Basta lembrarmos situações emblemáticas vividas em nosso país, como o número

---

[119] CASTRO, Lola Aniyar de. *Op. cit.*, p. 67-8.
[120] Idem, p. 69.

de abortos clandestinos, a quantidade de delitos de furtos, roubos e estelionatos (o número de cheques sem suficiente provisão de fundos emitidos), não registrados sequer nas repartições policiais, as agressões sofridas por mulheres não informadas às autoridades, o número de atentados sexuais (notadamente perpetrados no seio do lar) não levados ao conhecimento da polícia. Os exemplos citados, entretanto, são típicos da criminalidade tradicional, fruto de um modelo penalístico clássico, liberal-individualista-positivista, que sempre mereceu preocupação da criminologia clássica e do Direito Penal mantenedor do *status quo*.

Ocorre, destarte, que há uma faixa de delinqüentes que fomenta com enorme potencial os índices de criminalidade oculta, que não tem merecido a devida atenção do modelo penalístico instalado, consistente na faixa de criminalidade graduada, ofensiva aos valores constitucionais e impeditiva da implementação substancial de um Estado Democrático e Social de Direito, contra a qual o Direito Penal que busca sua relegitimação deve voltar-se. Esta criminalidade será identificada por *criminalidade do colarinho branco*, ou por *cifra dourada da delinqüência*.

3.5. A criminalidade do Colarinho Branco ou cifra dourada da delinqüência

Se a criminologia elegeu a obra de Cesare Lombroso, *O Homem Delinqüente*, de 1876, como o marco de seu surgimento, Lola Aniyar de Castro assevera que o segundo momento mais importante para a criminologia constitui-se no discurso pronunciado por Sutherland perante a Sociedade Americana de Criminologia, em 1949, no qual definiu o conceito de crime do *colarinho branco* (*white Collor Crime*),[121]

---

[121] Sobre a origem do conceito de colarinho branco, TORON, Alberto Zacharias. *Op. cit.*, p. 75, esclarece que "Antes da contribuição de Sutherland, a sociologia já utilizava a expressão *white collar* (colarinho branco) para designar os trabalhadores não braçais em contraste com as vestimentas *blue collar*, os macacões, dos obreiros." Ressalta que *Sutherland*, "ao fixar o conceito de crimes do colarinho branco como aqueles cometidos por pessoas de elevada condição socioeconômica, o fez, como expressamente advertiu, por comodidade. Pois, o conceito não pretendia ser definitivo, mas visava a apenas chamar a atenção sobre os delitos que normalmente não adentravam o âmbito da criminologia." Odone Sanguiné assevera que a literatura sociológica empregou a expressão "colarinho branco (*Wright Mills*)" pela primeira vez para descrever a classe média norte-americana, apresentada como formadora da "elite do poder". SANGUINÉ, Odone. *Fascículos de Ciências Penais*, p. 18.

que foi mais tarde desenvolvido pelo autor[122] em razão de uma série de violações da Lei Antitruste, nos Estados Unidos, por diversas corporações minerais e comerciais privadas, além de corporações de serviço público de energia e luz elétrica daquele país. Sutherland destacou que as companhias produtoras de aparelhos elétricos mais importantes dos Estados Unidos haviam dividido o território em quatro partes, cada uma sob o domínio individual. Com isso, arbitrariamente, sem relação com os custos de produção ou com a oferta e procura, em detrimento dos consumidores, tais companhias fixavam preços exorbitantes, explorando o mercado. Os conchavos entre elas eram realizados em hotéis, clandestinamente, com a utilização de uma espécie de jargão característico, para dissimular o conteúdo dos acordos. "Em vez de falar em suas cartas, de listas de preços ou lista de pessoas que compareciam às reuniões, falavam em lista de cartões de natal. Telefonavam-se geralmente de telefones públicos e, ao se registrarem nos hotéis, não nomeavam as companhias representadas e assim por diante". Estas características foram utilizadas por Sutherland para definir os delitos do *colarinho branco*, em um primeiro momento, não apenas como aquelas condutas sancionadas no Código Penal, mas também o que é sancionável pelo Código Penal, isto é, o que causa um dano importante aos interesses da comunidade, ainda que não previsto no aludido Código, bastando que se encontre em leis penais especiais.[123]

Segundo Lola Aniyar de Castro, a despeito de diversas interpretações do conceito concebido por Sutherland, muitas com o fito de desvalorizar a identificação dos delitos do *colarinho branco*, Severín-Carlos Versele, em sua comunicação à 2ª Seção do V Congresso das Nações Unidas para a prevenção do Crime e Tratamento do Delinqüente, em Genebra, 1975, refere-se a esta fatia da criminalidade como *"cifras douradas da delinqüência"*, ou seja,

> "além da cifra negra dos delinqüentes que escapam a toda detenção oficial, existe uma cifra dourada de delinqüentes que detêm o poder público e o exercem impunemente, lesando a coletividade e cidadãos em benefício da sua oligarquia, ou que dispõe de um poderio econômico que se desenvolve em detrimento da sociedade."[124]

---

[122] SUTHERLAND, Edwin H. *Il crimine dei coletti bianchi.*
[123] CASTRO, Lola Aniyar de. *Op. cit.*, p. 73.
[124] Idem, p. 75.

Efetuou, ainda, a classificação de "Delinqüência Dourada Nacional e Delinqüência Dourada Internacional; em Delinqüência Dourada política e econômica e em Delinqüência Dourada de ordem financeira e fiscal". Por hipóteses de delinqüência do *"colarinho branco nacional"*, ou *"Delinqüência Dourada Nacional"*, são citados os casos de violações das leis relativas a alimentos e drogas, violação às leis de segurança e saúde pública, violações às leis que estabelecem sistemas de licenças aduaneiras, práticas profissionais desonestas (médicos, farmacêuticos, advogados, por exemplo), falsas publicidades, violações das leis de direito autoral, violação das leis trabalhistas, o mercado negro, o contrabando nas empresas, a evasão de impostos *"que talvez seja o delito mais conhecido"*, as falências fraudulentas, as infrações de leis especiais feitas para os bancos, o uso abusivo de marcas, as práticas desonestas das grandes companhias de seguros, a publicidade que anuncia preços remarcados que não estão autenticamente remarcados, pois o objeto oferecido é de qualidade inferior, as fraudes ao controle de divisas, os desfalques, a malversação de fundos públicos, a corrupção de altos funcionários, a poluição ambiental, as práticas trabalhistas injustas, os delitos de guerra, a criminalidade política, o genocídio, as torturas oficiais, a brutalidade policial, etc.[125]

Enfim, a identificação dos crimes *do colarinho branco* por cifra dourada de criminalidade ou faixa da criminalidade graduada ou substancial parece-nos conferir uma noção exata de sua natureza e componentes. O sujeito ativo é uma pessoa de ocupação socioeconômica destacada, em uma relação inversa ao que ocorre com a criminalidade convencional ou clássica (furto, roubo, estelionato, apropriação indébita, receptação, etc.). É despiciendo afirmar, ademais, que delinqüentes da cifra dourada da criminalidade também cometem delitos usuais, como homicídios, crimes sexuais, etc. Nestes, geralmente é a vítima quem detém uma condição socioeconômica melhor situada. Na faixa da criminalidade graduada, a relação é inversa, ou seja, são vitimados todos os indivíduos, indistintamente, mas preferentemente aqueles de camadas sociais inferiores, que sofrem os reflexos, normalmente indiretos, de suas práticas criminosas. Esta criminalidade é exercida, notadamente, no desempenho de atividades econômicas, políticas e sociais, isto é, trata-se de criminosos inseridos no seio da sociedade, preferentemente com destaque de sua participação na mídia e respeito pelos cidadãos menos favorecidos. Por isso, parece-nos preciso o avanço

---

[125] CASTRO, Lola Aniyar de. *Op. cit.*, p. 75-7.

Direito Penal no Estado Democrático de Direito
Perspectivas (re)legitimadoras

101

do conceito de crime do *colarinho branco* para a sua identificação como cifra *dourada* da criminalidade. Primeiramente, em razão do poderio econômico, político e social de seus agentes. Em segundo lugar, em razão do dano social elevado que produzem em suas condutas insidiosas, afrontando valores constitucionais inerentes a uma sociedade já atormentada por toda a natureza de carências.

No dizer de Lola Aniyar de Castro, o *crime do colarinho branco* não pode ser explicado por pobreza, nem por má habitação nem por carência de recreação, quer dizer, por falta de condições de utilização do tempo livre por parte das pessoas; nem por falta de educação ou pouca inteligência, nem por instabilidade emocional, todos estes, elementos utilizados em Criminologia para explicar o delito convencional. Ademais, há dificuldades em sanciona-los e descobri-los, em razão do poderio econômico dos que o cometem. Identifica que um ponto relevante no estudo destes crimes é a sua extrema danosidade social e econômica, que ultrapassa em muito os danos que possam ser ocasionados pelos delitos convencionais. Aponta que nos Estados Unidos afirma-se que a evasão de impostos é da ordem de 25 a 40 bilhões de dólares anuais, que deveriam ser aplicados em obras públicas e serviços para toda a comunidade. Ademais, os efeitos sobre a opinião pública e a imagem dos criminosos do *colarinho branco* não são sensíveis, na medida em que as pessoas comuns não captam a essência danosa de atos cometidos a um nível tão elevado, entre pessoas de uma categoria tão alta, nem se dão conta até que ponto o dano econômico afeta-os de forma direta. Assim, embora a perda para a sociedade, em um só crime do *colarinho branco*, possa ser igual à quantidade total de milhares de furtos ou roubos, o delinqüente de *colarinho branco* é uma pessoa não estigmatizada pela coletividade, que não o considera delinqüente, não o segrega, não o deprecia nem o desvaloriza. Por sua vez, o próprio delinqüente do colarinho branco se considera respeitável, conceito este que é reafirmado pelo público. Depois do delito, o seu *status* continua sendo o mesmo, e tudo isto, evidentemente, unido ao poder que esta pessoa detém por possuir grandes bens de fortuna, representa a mais marcante das disparidades entre os delinqüentes do *colarinho branco* e os delinqüentes convencionais.[126]

E a constatação efetuada por Lola Aniyar de Castro é, efetivamente, verdadeira. É comum, no Brasil, observar-se afirmações vulgares no sentido de que o administrador público *rouba mas faz*, no sentido de que os proprietários de determinadas empresas

---

[126] CASTRO, Lola Aniyar de. *Op. cit.*, p. 78-9.

promovem sonegações astronômicas de tributos mas *empregam muita gente, são colaboradores em obras sociais, na igreja*, etc. Paradigmáticos, também, os casos de administradores públicos que promovem vultosas dilapidações do erário e reelegem-se, ou caem no esquecimento popular e retornam com o manto da idolatria.

Identificam-se, também, dois diferenciais conferidos para a delinqüência do *colarinho branco*, encontrados na legislação[127] e no tratamento conferido pelos tribunais. Para as pessoas

> "que cometem delitos convencionais, as sanções são de privação de liberdade (prisão, detenção e arresto), e para os delinqüentes de colarinho branco, simplesmente multas ou outras

---

[127] Exemplo muito sintomático da desigualdade conferida pela legislação protetiva dessa cifra da criminalidade graduada é o estabelecimento de prisão especial, antes da condenação definitiva, para "os ministros de Estado, os governadores ou interventores de Estados ou Territórios, o prefeito do Distrito Federal, seus respectivos secretários, os prefeitos municipais, os vereadores e os chefes de Polícia, os membros do Parlamento Nacional, do Conselho de Economia Nacional e das Assembléias Legislativas dos Estados, os cidadãos inscritos no Livro de Mérito, os oficiais das Forças Armadas e do Corpo de Bombeiros, os magistrados, os diplomados por qualquer das faculdades superiores da República, os ministros de confissão religiosa, os ministros do Tribunal de Contas, os cidadãos que já tiverem exercido efetivamente a função de jurado, salvo quando excluído da lista por motivo de incapacidade para o exercício daquela função, os delegados de polícia e os guardas-civis dos Estados e Territórios, ativos e inativos", conforme dispõe o artigo 295 do Código de Processo Penal, enquanto o cidadão *comum*, digamos analfabeto, ou com apenas o 1º ou 2º grau, não sendo dotado de algum dos *predicados* exigidos, é recolhido em estabelecimento prisional indistinto, melhor dizendo, *cadeia pública* (art. 102 da Lei nº 7.210/84). Merece, também, menção, embora no âmbito eleitoral, a estarrecedora anistia concedida a todos os débitos resultantes das multas aplicadas pela Justiça Eleitoral, *a qualquer título*, em decorrência de infrações praticadas nos anos eleitorais de 1996 e 1998, estabelecida pelo Congresso Nacional por meio do artigo 2º da Lei nº 9.996, de 14 de agosto de 2000. Aliás, nada impede que se interprete no sentido de que esta previsão legal aplica-se, também, aos crimes eleitorais, quando apenados com multa, uma vez que esta sanção é prevista para quase todos os delitos desta espécie, não apenas às sanções administrativas impostas em decorrência do abuso do poder econômico nas campanhas eleitorais. De qualquer forma, o benefício estabelecido pelo legislador é alarmante, inclusive por beneficiar a muitos políticos que participaram da votação da aludida Lei. Estarrecedora é a constatação de que a votação foi secreta, não tendo os legisladores a dignidade de assumir publicamente a anomalia legislativa imoral e discriminatória. Acrescente-se, também, que esta Lei havia sido proposta, originalmente, para anistiar apenas as multas impostas aos eleitores que não votaram nas mencionadas eleições (artigo 1º). Com um subterfúgio, estendeu-se aos políticos condenados pela Justiça Eleitoral. Sabe-se que mais de cem políticos eleitos e beneficiados pela anistia ocupam cargos de Governador, Deputado Federal, Estadual e Senador.

medidas administrativas, salvo em casos de estelionato. Geralmente estes casos estão previstos em leis especiais e apenados de maneira mais suave, como as multas que afetam muito levemente ao delinqüente, justamente por que o seu poder econômico amortiza o efeito da sanção."[128]

Ademais, estabelece-se um trato privilegiado nos tribunais, "onde os seus autores nunca chegam a conhecer as prisões" (Castro). A impunidade dessas pessoas ainda decorre:

"a) da tecnificação e complexidade das leis especiais que regem certas atividades, tais como a Lei de Imposto sobre a Renda, leis aduaneiras, de sucessões, etc., com as quais, um conselheiro astuto e hábil pode jogar facilmente; b) influi igualmente a cumplicidade das autoridades, que é muito freqüente, por suborno, ou por estarem implicadas nas atividades; c) a ausência de controle estatal; d) o fato de que alguns desses delitos são cometidos amparando-se na imunidade diplomática (tráfico de drogas, armas, recrutamento de mercenários, espionagem industrial) e dos parlamentares."[129]

Efetivamente, apresenta-se tarefa de difícil esgotamento a identificação dos inúmeros fatores que concorrem para a impunidade da macrodelinqüência, ou também identificada por criminalidade do *colarinho branco*.[130] Luiz Flávio Gomes, após asseverar que entende por macrodelinqüência econômica a que envolve delitos econômicos, financeiros, tributários, ecológicos, fraudulentos, etc., que causam graves danos sociais, a vítimas difusas, referindo-se a García-Pablos de Molina e Bajo Fenández, apresenta as principais causas da impunidade desta cifra dourada de criminosos:

"1) a complexidade do mundo organizacional e operacional de hoje, que está internacionalizado, e que confere, *prima facie*, uma aparência de licitude dos fatos;
2) o deliberado anonimato e distanciamento entre o autor e a vítima, o que se consegue facilmente por meio de uma pessoa jurídica;
3) a reação social débil, é dizer, tais delitos não são ostensivos, como os clássicos (roubo, estupro, homicídio etc.) e, assim, a

---

[128] CASTRO, Lola Aniyar de. Op. cit., p. 80.
[129] Idem, p. 80-1.
[130] Para os limites deste trabalho, considero equivalentes os termos empregados por criminalidade do *colarinho branco* e *macrocriminalidade*.

escassa *crime appeal* ou visibilidade, bem como a pouca carga de efetividade dificultam sua persecução;

4) a imagem extremamente favorável do autor, que geralmente tem prestígio, honorabilidade e influências e, ademais, tem a vantagem de que sua imagem está longe daquela lombrosiana, que é a que o público reconhece facilmente;

5) a organização para cometer a infração não é ostensiva, visível, pelo contrário, geralmente o principal beneficiado não toma parte formalmente da decisão criminosa, que é tomada por outras pessoas de hierarquia inferior na empresa;

6) a particular psicologia da vítima destes graves delitos, geralmente indefesa, temerosa do poder da corporação e totalmente incrédula a respeito da eficácia da Administração da Justiça etc."[131]

Ademais, Gomes assevera que, para essa camada de criminosos de alto *status*, existem técnicas de *"neutralização e justificação"*, configuradas por estratégias desempenhadas por forjadores da opinião pública, destinadas a ocultar, dissimular ou justificar certos comportamentos delitivos de forma sutil e sofisticada, normalmente empreendidas por meio de uma manipulação da imagem ou da linguagem, por intermédio dos poderosos meios de comunicação de massas. Com a finalidade de obter-se a complacência popular,

> "apelam-se aos baixos níveis éticos imperantes no mundo dos negócios (moral de fronteira), aos antecedentes biográficos do autor, à mera irregularidade formal. - não criminal da conduta (*mala quia prohibita, non prohibita quia mala*), às presumíveis conseqüências catastróficas para a economia (nacional, regional ou local) ou para a própria vítima, derivadas da denúncia e eventual castigo dos fatos (como perda de postos de trabalho, fechamento de empresa etc.), ou à suposta necessidade de assumir riscos empresariais para criar riqueza etc."[132]

Não bastasse, é comum que o crime praticado pelo delinqüente do *colarinho branco* seja apresentado como uma *"prática normal e generalizada"*, ou que está conforme a *"moral de fronteira"*, ou, também, com os padrões éticos do mundo dos negócios. Que o

---

[131] GOMES, Luiz Flávio. Sobre a impunidade da macro-delinqüência econômica desde a perspectiva criminológica da teoria da aprendizagem. *In: Revista Brasileira de Ciências Criminais*, p. 166.

[132] Idem, p. 167.

criminoso seja rotulado como um criador de riqueza e empregos.[133]

Constitui-se, ainda, segundo Luiz Flávio Gomes, forma para assegurar a impunidade da macrocriminalidade o desvio da atenção da opinião pública para a delinqüência tradicional, sobremaneira a violenta,

"que é a única, dizem, perigosa para a paz, segurança e prosperidade da nação. Forja-se, assim, uma imagem, muitas vezes deformada e interessada, do delito e do delinqüente, em cujo retrato robô não encaixa, obviamente, o delinqüente de colarinho branco. Por fim, impende destacar a afirmação no sentido de que Também contribui para a impunidade da macrodelinqüência o fato de os Códigos Penais, sobretudo os do século passado, estarem inspirados em uma ideologia de proteção dos interesses econômicos da classe dominante, não na proteção dos interesses sociais (ecologia por exemplo), que freqüentemente estão em conflito com os interesses do mundo empresarial. Isso explica, em parte, a carga punitiva que recai sobre as classes subalternas, assim como a ineficaz criminalização dos setores com interesses preponderantes, seja em nível de seleção primária (legislativa), seja na secundária (Tribunais, Juízes, Promotores, Polícia etc)."[134]

Gomes, concluindo, reporta-se a Luigi Ferrajoli, para quem a

"ineficácia dos poderes públicos na luta contra os delitos de colarinho branco se deve a um fator mais profundo, é dizer, a um forte entrelaçamento entre a política e a criminalidade. Existe uma corrupção sistemática, quase estrutural do sistema político, ele enfatiza. Ademais, alguns setores da delinqüência estão muito protegidos e a criminalidade organizada está escassamente perseguida. Não é um problema específico da Itália, ainda que lá tem forte presença. De outro lado, a Justiça é dura com os pequenos delinqüentes porque é mais fácil para a Magistratura proceder contra eles que se situar contra os poderes fortes (v. El País de 27.11.90, p. 28)."[135]

A despeito das *teias* protetivas estabelecidas para a macrocriminalidade, é inegável que a faixa da *criminalidade dourada* é

---

[133] GOMES, Luiz Flávio. *Op. cit.*, p. 167.
[134] Idem, p. 167.
[135] Idem, p. 168.

altamente lesiva aos interesses sociais, vitimando indistintamente os cidadãos que já estão vulneráveis à própria faixa de criminalidade clássica, atualmente inserida em qualquer ambiente. Lola Aniyar de Castro identifica que a lesividade dos crimes do colarinho branco é muito maior do que a de todos os furtos, roubos e assaltos do país. Divide este custo em três categorias:

"A primeira, que se constitui no custo individual, onde estão incluídos os gastos a serem feitos para a restituição da saúde, quando esta é lesada (tanto para a aquisição de remédios, como para o pagamento de médicos e compra de alimentos); o dano econômico: o dano causado às condições de vida, os gastos a serem feitos para reparações (no caso de artigos adquiridos em más condições), etc. O custo social: que se produziria com delitos como a evasão de impostos, a ruína de pequenos comerciantes, a elevação do custo de vida, etc. E, por último, o custo moral, que é muito importante, porque os grandes empresários, que são os que cometem estes delitos, são geralmente líderes da comunidade, espelho e exemplo do povo, grandes defensores de um bom equipamento social para a prevenção da delinqüência juvenil em geral, ou exercem outras atividades similares."[136]

Agrege-se a essas primorosas constatações o fato de que a criminalidade substancial afronta, em suma, os objetivos da República, os valores inerentes ao Estado Democrático de Direito, na medida em que tolhe a possibilidade de implementação dos direitos dos cidadãos de verem uma sociedade mais justa, com a redução da pobreza, das desigualdades sociais, com saúde, educação e cultura, direito ao lazer, enfim, a uma vida digna.

Segundo Raul Cervini, é considerável a confusão que tradicionalmente tem existido sobre alguns conceitos básicos empregados no campo da investigação da criminalidade oculta, o que decorre, em grande parte, da falta de consideração dos pensadores relativamente à sua real significação, sem valorar a danosidade social implicada em cada caso de impunidade latente ou manifesta. Somente a partir dos anos 60 a política criminal, redescoberta na Europa, em razão da crise da dogmática e da urgente necessidade de encontrar soluções novas a problemas velhos e, sobremaneira, a problemas novos da sociedade contemporânea, viu-se estimulada a proporcionar um grande movimento internacional de reforma do

---

[136] CASTRO, Lola Aniyar de. *Op. cit.*, p. 82-3.

Direito Penal. Graças a este impulso reformador pode-se delinear o sentido e o alcance das diferentes manifestações da criminalidade oculta. Nesse contexto renovador, a existência das chamadas cifras *negra* e *dourada* da criminalidade denunciam disfunções do sistema penal. Uma por encobrir certas formas de delinqüência oculta de pouca lesividade social, que inclui um conveniente critério descriminalizador. Outra disfunção situa-se relativamente à criminalidade oculta de grande nocividade social, à qual nomina de *"cifra dourada da criminalidade"*, vinculada ao exercício abusivo do poder político, à força econômica e inclui a especialização profissional, cuja manifestação mais relevante é o domínio funcional ou operativo dos meios tecnológicos. Por meio do jogo muitas vezes combinado destes atores de poder, são filtrados do sistema penal fatos gravemente prejudiciais para a comunidade nacional e internacional, que não são incriminados por normas penais, e outros comportamentos teoricamente suscetíveis de criminalização que não são, geralmente, perseguidos juridicamente, ou pelo menos não o são com a eficácia que a sociedade espera. Compõe esta faixa de criminalidade *dourada* comportamentos vinculados ao exercício abusivo do poder político-econômico e ao terrorismo, basicamente consistentes em formas de corrupção e conchavos político-econômicos, a utilização abusiva de privilégios e imunidades, as práticas que afetam a privacidade das pessoas, etc. Ademais, destacam-se a criminalidade ecológica e as formas de delinqüência econômica nacional e internacional, bem como novas formas de criminalidade realizadas por meio de instrumentos de alta tecnologia, através de sistemas computadorizados.[137]

De qualquer forma, as duas tendências, tanto descriminalizadoras como de criminalização, devem constituir-se em instrumentos de um mesmo e imprescindível processo renovador do Direito Penal.

> "En tal sentido, se debe proceder a descriminalizar en forma paulatina los delitos de relleno y, al mismo tiempo criminalizar cuando no existe ningún outro recurso para la comunidad (ultima ratio), aquellas conductas de grupos privilegiados de auténtica nocividad social, que han quedado fuera del primer filtro, es decir, del primer nivel de selección abstracta normativa y, en todo caso, previa evaluación de los costos individuales y sociales de estas nouevas normas incriminadoras."[138]

---

[137] CERVINI, Raul. *Op. cit.*, p. 41-2.
[138] Idem, p. 42.

Efetivamente, a constatação no sentido de que existe uma faixa oculta de criminalidade, que se pode identificar por *cifra dourada da criminalidade oculta*, de extrema lesividade social e que afronta direitos e valores assegurados na Constituição e inerentes ao Estado Democrático de Direito, infreqüente nas estatísticas da criminologia clássica e que se mantém imune ao sistema penal, é mais um sintoma a ser agregado à perspectiva crítica que deve ser imprimida ao Direito Penal atual, visando a sua relegitimação.

Aliás, a esta camada *mascarada* da criminalidade, quando não imune do controle penal ou mantida oculta das estatísticas oficiais, fatos que são fenômeno histórico em nosso Direito Penal de cunho burguês, fruto do modelo liberal-individualista e patrimonialista, são conferidos privilégios ou benefícios legais que não fogem de uma análise acurada de diversas situações particulares configuradas na legislação pátria, conforme será visto no desenvolvimento do trabalho.

3.6. O conteúdo material do conceito de crime ou fato punível

A função do Direito Penal, no contexto dos meios de controle social exercidos pelo Estado e na ordem jurídica, nos conduz, inexoravelmente, a incursionar reflexões acerca do conteúdo material do fato punível, ou seja, a abordagem do objeto do Direito Penal consistente, basicamente, em definir o comportamento criminal e as conseqüências jurídicas advindas. Com isso, espera-se atingir a identificação de seus limites materiais ou substanciais.

3.6.1 A perspectiva clássica - positivista-legalista

Qualquer investigação nos manuais, mesmo que perfunctória, nos conduz a uma definição do Direito Penal como conceito objetificado dogmaticamente. A concepção corriqueira da doutrina penalística identificada com o modelo positivista-legalista (liberal-individualista) apresenta o Direito Penal dito formal e objetivo (*ius poenale*) como o conjunto de normas jurídicas que vinculam comportamentos humanos, os crimes ou delitos, a determinadas conseqüências jurídicas específicas dessa fatia do Direito, formadas pelas penas e medidas de segurança. Ao poder punitivo do Estado, constituído pela incumbência de definir as condutas que serão consideradas criminosas, resultante de sua soberana legitimação constitucional, concebe-se por Direito Penal em sentido subjetivo (*ius puniendi*).

Direito Penal no Estado Democrático de Direito
Perspectivas (re)legitimadoras

Neste sentido, Damásio Evangelista de Jesus, citando José Frederico Marques, define o Direito Penal "como o conjunto de normas que ligam ao crime, como fato, a pena como conseqüência, e disciplinam também as relações jurídicas daí derivadas, para estabelecer a aplicabilidade das medidas de segurança e a tutela do direito de liberdade em face do poder de punir do Estado."[139]

Aníbal Bruno não destoa deste entendimento, aduzindo que o Direito Penal apresenta-se:

> "como o conjunto das normas jurídicas, pelas quais se exerce a função do Estado de prevenir e reprimir os crimes, por meio de sanções cominadas aos seus autores. Ou, em sentido mais estrito, como o conjunto das normas jurídicas que cominam sanções em razão de determinados fatos chamados crimes, por elas tipicamente definidos."[140]

À indagação acerca da identificação material ou substancial do que é crime, resposta pronta é estampada no sentido de que ele será tudo aquilo que o legislador considerar como tal, como se a vontade do legislador fosse o norte da identificação das condutas dignas da atenção estatal, fazendo surgir a face mais dura do poder punitivo estatal: o Direito Penal. Neste aspecto, Damásio, citando Manzini, assevera que "No sentido substancial, delito é a ação ou omissão, imputável a uma pessoa, lesiva ou perigosa a interesse penalmente protegido, constituída de determinados elementos e eventualmente integrada por certas condições, ou acompanhada de determinadas circunstâncias previstas em lei."[141]

Esta concepção revela a cultura onde fermentou o positivismo clássico, baseado essencialmente no princípio da legalidade, que assentou as bases do Estado de Direito, como se a legitimação do Direito Penal (e de todo o direito) proviesse da capacidade infindável do legislador de detectar, dentre as condutas sociais, aquelas que merecem a tutela penal, erigidas, em conseqüência, à condição de infrações penais dignas da intervenção punitiva estatal. Pressupõe a plena capacidade do legislador para definir quais são e quais não são os comportamentos criminosos. Confere-se ao legislador a *consciência* acerca das qualidades que um comportamento deve adquirir para assumir a condição de conduta criminosa. Aliás, na expressão de Mauricio Antonio Ribeiro Lopes:

---

[139] JESUS, Damásio Evangelista de. *Direito Penal* - Parte Geral, p. 4.

[140] BRUNO, Aníbal. *Op. cit.*, p. 28.

[141] JESUS, Damásio Evangelista de. *Op. cit.*, p. 133.

"A legislação penal contemporânea corresponde à idéia legislativa que inspirou a codificação do Direito Penal posteriormente à Revolução Francesa de 1789. Concretamente se pode dizer que o Direito moderno está edificado sobre a herança do Iluminismo e se apresenta na atualidade como a condensação de diferentes correntes intelectuais de signos opostos que foram sendo superpostas ao largo de seu desenvolvimento."[142]

Se o Estado de Direito é aquele cujo ordenamento jurídico positivo confere específica estrutura e conteúdo a uma comunidade social, garantindo os direitos individuais, as liberdades públicas, a legalidade e igualdade formais, mediante uma organização policêntrica dos poderes públicos e a tutela judicial dos direitos, também identifica-se com a ordem democrática, pois proporciona uma autolimitação para resguardar os direitos fundamentais. Destarte, a abordagem do Direito Penal, notadamente no que diz respeito com o conceito material de crime, que conduz inexoravelmente à identificação substancial do bem jurídico tutelado mediante o exercício do poder estatal punitivo, não pode vincular-se ao ângulo meramente formal, pela estrita legalidade. A legitimação do Direito Penal também legitima os conceitos materiais de crime e bem jurídico, sendo que todos não prescindem de uma âncora axiológica. Este suporte afigura-se indispensável em sede de Estado Democrático de Direito, onde toda a hermenêutica encontra guarida nos valores constitucionais que conduzem à necessária transformação do *status quo*, bem como fornecendo os parâmetros conceituais para todo o Direito, notadamente o Direito Penal.

Ocorre, destarte, que a identificação substancial ou material do crime e do Direito Penal como a tradução da vontade do legislador equivale a subsumir conceitos díspares, na medida em que equipara a definição formal e dogmática à essencialidade desta parcela do Direito e à definição do crime. Tal procedimento não é suficiente quando, ao Estado Liberal, agregaram-se valores inerentes aos direitos de segunda geração e, sobretudo, ampliou-se a concepção das funções estatais sob uma ótica transformadora do Estado Democrático de Direito. Uma concepção formalista e clássica, que coincide com a identificação efetuada neste trabalho como sendo fruto de um modelo liberal-individualista-normativista do Direito Penal e dos comportamentos criminosos, não responde à indagação que, necessariamente, sob a vivência de um Estado Democrático de

---

[142] LOPES, Mauricio Antonio Ribeiro. *Op. cit.*, p. 42.

Direito Penal no Estado Democrático de Direito
Perspectivas (re)legitimadoras

Direito, deve ser feita, ou seja, o problema da função e dos limites do Direito Penal, impondo uma (re)visão crítica do modelo instalado. Esta resposta não é encontrada quando buscada no interior do Direito Penal como fenômeno apenas legislado. Situa-se fora do modelo clássico-liberal. Na concepção de Jorge de Figueiredo Dias, a identificação substancial de crime deve situar-se "acima ou atrás - mas, em todo o caso, sempre fora - do direito penal legislado". Acrescenta que

> "O conceito material de crime é, neste sentido, previamente dado ao legislador e constitui-se em padrão crítico tanto do direito vigente como do direito a constituir, indicando ao legislador aquilo que ele pode e deve criminalizar e aquilo que ele pode e deve deixar fora do âmbito do direito penal. Com um tal conceito deve-se poder medir a correção ou incorreção político-criminal de cada uma das incriminações constituídas ou a constituir, alimentar a discussão científica sobre a criminalização e a descriminalização;"[143]

A busca da legitimação substancial do Direito Penal, vinculada à noção material de crime, nos encaminha, necessariamente, à passagem pela difícil, mas satisfatória, tarefa de situar o conceito de bem jurídico. Evidentemente, não se trata de uma definição estanque e fechada, capaz de autorizar, por si só, conclusão acerca do que deve e o que não deve ser criminalizado. Aliás, preconizar uma formatação esquemática e estrutural é pensamento vinculado ao modelo clássico-liberal, que estabeleceu os limites formais até agora destacados relativamente ao desiderato do Direito Penal e à definição material de crime. Para Dias, "o bem jurídico-penal é apenas o padrão crítico insubstituível e irrenunciável com o qual se deve aferir a legitimação da função do direito penal no caso concreto; e, repito, também o guia por excelência que conduza a evolução da nossa disciplina no respeito pela sua função no sistema jurídico e no sistema social."[144]

Portanto, uma visão crítica da legitimidade do Direito Penal como instrumento estatal de punir comportamentos identificados como delituosos, que nos forneça os limites e a amplitude deste poder do Estado de impor sanções aos indivíduos, exercendo aquela que é a fatia mais cruel de suas funções, que se imiscui na

---

[143] DIAS, Jorge de Figueiredo. *Questões fundamentais do Direito Penal revisitadas*, p. 55.
[144] Idem, p. 70.

liberdade dos cidadãos, passa, necessariamente, pela concepção da noção de bem jurídico.

3.7. O bem jurídico - Proposições

O Direito Penal vigente em nosso país, desde os primórdios da colonização até o implemento do atual Código e a maior parte da legislação penal esparsa, tem sido marcado por características que norteiam o interesse individual, reproduzindo a ideologia de camadas sociais dominantes que, formalmente, sob os auspícios do Liberalismo, apregoam a igualdade entre todos os cidadãos, quando, em verdade, constitui-se em instrumento de manutenção do *status quo*, ou seja, da realidade jurídica e social construída sob a ótica do modelo de Estado Liberal. Neste prisma, o Direito Penal tem-se mantido vinculado a conceitos dogmáticos que não refletem, em suma, os novos ares de um Estado Democrático de Direito, implementado por meio da Constituição de 1988. Constitui-se, em essência e grande parte, em instrumento de tutela dos bens jurídicos ainda vinculados à ideologia iluminista, onde, a pretexto de uma igualdade formal, tutelam-se interesses individuais díspares, sem qualquer compromisso com a implementação dos direitos sociais ainda não estabelecidos, onde a Constituição é uma cortina de fumaça, quando não considerada prejudicial, para a proliferação dos tentáculos do capital, do mercado, dos interesses econômicos de poucos e privilegiados grupos, onde o Estado é elemento nefasto.

É nesse ambiente que o Direito Penal se estabeleceu em nosso país.

Neste contexto, identifica-se que a tutela do bem jurídico é tema extremamente relevante na abordagem do modelo de Direito Penal instalado, e, sobremaneira, nas perspectivas que se podem verificar para um resgate desta parcela do Direito como instrumento de realização das aspirações sociais vividas em um verdadeiro Estado Democrático de Direito.

Aliás, a identificação do que seja o bem jurídico reflete-se na definição do próprio conceito de delito, que é prévio ao Direito Penal e abastece o próprio legislador com critérios político-criminais sobre as condutas dignas de punição, ou aquelas que não merecem ser punidas no âmbito penal. Percebe-se, portanto, que a identificação da essencialidade do bem jurídico está imbricada com a delimitação do conceito e âmbito de abrangência do Direito Penal sobre as condutas humanas.

A relevância do bem jurídico na teoria do crime é admitida pela totalidade dos autores, clássicos ou crítico-atuais. As divergências no foco de abordagem apresentam-se nítidas quando efetuada incursão na busca da identificação dos critérios estabelecedores dos limites puníveis, verificando-se acentuado déficit quando se procura conferir uma nova visão crítico-conceitual a este elemento basilar para o Direito Penal.

3.7.1. *Abordagem clássica-positivista do bem jurídico*

A importância do bem jurídico é de extrema relevância para o desenvolvimento da ciência penal, ocupando-se a dogmática jurídica em tecer vastas considerações acerca da conceituação deste elemento fundamental para o Direito Penal.

Neste trabalho não é possível analisar os diversos pressupostos e as variantes que se encontram na história, mais que centenária, dos usos do *bem jurídico* ou de expressões equivalentes. Em relação a esta perspectiva histórica, a literatura nos proporciona um abundante material.[145] Desterte, pode-se verificar que o espaço teórico para a construção do conceito de bem jurídico surgiu quando, na primeira metade do século XIX, passou-se a contestar a então corrente concepção clássica do crime como ofensa a um direito subjetivo, em favor de uma nova concepção do crime como ofensa a bens. Identifica-se em Feuerbach o precursor da conceituação de bem jurídico, que procedeu com o intuito de afrontar a concepção moralizante do Direito Penal vigente na época, na medida em que entendia-se que a criminalização de condutas estava vinculada à ofensa a normas éticas ou divinas. Enfim, o crime era a ofensa a um direito subjetivo. A partir da construção do conceito de bem jurídico, buscou-se sua vinculação à tutela de bens de interesse material das pessoas, o que possibilitou a formulação de diversas teorias para a sua compreensão. Destaca Nilo Batista que:

> "ora se propunha um direito público subjetivo do estado, aqui o próprio direito objetivo, ali uma obrigação jurídica, logo os interesses, adiante os valores. Para uns, o bem jurídico é criado pelo direito, através de seleção exercida pelo legislador (Binding); para outros, o bem jurídico é um interesse da vida, que o legislador toma de uma realidade social que lho impõe (von

---

[145] Ver NAVARRETE, Miguel Polaino. *El bien jurídico en el Derecho Penal.*

Liszt). Houve quem deslocasse o bem jurídico estritamente para a tarefa de critério de interpretação teleológica da norma, no movimento que ficou conhecido como direção metodológica (Honig). O direito penal nazista procurou fundamentar o crime na violação do dever de obediência ao estado (o chamado direito penal da vontade) e, para isso, desfez-se, em uma fase inicial, do conceito de bem jurídico (Schaffstein). Posteriormente, retoma-se a perspectiva lisztiana do interesse da vida, seja através de um conceito idealista de *situação social desejável* (Welzel), seja vendo no bem jurídico uma *fórmula normativa sistemática concreta de uma relação social dinâmica determinada* (Bustos). Recentemente, intenta-se *positivizar os bens jurídicos, deduzindo-os do texto constitucional (Angioni)*."[146]

Conforme visto, o bem jurídico tem sido teorizado desde diferentes direções.

O conceito de bem jurídico sob uma ótica jusnaturalista foi formulado, pela primeira vez, por Birnbaum, na primeira metade do século XIX, destacando que o Estado, por meio da criminalização de condutas, protegia determinados objetos que surgiam da natureza das coisas, como a vida, a honra, a saúde, etc. Na ótica da política criminal, destaca-se como expoente Frank von Liszt, ao assinalar que os bens jurídicos emergem da vida social, competindo ao Direito apenas reconhecer estes interesses que aparecem para o indivíduo em sua atividade social. Em suma, em ambas as visões transcendentes, os bens jurídicos surgem mais além do direito, sendo tarefa deste apenas reconhecê-los. O critério da imanência dos bens jurídicos, por sua vez, sustentado por Karl Binding, apregoa que eles são imanentes à norma, ou seja, que cada norma penal tem e determina totalmente seu bem jurídico. Em vista disso, percebe-se que, no fundo, o bem jurídico fica reduzido a um simples problema interpretativo, ao critério teleológico do que quis o legislador. Binding e Rocco, por sua vez, sustentam que a titularidade dos bens jurídicos reside exclusivamente no Estado. A partir disso, verifica-se que o extremo desta teoria esteve configurado no nazismo, com a escola de Kiel, que suprimiu o conceito de bem jurídico, já que o único valor que importa é o Estado, e o injusto era construído em torno do dever de fidelidade e respeito ao Estado. Sustentação diversa é encontrada em Frank von Liszt, para o qual o titular dos bens jurídicos é o indivíduo considerado

---

[146] BATISTA, Nilo. *Op. cit.*, p. 94-5.

Direito Penal no Estado Democrático de Direito
Perspectivas (re)legitimadoras

115

socialmente, na medida em que os interesses surgem na vida e em torno dela.[147]

Em suma, o que se percebe, ao analisarmos uma abordagem clássica do conceito de bem jurídico, é que a preocupação histórica tem-se limitado a uma apreciação formal, meramente definidora, que procura diferenciar o bem jurídico da categoria de outros bens, ressaltando sua relevância para a constituição dos tipos penais e como fator fundante das penas. Esta acepção permite identificar uma função denominada por Alessandro Baratta como *intra-sistemática*, imanente ao sistema penal positivo, que obedece à interpretação teleológica das normas penais e a sua construção sistemática.

> "A conseqüência dogmática principal deste uso intra-sistemático do conceito de bem jurídico é a duplicação da antijuridicidade: antijuridicidade formal é a violação da norma social ou jurídica correspondente ao tipo delitivo (Binding); antijuridicidade material é a lesão ou a ameaça do interesse protegido pela norma. Há responsabilidade penal somente quando se realizam ambas formas de antijuridicidade. Não obstante, a antijuridicidade material está condicionada à existência da antijuridicidade formal."[148]

Sob esse prisma, e sem qualquer demérito, na medida em que o conceito formal e clássico é basilar para uma evolução crítica que se sustenta necessária no Direito Penal, além de não se afigurar prejudicial à conjugação do conceito tradicional de bem jurídico com uma nova visão adequada à realidade político-social, pode-se verificar que a tônica conceitual do bem jurídico vincula-o às condutas que lesam os interesses, como fim da norma penal, como unidade de função social portadora de valor, ou como objeto de proteção ou tutela no âmbito do ordenamento jurídico-penal.

De qualquer sorte, a conceituação clássica-positivista do bem jurídico vincula-o à noção de juízo de valor definido pelo legislador, extraído de uma teoria da danosidade social, refletindo os interesses predominantes em determinada realidade social. Revela-se, pois, que essa definição contém um espírito de conservação da estrutura de base, relacionada com os jogos de interesses inerentes à hierarquia de domínio político e econômico. Ela Wiecko Volkmer

---

[147] RAMÍREZ, Juan Bustos. *Op. cit.*, p. 14-5.
[148] BARATTA, Alessandro. Funções instrumentais e simbólicas do Direito Penal. Lineamentos de uma Teoria do Bem Jurídico. *In: Revista Brasileira de Ciências Criminais*, p. 5.

de Castilho ressalta que: "A conceituação de bem jurídico foi formulada no marco do direito liberal-burguês."[149]

O Direito Penal do Estado Democrático de Direito deve tentar romper com as barreiras das noções clássicas, que sustentam toda a teoria do bem jurídico sobre ideologias que, de maneira insidiosa, representam a tradução dos interesses ligados às classes hegemônicas, o que acarreta, em essência, por imunizá-las do processo criminalizador. O Direito Penal inerente ao modelo de Estado que se apregoa não pode tolerar com a desigualdade estabelecida, na medida em que toda a estrutura repressiva volta-se rotineiramente contra a criminalidade tradicional e mantém imune aquelas condutas que lesam os interesses maiores, traduzidos na Constituição. Assevera Castilho que a tutela penal, quando voltada para condutas que importam em afronta às relações de produção e ao patrimônio privado, "é, de regra, violenta e inexorável. Mas essas mesmas classes hegemônicas, que procuram não ser atingidas pelo processo criminalizador, também delinqüem e seus crimes, o mais das vezes, estão ligados, de forma muito estreita, às ações que desenvolvem no mundo dos negócios."[150]

3.7.2. A necessária abordagem do bem jurídico sob a ótica do Estado Democrático de Direito com vistas à (re)legitimação do Direito Penal

Sendo o Direito um instrumento de transformação social, o Direito Penal não pode estar desvinculado das finalidades inerentes ao Estado Democrático de Direito.

A tutela penal, por meio de uma intervenção subsidiária, fragmentária e proporcional, deve conter a identificação do bem jurídico sob uma ótica de estabelecimento da igualdade material ou substancial, o que somente ocorrerá por intermédio da seleção daquelas condutas que, efetivamente, impeçam a implementação dos direitos sociais e dos objetivos da República estabelecidos na Constituição.

A abordagem do conceito de bem jurídico, inobstante reconhecidamente árdua, deve vincular-se às finalidades do Estado Democrático de Direito, ou seja, fazer do Direito um instrumento de modificação do *status quo*.

Miguel Polaino Navarrete, com propriedade, ressalta que:

---

[149] CASTILHO, Ela Wiecko V. de. *Op. cit.*, p. 75.
[150] Idem, p. 78-9.

"el objeto jurídico debe constituir - y este criterio es de propugnar *de lege ferenda*, sobre todo - elemento esencial de la juridicidad material de la totalidad de los tipos de delito configurados en el Ordenamiento penal positivo. En definitiva, ningún tipo legal há de ser de modo exclusivo fundamentado formalmente, sin atender a la razón sustancial de su existencia, consistente en la función de garantía correspondiente a los concretos bienes y valores del individuo o de la sociedad estimados jurídico-positivamente dignos de tutela penal, es decir, sin hacer objeto de debida consideración la misión de aseguramiento del própio contenido material del Derecho y, en particular, del Derecho penal."[151]

Após estabelecer a existência de diferença conceitual entre bem, interesse[152] e bem jurídico, advertindo que, doutrinariamente, têm sido confundidos ao ponto de, por vezes, serem considerados um único conceito, Navarrete ressalta que sempre que um bem ou interesse é abarcado, em virtude da *voluntas legis*, como objeto de tutela de uma concreta descrição típico-penal, assume o caráter de bem jurídico, despindo-se do conceito técnico que o diferencia. Entretanto, estabelece para o bem jurídico um critério substancial ao conceituá-lo, afirmando que:

"constituye, frente a los objetos del mundo real capaces de alteración, el exponente más elevado de los valores ideales del orden social que garantizan el mantenimiento y desarrollo de las condiciones fundamentales de seguridad, prosperidad y nobreza de la convivencia humana en sociedad, y, en cuanto tal, se presenta como susceptible de lesión o puesta en peligro de forma jurídico-penalmente relevante."[153]

---

[151] NAVARRETE, Miguel Polaino. *Op. cit.*, p. 57.

[152] Segundo Navarrete, a noção de interesse consiste naquilo que tem valor para o particular ou a coletividade, estimando-se por valor a utilidade ou aptidão para satisfazer necessidades humanas. Integra, pois, um bem tudo o que em geral é suscetível de contribuir ao bem-estar e aperfeiçoamento físico ou psíquico da pessoa. Interesse, em sentido objetivo, significa aquela situação que é idônea ou favorável para a satisfação de uma necessidade humana. Em sentido subjetivo, representa a condição psicológica do sujeito que pretende a manutenção de uma determinada situação, suscetível de satisfazer uma necessidade pessoal. Pode, ainda no sentido subjetivo, ser identificado como o juízo de valor realizado por um sujeito sobre a utilidade, valor de uso ou aptidão de um objeto ou bem em relação à satisfação de uma necessidade. Idem, p. 28-34.

[153] Idem, p. 89.

O bem jurídico, pois, é algo concreto, representativo da vida do corpo social, configurando-se numa síntese normativa, definida pelo ordenamento jurídico, de uma relação social determinada e dinâmica. O ordenamento jurídico representa o conjunto de certas relações, dentro das quais uma norma proibitiva ou sancionatória seleciona determinado âmbito dessa relação, o ângulo punitivo identificado pelo Direito Penal. Em vista disso, os conteúdos da tipicidade e da antijuridicidade não surgem de um procedimento metafísico. A tipicidade abarca certo âmbito das relações sociais. A antijuridicidade deve ser considerada em conformidade com um complexo de valores e, portanto, de regras jurídicas que giram em torno do bem jurídico. Dentro delas está, evidentemente, a valorização dos resultados produzidos, das transformações proporcionadas no âmbito das relações sociais. Em vista disso, conclui-se que o problema de resultado não é uma questão de causalidade, mas de imputação desde o bem jurídico, conforme as valorações da antijuridicidade. Conforme assevera Juan Bustos Ramírez,

> "Con ello el problema no es tanto de desvalor de acto o de resultado como se há senãlado tradicionalmente, sino de desvalor de relación social. Se há desvalorado una determinada relación, una determinada posición de los sujetos, una determinada intermediación de ellos con las cosas y la acción del Estado. Es esto lo que debe quedar en claro, pues entonces la misión de jurista, del jurista crítico, es la constante revisión de por qué se há seleccionado tal relación social y se la há fijado desvalorativamente en la forma determinada. El jurista demócrata, sobre la base de la participación activa de los ciudadanos en la vida social y por tanto del Estado, há de preocuparse por revisar todo lo que impida tal participación y, necesariamente por ello mismo, de los fundamentos de todo juicio desvalorativo, que puede ser uno de los obstáculos a tal participación.[154]

Há, pois, uma vinculação do bem jurídico à necessária produção axiológica, uma acepção valorativa que irá compor a norma penal e orientar a tutela das condutas humanas com o poder punitivo do Estado. Assim como o Estado Democrático de Direito agrega conteúdos de valor aos modelos Liberal e Social, a identificação conceitual do bem jurídico está vinculada a esta mutação substancial do próprio Estado, que encontra nos valores constitucionais os parâmetros de sua existência.

---

[154] RAMÍREZ, Juan Bustos. *Op. cit.*, p. 17.

Na abordagem que efetua em torno do conceito de bem jurídico, Claus Roxin apregoa que, a despeito da dificuldade de definir-se este conceito de tamanha relevância para o Direito Penal, os limites da tutela penal, extraída da necessidade de proteção dos bens jurídicos, obrigam a submeter de antemão todo o preceito penal à luz das limitações constitucionais. Assim identifica o bem jurídico:

> "los problemas materiales que hay tras la discusión políticocriminal justifican proseguir los esfuerzos por lograr un concepto de bien jurídico expresivo en su contenido y limitador del Derecho penal. El punto de partida correcto consiste en reconocer que la única restricción previamente dada para el legislador se encuentra en los principios de la Constitución. Por tanto, un concepto de bien jurídico vinculante políticocriminalmente sólo se puede derivar de los cometidos, plasmados en la Ley Fundamental, de nuestro Estado de Derecho basado en la liberdad del individuo, a través de los cuales se marcan sus límites a la potestad punitiva del Estado. En consecuencia se puede decir: los bienes jurídicos son circunstancias dadas o finalidades que son útiles para el individuo y su libre desarrollo en el marco de un sistema social global estructurado sobre la base de esa concepción de los fines o para el funcionamiento del própio sistema."[155]

A partir dessa definição, o eminente catedrático da Universidade de Munich sustenta que podem ser extraídas conseqüências, ou seja, que as cominações penais arbitrárias não protegem bens jurídicos, que as finalidades puramente ideológicas não protegem bens jurídicos, que as meras imoralidades não lesionam bens jurídicos, que preceitos penais que criam ou asseguram desigualdade entre os seres humanos não protegeriam nenhum bem jurídico, assim como ocorre com a punição da liberdade de expressão.[156]

Em um Estado de Direito Democrático e Social a tutela penal

> "não pode vir dissociada do pressuposto do bem jurídico, sendo considerada legítima, sob a ótica constitucional, quando socialmente necessária. Isto vale dizer: quando imprescindível para assegurar as condições de vida, o desenvolvimento e a paz social, tendo em vista o postulado maior da liberdade -

---

[155] ROXIN, Claus. *Derecho Penal*, Parte General, p. 55-6.
[156] Idem, p. 56-7.

verdadeira presunção de liberdade (*Freiheitsvemutung*) - e da dignidade da pessoa humana."[157]

Francisco Muñoz Conde, ao analisar o processo de marginalização de grupos cada vez mais amplos de pessoas, encontra nas normas jurídicas e na definição dos bens jurídicos uma das causas fundamentais. Este processo se dá na medida em que os grupos de pressão minoritários, detentores do poder, manipulam adequadamente as normas jurídicas, dificultando a coexistência pacífica dos distintos sistemas de valores de uma mesma comunidade, proporcionando, com isso, o aumento da luta entre os sistemas dominantes e os que não o são. Ressalta que em íntima relação com este problema está a função motivadora da norma penal:

"A norma penal, o direito penal, como *ultima ratio* do ordenamento jurídico, deve proteger valores fundamentais para a convivência, sobre os quais se faz o mais amplo consenso de que devem ser protegidos. A norma penal se converte em motivo determinante do comportamento dos cidadãos e constitui um fator integrador dos distintos grupos sociais, quando protege valores ou bens jurídicos fundamentais nos quais crêem e participam uma ampla base de cidadãos. Neste sentido, a norma penal pode ter, inclusive, um efeito benéfico na eliminação da marginalização. Porém, a norma penal pode também ter um efeito contrário, como favorecedora e até mesmo causadora da marginalização, quando manipulada para proteger interesses minoritários ou quando, através dela, se priva os cidadãos de seus direitos fundamentais."[158]

Considerando que o Direito Penal compõe o mundo circundante do indivíduo, com uma característica essencial, a sanção que pode ser imposta coativamente, juntamente com os demais elementos que formam este mundo, são interiorizadas ou internalizadas por ele e cooperam na formação de sua consciência, do superego. Em vista disso, inegável que o Direito Penal constitui-se em fator de motivação, notadamente inibidor de condutas. Esta função motivadora reflete-se, primeiramente, na sociedade, mas, também, é individual.

Francisco Muñoz Conde assevera que há ocasiões em que a motivação geral e individual coincidem quase por completo, sobremaneira quando as normas vigem numa sociedade democrática e,

---

[157] PRADO, Luiz Regis. *Op. cit.*, p. 60.
[158] CONDE, Francisco Muñoz. Função Motivadora da Norma Penal e "Marginalização". *In: Revista Ciência Penal*, p. 38-9.

na sua elaboração, participam amplamente os membros que compõem essa sociedade, ou quando o conteúdo de suas proibições se refere a bens jurídicos de grande valor para a convivência, e que formam o patrimônio existencial dos indivíduos. Entretanto,

"se pode dizer que na maioria das vezes, desgraçadamente, a motivação geral e a individual não coincidem em absoluto, ou falta em algumas pessoas a motivação individual conforme as normas. Isto ocorre, precisamente, quando a sociedade está estruturada de um modo pouco democrático, ou quando os bens que se pretende proteger não têm um valor fundamental para a convivência. A elevação à categoria de bem jurídico, ou seja, de valor respeitável, e que se tem de respeitar, de determinadas vantagens e interesses em benefício de uns poucos, e em prejuízo da maioria, é uma forma evidente de manter o *status*, de reacionar em frente a tudo que signifique progresso, e de conservar, a todo custo, a atual situação. Abusa-se, assim, do direito penal como sistema de repressão, manipulando a norma jurídica penal em defesa de algumas minorias dominantes, pondo, por exemplo, a oposição política à margem da lei, castigando os ataques aos bens jurídicos instrumentais - a propriedade privada, por exemplo - com a mesma gravidade, ou até mais gravemente, que os ataques à vida, à saúde, ou à liberdade, ou considerando como direitos naturais, imutáveis e permanentes, o que não é mais que o interesse pessoal e egoísta dos que detêm o poder."[159] (*sic*)

Arremata Muñoz Conde afirmando, com muita precisão, que:

"a marginalização não é só produto de determinados fatores geográficos, raciais ou culturais, senão essencialmente uma conseqüência das próprias normas jurídicas que, manipuladas e controladas por esta minoria, impedem à maioria, participação, o acesso ou o exercício de seus direitos fundamentais."[160]

Esta função simbólica do Direito Penal é, pois, sustentáculo do modelo liberal-individualista, onde a eficácia de suas funções não representa um sistema de produção de segurança real-constitucional dos bens jurídicos, mas sim como instrumento de resposta simbólica

"à exigência de pena e segurança por parte do público da política. Mas isto corresponde ao que acontece na realidade da

---

[159] CONDE, Francisco Muñoz. *Op. cit.*, p. 42-3.
[160] Idem, p. 45.

política criminal e da política em geral, quando nesta a comunicação política de base entre cidadãos e seus representantes, ou seja, a democracia, é substituída pela comunicação entre políticos e seu público, ou seja, pela tecnocracia. Quando isto acontece, a política parece, cada vez mais, um espetáculo. Na verdade, na política como espetáculo as decisões são tomadas não tanto visando modificar a realidade, senão tentando modificar a imagem da realidade nos espectadores: não procuram tanto satisfazer as necessidades reais e a vontade política dos cidadãos, senão vir ao encontro da denominada opinião pública... O déficit da tutela real dos bens jurídicos é compensado pela criação, junto ao público, de uma ilusão de segurança e de um sentimento de confiança no ordenamento e nas instituições que tem uma base real cada vez mais fragilizada. De fato, as normas continuam sendo violadas; e a cifra obscura das infrações permanece altíssima, enquanto que as agências de controle penal continuam a medir-se com tarefas instrumentais de realização impossível: pense-se somente na defesa da ecolologia, na luta contra a criminalidade organizada, no controle da toxicomania e no índice de mortalidade no trânsito."[161]

A tutela de bens jurídicos, pelo Direito Penal, distanciada dos postulados do Estado Democrático de Direito, sem inspiração em bases constitucionais, proporciona e acentua essa função simbólica do direito punitivo, proporcionando em nosso país a ilusória visão ao povo no sentido de que a *hemorragia* legislativo-penal é solução para a criminalidade cada vez mais acentuada, quando a repressão necessária a condutas que, efetivamente, afrontam os valores constitucionais e impedem a implementação dos direitos inerentes ao Estado Democrático é tratada com as benesses do legislador, mantendo-se uma legislação penal protetiva de condutas desviantes altamente lesivas à sociedade, em detrimento da repressão acentuada dos delitos clássicos, que lesam interesses individuais-patrimoniais.

A conceituação de bem jurídico, inserida em postulados do Estado Democrático de Direito, nos conduz, ainda, a sustentar que o Direito Penal, ao exercer, dentro de suas funções, a proteção dos aludidos bens, deve atuar de forma *subsidiária*, ou seja, deve constituir-se na última instância interventiva do Estado para assegurar a solução dos problemas sociais, somente mostrando sua face

---

[161] BARATTA, Alessandro. *Op. cit.*, p. 22.

Direito Penal no Estado Democrático de Direito
Perspectivas (re)legitimadoras

123

quando outras instâncias sociais ou jurídicas não solucionarem as questões sociais elementares. Mauricio Antonio Ribeiro Lopes, reportando-se a Muñoz Conde, assevera que a intervenção do Direito Penal se justifica quando "fracassam as demais formas protetoras do bem jurídico previstas em outros ramos do direito"[162] Além disso, o Estado de Direito de conteúdo democrático conduz ao caráter fragmentário do Direito Penal, na medida em que sua função de proteção de bens jurídicos não é absoluta, somente devendo ser defendidos penalmente aqueles bens que denotam formas de agressão substancial aos interesses sociais, ou seja, aquelas condutas socialmente intoleráveis. Na medida em que o Direito Penal não tutela todos os bens jurídicos existentes, somente deve imiscuir-se relativamente àqueles valores de inegável gravosidade social-constitucional, desprendendo-se da tutela daqueles bens que possuem pouca ou nenhuma significância para os cidadãos, já que, para estes, existem outras instâncias de proteção social ou até jurídica, diversas desta faixa do Direito.

Aliás, a fragmentariedade é corolário dos princípios da reserva legal e da intervenção mínima, representando aquele postulado iluminista uma limitação ao poder punitivo estatal, enquanto a intervenção mínima orienta e limita o poder incriminador do Estado, preconizando que a criminalização de condutas só se legitima se configurar meio imprescindível para a tutela de determinado bem jurídico. Por este princípio, em suma, em razão das gravosas conseqüências advindas da intervenção punitiva estatal, postula-se que o Direito Penal emerja somente como *ultima ratio* e estabelecendo o menor número de condutas puníveis possível. Segundo Claus Roxin, o princípio da fragmentariedade provém do princípio da subsidiariedade, na medida em que o Direito Penal somente protege uma parte dos bens jurídicos e, inclusive, nem sempre de maneira geral, senão frenqüentemente somente a formas de ataque concretas (a vida humana). Essa limitação decorre do princípio da proporcionalidade, que insere no contexto do Direito Penal a proibição de excesso, na medida em que compele o Direito Penal a somente lançar mão de sua espada afiada quando outras medidas de política social não podem proteger igualmente ou, inclusive, com mais eficácia, um determinado bem jurídico, referindo que o Direito Penal representa a mais dura de todas as intromissões estatais na liberdade do cidadão.[163] Winfried Hassemer afirma que:

---

[162] LOPES, Mauricio Antonio Ribeiro. *Op. cit.*, p. 95.

"Com o comprometimento da tutela penal com a proteção de bens jurídicos, ocorreu que, de um lado, o princípio da *ultima ratio* ganhou vida e, de outro, as portas da metodologia das ciências empíricas foram franqueadas. O Direito Penal passa a se apresentar como meio de solução de problemas sociais (proteção de bens jurídicos via instrumentos penais), subordina, porém, o emprego de seu maquinário - porque ele magoa e fere intensivamente - a rigorosíssimos requisitos e, afinal, só entrará em campo quando nada mais adiantar."[164]

A despeito de muitos outros princípios inerentes ao Direito Penal, admitidos em larga escala pela doutrina pátria,[165] a partir da ordem principiológica apontada pode-se observar que o Direito Penal deve voltar-se à tutela de bens jurídicos de suma relevância social, somente legitimando sua intervenção aquelas condutas que afrontam valores socialmente relevantes. Indubitável, pois, que a Constituição democrática instalada em nosso país é o norte desses valores. Nela encontram-se os anseios sociais indiscutíveis. Qualquer afronta aos direitos nela estabelecidos legitima a inflexão da espada do Direito Penal.

Em suma, fazendo coro com Jorge de Figueiredo Dias, pode-se afirmar que:

"os bens do sistema social se transformam e se concretizam em bens jurídicos dignos de tutela penal (em bens jurídico-penais) através da ordenação axiológica jurídico-constitucional. Logo, por aqui se deve concluir que um bem jurídico político-criminalmente vinculante existe ali - e só ali - onde se encontre refletido num valor jurídico-constitucionalmente reconhecido em nome do sistema social total e que, deste modo, se pode afirmar que preexiste ao ordenamento jurídico-penal. O que por sua vez significa que entre a ordem axiológica jurídico-constitucional e a ordem legal - jurídico-penal - dos bens jurídicos tem por força de se verificar uma qualquer relação de mútua referência. Relação que não será de identidade, ou mesmo só de precípua cobertura, mas de analogia material,

---

[163] ROXIN, Claus. *Op. cit.*, p. 65-6.

[164] HASSEMER, Winfried. *Três temas de Direito Penal*, p. 33.

[165] Identificam-se, ainda, os princípios da taxatividade, da insignificância, da adequação social, da culpabilidade, da humanização, da exclusiva proteção de bens jurídicos, da pessoalidade e individualização da pena, da irretroatividade do Direito Penal. Ver LOPES, Mauricio Antonio Ribeiro. *Op. cit.* LUISI, Luiz. *Op. cit.* BITENCOURT, Cézar Roberto. *Op. cit.*

fundada numa essencial correspondência de sentido e - do ponto de vista da sua tutela - de fins. Correspondência que deriva, ainda ela, de a ordem jurídico-constitucional constituir o quadro obrigatório de referência e, ao mesmo tempo, o critério regulativo da atividade punitiva do Estado. É nesta acepção, e só nela, que os bens jurídicos protegidos pelo direito penal se devem considerar concretizações dos valores constitucionais expressa ou implicitamente ligados aos direitos e deveres fundamentais. É por esta via - e só por ela em definitivo - que os bens jurídicos se transformam em bens jurídicos dignos de tutela penal ou com dignidade jurídico-penal."[166]

Na medida em que na Constituição Federal são encontrados os valores primordiais de uma nação, inegável que o Direito Penal, mesmo sendo a *ultima ratio* da intervenção estatal, para tutelar os interesses sociais nela estabelecidos deve imiscuir-se.

Daí a necessidade de se verificar se o Direito Penal atualmente vigente em nosso país, efetivamente, insere-se nesse contexto, ou seja, se a tutela de bens jurídicos tem-se destinado a proteger aqueles interesses efetivamente relevantes, previstos na Constituição Federal. Mais ainda, imprescindível a abordagem no sentido de ver se o Direito Penal instalado tutela aqueles interesses inerentes ao Estado Democrático de Direito modulado em nosso país a duras penas. Imperiosa, pois, a abordagem crítica do Direito Penal sob a visão do bem jurídico tutelado e de sua vinculação ao Estado Democrático de Direito. Estado este que tem como fundamento a dignidade da pessoa humana (art. 1º, inc. III, da Constituição Federal), norteando os objetivos fundamentais da República, dentre eles a constituição de uma sociedade livre, justa e solidária, bem como a erradicação da pobreza e da marginalização, e a redução das desigualdades sociais e regionais (art. 3º, incisos I e III, da CF).

---

[166] DIAS, Jorge de Figueiredo. *Op. cit.*, p. 66-7.

4. As desiguais configurações materiais do Direito Penal brasileiro de cunho liberal-individualista-normativista: um panorama demonstrativo

A Constituição de 1988 surgiu em nosso país renovando as esperanças do povo brasileiro no sentido da efetivação de um verdadeiro Estado de Direito, onde as desigualdades sejam, ao menos, atenuadas, onde a dignidade da pessoa humana e a construção de uma justiça social possam conferir aos cidadãos condições mínimas de vida. O Estado Social ressurgiu com acréscimo de conteúdo, agora democrático. Inegável, entretanto, a mantença dos compromissos liberais. Porém, seus valores não podem ser considerados nefastos se mantidos em equilíbrio com a implementação dos direitos sociais, com a solidariedade social inerente à democracia. Com isso, poder-se-ão atingir os objetivos traçados ao ser instituído, formalmente, o Estado Democrático (preâmbulo da Constituição, arts. 1º e 3º).

Para tanto, imprescindível uma readequação do Direito Penal vigente em nosso país, pois forjado sob as bases do Estado Liberal burguês, instalado sob influências buscadas em bases que não se coadunam com a realidade e necessidade brasileira. Há um descompasso muito acentuado entre a legislação penal, mormente nosso Código, com o Estado Democrático instalado.

Se o Direito Penal tem sido posto no centro da discussão proporcionada em razão do acentuado índice de violência e criminalidade vertido em nosso contexto social, a despeito das diversas faces de problema com tamanha dimensão, ressalta evidente que um dos elementos de defasagem do sistema punitivo é a nítida ideologia de tutela aos interesses individuais-patrimoniais, fruto do pensamento forjado no modelo de Estado Liberal.

Direito Penal no Estado Democrático de Direito
Perspectivas (re)legitimadoras

Os reflexos dos valores liberais em nosso Código Penal são marcantes, como se poderá apontar. E a disparidade de valores tutelados pela legislação penal vigente é estarrecedora, indubitavelmente comprometedora dos fundamentos e anseios do Estado Democrático de Direito.

Verifica-se, inicialmente, que a proteção patrimonial, em nível extremamente desproporcional com outros bens jurídicos fundamentais, é a tônica de nosso Código Penal. Sem pretender esgotar a análise dos tipos penais vigentes, algumas situações são alarmantes.

Primeiro sintoma disso está na constatação de que, com o Código Penal de 1940, inseriram-se diversas formas de qualificadoras no furto (destruição ou rompimento de obstáculo à subtração da coisa; abuso de confiança, mediante fraude, escalada ou destreza; com emprego de chave falsa; mediante concurso de duas ou mais pessoas), além da figura do furto noturno e do furto de coisa comum, ocorrendo verdadeira inflação em torno deste delito. Mais recentemente, não bastasse, criou-se a figura do furto de veículo automotor que venha a ser transportado para outro Estado ou para o exterior (acréscimo conferido pela Lei nº 9.426, de 24.12.96).[167] Ressalte-se que as penas para o delito de furto qualificado, em qualquer de suas formas, são acentuadas, mais precisamente de 2 a 8 anos de reclusão e multa (§ 4º), e 3 a 8 anos de reclusão (§ 5º).

Essa distorção é acentuada por Mauricio Antonio Ribeiro Lopes, ao asseverar que:

> "Representando o Direito Penal, como já visto insistentemente, forte aparato de controle social em face dos mecanismos repressivos postos à sua disposição, inegável se torna a conclusão de que sobre ele se manifesta com intenso vigor, em todas as suas aptidões e manifestações concretas, a linha mestra da ideologia dominante pela sobreposição dos valores desta classe em detrimento dos demais valores. De nenhuma outra forma senão esta explicar-se-ia, no plano da legislação penal brasileira, a absurda inversão dos valores penais dos interesses patrimoniais em relação à integridade física, por exemplo. Na

---

[167] Relativamente ao § 5º do artigo 155, que contém idêntica descrição no inciso IV do § 2º do artigo 157, ambos do Código Penal, a falta de clareza é atroz, digladiando-se a doutrina e jurisprudência em convencionar se o veículo automotor, para a incidência do tipo penal, deve transpor os limites territoriais do Estado ou do País, ou se basta o elemento subjetivo (a intenção de levar o veículo para lá). Não suficiente, há alegação no sentido de que somente haveria violação a este tipo penal se o veículo automotor venha a ser *transportado* sobre outro veículo. Ver JESUS, Damásio Evangelista de. *Código Penal Anotado*, p. 506-7.

legislação brasileira, materializando a discussão, o furto (subtração sem violência à pessoa) de um rádio portátil, através de uma janela que foi quebrada, é tão severamente punido quanto uma agressão dolosa a alguém e que resulte à vítima a perda, por exemplo, do sentido da visão, ou seja, pena de reclusão de 2 a 8 anos. Outros exemplos são facilmente localizáveis, até mesmo pelo pesquisador mais desatento, no texto do Código Penal e das leis especiais."[168]

Não bastasse, os delitos contra o patrimônio privado, como qualquer das formas do furto qualificado, mantêm-se apenados com mais rigor (dois a oito anos e multa - § 4º do art. 155 do CP, ou 3 a 8 anos de reclusão - § 5º do art. 155 do CP) ante delitos de extrema lesividade social, a exemplo daqueles contra a ordem tributária, onde a pena oscila entre 2 (dois) a 5 (cinco) anos de reclusão e multa (Art. 1º da Lei nº 8.137, de 27.12.90). Aqui, então, pode-se chegar à situação fática onde o empresário, já detentor de um capital extremamente substancioso, morador da cobertura mais fulgurante do bairro nobre de sua cidade, que desfila em seu flamante e reluzente automóvel importado, com invioláveis sistemas de segurança, ao sonegar a quantia de, por exemplo, dois milhões de reais em tributos estaduais e federais, já repassados ao consumidor em razão da tributação indireta exercida, ser agraciado com uma pena igual ou inferior àquele cidadão que, pai de dois filhos de tenra idade, desempregado, com a esposa doente, ouse romper (não destruir) o vidro da janela da mansão de praia do aludido empresário, para de lá furtar uma caixa contendo vasilhames de leite tipo *b*, bem como uma blusa para sua senhora e um rádio-relógio, objetos que ultrapassem o valor de um salário-mínimo.[169] Portanto, estabelece-se um tratamento jurídico-penal mais severo quando tutelado o patrimônio privado, em detrimento de condutas que são de extrema lesividade social. Imagina-se que o emprego (efetivo) de R$ 2.000.000,00 (dois milhões de reais) em programas sociais, indiscutivelmente, contribui para o implemento

---

[168] LOPES, Mauricio Antonio Ribeiro. *Op. cit.*, p. 194.

[169] Consciente do vezo dogmático-tradicional, que nada tem contribuído para o Direito Penal que se pretende ver inserido no modelo de Estado Democrático e Social de Direito, imperioso ressaltar aquilo que os manuais pátrios têm-se resumido, ou seja, um catálogo de jurisprudência e reproduções teóricas. Consciente, pois, refira-se que a jurisprudência tem se dividido entre posições que admitem e que inadatem o reconhecimento da incidência do furto privilegiado (art. 155, § 2º, CP) às formas qualificadas (§ 4º e § 5º). Neste sentido, JESUS, Damásio Evangelista de. *Op. cit.*, p. 155.

dos valores constitucionais que traduzem a necessidade de dignidade da pessoa humana, erradicação da pobreza e marginalização, a redução de desigualdades sociais e regionais, o fomento de empregos dignos, saúde e educação à população, etc. Há, efetivamente, apenas se apanhado o presente caso, uma dessintonia entre os valores necessariamente tutelados pelo Direito Penal em um Estado Democrático e Social de Direito e o modelo penalístico instalado.

A mesma distorção é verificada entre o delito de furto qualificado (em todas as suas formas), quando comparada a tutela estabelecida relativamente a todos os crimes contra a ordem econômica e as relações de consumo (Lei nº 8.137, de 27.12.90, artigos 4º a 7º), onde a pena pode oscilar, dependendo da conduta, entre 1 (um) a 4 (quatro) anos de detenção ou multa, 2 (dois) a 5 (cinco) anos de reclusão ou multa, ou, ainda, 2 (dois) a 5 (cinco) anos de detenção ou multa. Primeiramente, além de ser em quantidade inferior, observa-se que, no delito de furto, a pena privativa da liberdade de reclusão (2 a 8 anos) é cumulada com a pena de multa, enquanto que nos crimes contra a ordem econômica e as relações de consumo, a mesma pena privativa da liberdade é alternativa com relação à pena de multa.

Para situar a desigualdade de tratamento que tal situação proporciona, exemplificativamente, pode-se chegar à situação em que uma empresa de grande porte promova ajuste ou acordo com outra empresa, com vistas ao domínio de mercado de determinado produto básico para a população, implementando política de preços abusivos em razão do monopólio exercido no setor. As pessoas físicas responsáveis por esta conduta, de extrema danosidade social, atingindo interesses de todas as camadas da população e, certamente, prejudicando grande parcela de cidadãos com baixas condições econômicas, poderão ser apenadas, no máximo, com uma sanção penal de 2 (dois) a 5 (cinco) anos de reclusão, *ou* multa (art. 4º, inc. I, *a*, e inc. III, da Lei nº 8.137/90). Já o cidadão que vive da atividade informal, camelô do centro de uma grande cidade, vendedor de agulhas para limpar fogão, que praticar furto, com emprego de chave falsa, de uma bicicleta velha para seu filho com tenra idade, sofrerá uma sanção penal de 2 (dois) a 8 (oito) anos de reclusão, *além* da multa que deverá pagar.

À exceção do delito previsto no art. 4º da Lei nº 7.492/86, todos os demais tipos penais estabelecidos na Lei que define os crimes contra o sistema financeiro nacional possuem pena igual ou inferior àquela prevista para o crime de furto qualificado. A desproporção é evidente, na medida em que aqueles delitos, em essência, são danosos à coletividade, enquanto o crime de furto atinge, exclusivamente, o interesse particular.

Ainda relativamente ao delito de furto, a pena apresenta-se em dobro, em relação ao delito na forma simples, quando ocorre mediante a participação de apenas mais uma pessoa (concurso de duas ou mais pessoas - art. 155, § 4º, IV), enquanto nenhuma previsão similar é verificada quando qualquer dos crimes contra a ordem tributária ou econômica e as relações de consumo é perpetrado em concurso de pessoas, o que comumente ocorre.

A mesma desproporção valorativa pode ser referida com relação ao delito de receptação, previsto no art. 180, § 1º, do Código Penal, na conduta daquele que exerce atividade comercial ou industrial e, por exemplo, receber ou transportar coisa (qualquer objeto) que *deve saber* ser produto de crime, quando a sanção penal é de 3 (três) a 8 (oito) anos de reclusão e multa, enquanto o sonegador terá uma pena máxima de 2 (dois) a 5 (cinco) anos de reclusão e multa. Ambos exercem atividades comerciais ou industriais. A propriedade privada, entretanto, é tutelada em proporções intensamente mais gravosas ante condutas de extrema lesividade social, que afrontam (estas) os valores ínsitos ao Estado Democrático de Direito.

O particular que pratica delito de extorsão (art. 158 do CP - reclusão de 4 a 10 anos, e multa) está sujeito a pena superior àquela prevista para o funcionário público que pratica concussão (art. 316 do CP - reclusão de 2 a 8 anos, e multa) ou excesso de exação (art. 316, § 1º - reclusão de 3 a 8 anos, e multa). O furto qualificado é punido com sanção maior (reclusão de 2 a 8 anos, e multa) relativamente à pena da corrupção passiva (reclusão de 1 a 8 anos, e multa).

A desigualdade substancial estabelece-se, inclusive, no tocante ao furto qualificado e o estelionato, em que pese a maior potencialidade lesiva, normalmente, ser conseqüência deste delito. O furto qualificado possui sua pena mínima de 2 (dois) anos, enquanto o estelionato, em sua forma qualificada, situa-se em um ano e quatro meses. Interessante notar, ainda, que o reconhecimento do privilégio no furto depende do pequeno valor da coisa (art. 155, § 2º, do CP). Diferentemente, no estelionato perquire-se o *valor do prejuízo* (art. 171, § 1º). Desta forma, percebe-se que o tratamento dado ao estelionato é muito mais benigno. Sim, pois aqui não importa a extensão do golpe. É relevante apenas o resultado. No furto, ao contrário, é o valor da coisa em si o bastante para descaracterizar o privilégio. Ainda nesta linha de observação, interessante notar que, para o reconhecimento do homicídio privilegiado (art. 121, § 1º, CP), não se faz necessária a primariedade, enquanto para o furto privilegiado e o estelionato, exige-se que o criminoso seja primário.

No delito de furto simples, a sanção penal (reclusão de 1 a 4 anos, e multa), equipara-se a diversas condutas delituosas relativas ao meio ambiente. Exemplificativamente, se uma empresa poluir significativamente a natureza, de molde a provocar a mortandade de animais ou a destruição significativa da flora (art. 54 da Lei nº 9.605/98), receberá uma sanção igual àquela prevista para o aludido furto. É, também, idêntica à conduta de "disseminar doença ou praga ou espécie que possam causar dano à agricultura, à pecuária, à fauna, à flora ou aos ecossistemas" (art. 61 da citada Lei). Por vezes, o mesmo furto simples é sancionado com mais severidade (ex.: artigos 29, 30, 31, 32, 33, 34, 38, 39, 42, 44, 45, 46, 48, 49, 50, 51, 52, 55 e 60 da Lei nº 9.605/98). O furto qualificado, em todas as suas formas, possui sanção penal extremamente mais acentuada que todos os crimes contra o meio ambiente. Faticamente, aquele cidadão que, ao empregar uma escada (escalada) e furtar um par de tênis importado da mansão suntuosa de qualquer bairro burguês, sofrerá uma sanção entre 2 (dois) e 8 (oito) anos de reclusão, além da multa, enquanto aquele poderoso empresário que "causar poluição atmosférica que provoque a retirada, ainda que momentânea, dos habitantes das áreas afetadas, ou que causar danos diretos à saúde da população, produzindo, inclusive, lesão corporal de natureza grave a alguém", sofrerá uma pena máxima, então, de 1 (um) ano e 6 (seis) meses a 7 (sete) anos e 6 (seis) meses de reclusão, e multa (art. 54, § 2º, inc. II, c/c art. 58, inc. II, da Lei nº 9.605/98).

Ora, há, aqui, mais uma assombrosa demonstração da disparidade valorativa vigente em nosso Direito Penal, onde o legislador mantém a legislação repressiva desintegrada do desiderato do Estado Democrático de Direito.

Salvo no que diz com a insuscetibilidade de fiança, graça ou anistia, a sanção penal é menos intensa no delito de tortura (art. 1º, incs. I e II, da Lei nº 9.455/97 - reclusão, de 2 a 8 anos) quanto no delito de furto qualificado (art. 155, § 4º - reclusão, de 2 a 8 anos, e multa), e menos acentuada se comparada com o delito de furto qualificado previsto no § 5º (reclusão, de 3 a 8 anos).

A hierarquia axiológica, mais uma vez, resulta desequilibrada, pendendo para a proteção do patrimônio privado em detrimento dos lídimos interesses sociais quando confrontados os delitos patrimoniais do Código Penal ante os crimes praticados por Prefeitos e Vereadores (Decreto-Lei nº 201/67). O indivíduo que furtar, mediante o uso de chave falsa, uma bolsa dentre as mais de vinte existentes na residência de uma senhora (com valor superior a *um salário-mínimo*), receberá uma pena entre 2 a 8 anos de reclusão, e multa (art. 155, § 4º, inc. III, CP), enquanto o Prefeito Municipal que desviar, em proveito próprio ou alheio, um montante, exemplificativamente, de R$ 600.000,00 de uma Prefeitura, incidindo nos incisos I ou II do Decreto-Lei nº 201/67, será apenado entre 2 a 12 anos de reclusão. Saliente-se que apenas as condutas previstas nos incisos I e II do aludido Decreto autorizam sanção desta proporção. Se praticar alguma das outras condutas típicas (incisos III a XV), produzindo vultoso prejuízo à comunidade por ele dirigida, será apenado com sanção de 3 meses a 3 anos de detenção. Qualquer remissão aos delitos patrimoniais, neste particular, por si só, dispensa maiores digreções acerca da desproporção entre a tutela do patrimônio particular e o erário. Aliás, nesta hipótese, tive a oportunidade de atuar em situação onde Prefeito Municipal, afrontando Lei Municipal que determinava a composição de comissão paritária (alunos, Prefeitura e Universidade) para avaliação da situação carencial de alunos pretendentes de bolsas de estudo, passou a distribuir, à revelia total da aludida Lei, auxílios a correligionários, todos com condições econômicas muito avantajadas (esposa de médico, filha de Secretário Municipal, etc.). A despeito da improbidade evidente, no âmbito criminal, sua conduta enquadra-se no incisos III e XV do Decreto-Lei nº 201/67, cuja sanção penal é de 3 meses a 3 anos de detenção. Contrariamente, em inúmeras ocasiões, vários cidadãos foram denunciados e processados em razão da prática de pequenos furtos, na maior parte qualificados (geralmente mediante o concurso de duas ou mais pessoas, mediante rompimento ou destruição de obstáculo à subtração do objeto, mediante escalada ou com o emprego de chave falsa), onde a pena privativa da liberdade, além da multa, é extremamente superior àquela. O mesmo se pode dizer com relação à prática do estelionato, onde a pena apresentada é de reclusão de 1 (um) a 5 (cinco) anos, além da multa. A desproporção entre a danosidade social da conduta do Prefeito e dos meliantes é evidente, mas não adequada em nível da legislação penal.

Direito Penal no Estado Democrático de Direito
Perspectivas (re)legitimadoras

Acrescente-se, ademais, a título exemplificativo, que a mantença de casa de prostituição (art. 229 do CP - pena - reclusão, de 2 a 5 anos, e multa) é conduta mais severamente apenada se comparada com os comportamentos criminosos do administrador público elencados nos incisos III a XV do Dec.-Lei nº 201/67. Aliás, a manutenção de casa destinada a encontros para fim libidinoso é punida de forma igualitária com relação aos crimes contra a ordem tributária. Assim, o empresário que sonegar valores essenciais para a implementação dos preceitos constitucionais de natureza social sofrerá sanção igual àquela pessoa que, como se vê nos jornais rotineiramente, mantém casas de prostitição.[170] Porém, com uma benesse para o empresário sonegador, que poderá, ao ser descoberto, antes do recebimento da denúncia, pagar o tributo e obter a extinção da punibilidade (art. 34 da Lei nº 9.249/95).

A emissão de cheque sem suficiente provisão de fundos em poder do sacado (art. 171, § 2º, inc. VI, do CP) proporciona uma sanção penal de 1 (um) a 5 (cinco) anos de reclusão, e multa, superior àquela do Prefeito Municipal que incorrer nas condutas tipificadas nos incisos III a XV do Dec.-Lei nº 201/67, o que se afigura extremamente desproporcional quando observada a extrema lesividade social da conduta do administrador público, em detrimento do dano (por vezes ínfimo) do emissor do cheque, em mais uma nítida demonstração da impregnação do modelo liberal-individualista em nosso Direito Penal, além de uma defasagem axiológica em relação ao Estado Democrático de Direito.

Não bastasse, a vida humana, bem jurídico de inigualável valia, é menosprezada quando avaliados alguns delitos de natureza valorativa menos relevante. Verificamos que o delito de extorsão mediante seqüestro com resultado morte (art. 159, § 3º, CP), delito patrimonial, é punido com uma sanção de 24 (vinte e quatro) a 30 (trinta) anos de reclusão, enquanto qualquer forma de homicídio qualificado possui apenamento de 12 (doze) a 30 (trinta) anos. O latrocínio (art. 157, § 3º, *in fine*), também delito de tutela predominantemente patrimonial, é apenado com 20 (vinte) a 30 (trinta) anos de reclusão, além da multa, em detrimento da sanção do homicídio qualificado. O crime de auxílio, induzimento ou instigação ao suicídio (art. 122 do CP), com resultado morte, possui pena equivalente entre 2 (dois) e 6 (seis) anos de reclusão, enquanto o furto qualificado é apenado com uma sanção entre 2 (dois) e 8 (oito) anos

---

[170] Não se quer, neste momento, avançar na abordagem em torno da descriminalização desta conduta, tendência majoritária na doutrina e jurisprudência.

de reclusão, além da multa (ou 3 a 8 anos de reclusão - § 5º do art. 155 do CP). A prática de aborto, com o consentimento da gestante (art. 126, *caput*, do CP - reclusão, de 1 a 4 anos), é apenada com menor rigor que a apropriação indébita (art. 168 do CP - pena - reclusão, de 1 a 4 anos, e multa). Os crimes de incêndio, explosão, inundação (artigos 250, 251 e 254 do CP), que podem configurar-se com o mero perigo ao patrimônio alheio, são apenados com reclusão, de 3 (três) a 6 (seis) anos, e multa, proporcionalmente muito superior às infrações penais de infanticídio, aborto consentido, lesões corporais de natureza grave, maus-tratos com resultado lesão corporal desta mesma natureza, à maioria dos crimes praticados por Prefeitos, aos delitos ambientais, aos delitos contra a ordem econômica e tributária, em especial.

A integridade corporal ou a saúde dos cidadãos é menos tutelada quando analisada comparativamente com a proteção patrimonial. Sintomática a relação que se pode estabelecer entre a produção de uma lesão corporal gravíssima, acarretando na vítima qualquer dos resultados elencados no art. 129, § 2º, incisos I (incapacidade permanente para o trabalho), II (enfermidade incurável), III (perda ou inutilização de membro, sentido ou função), IV (deformidade permanente) e V (aborto), com pena entre 2 (dois) e 8 (oito) anos de reclusão, e a prática do furto qualificado (art. 155, § 4º, incs. I a IV, do CP), onde, a essa sanção penal, acresce-se a multa, ou a pena passa para 3 (três) a 8 (oito) anos se a subtração for de veículo automotor que venha a ser transportado para outro Estado ou o exterior (§ 5º). A desproporção também se estabelece com relação à extorsão mediante seqüestro, quando a sanção é equivalente entre 8 (oito) a 15 (quinze) anos de reclusão. A lesão corporal de natureza grave (art. 129, § 1º, incisos I a IV, do CP - reclusão, de 1 a 5 anos) é apenada com menor severidade em relação a diversos delitos patrimoniais (furto qualificado, extorsão, extorsão mediante seqüestro, roubo, estelionato e receptação qualificada).

Neste mesmo diapasão, a prática de maus-tratos, com resultado lesão corporal de natureza grave na vítima (art. 136, § 1º, CP - pena - reclusão, de 1 a 4 anos), recebe reprimenda mais branda quando avaliados os mesmos delitos patrimoniais analisados no parágrafo anterior, acrescentando-se, aqui, a apropriação indébita. De fato, quando alguém apropriar-se indebitamente de três Códigos *comentados* do amigo, em valor que exceda, em tese, um salário-mínimo, sofrerá sanção penal superior (reclusão, de 1 a 4 anos, e multa) àquela aplicada à babá que abusar dos meios de correção e disciplina para com a criança de dois anos, determinando-lhe lesão grave (debilidade permanente de membro, sentido ou função, exemplificativamente).

Em absoluta dessintonia com os parâmetros a que se visa atingir por meio da tutela penal sob inspiração do Estado Democrático de Direito estão os crimes contra a família (Título VII do Código Penal). Veja-se, por exemplo, que o crime de bigamia (art. 235 do CP), de registro de nascimento inexistente (art. 241) e parto suposto, supressão ou alteração de direito inerente ao estado civil de recém-nascido (art. 242) são punidos com pena de reclusão, de 2 (dois) a 6 (seis) anos, sanção maior, por exemplo, que aquela prevista para os delitos ambientais, crimes contra a ordem tributária e econômica, que a maior parte dos crimes perpetrados por Prefeitos, que os crimes de aborto consentido, infanticídio, lesões corporais de natureza grave e maus-tratos com resultado lesão corporal de natureza grave.

O crime de lavagem de dinheiro (art. 1º da Lei nº 9.613/98) é apenado com reclusão, de 3 (três) a 10 (dez) anos, e multa, enquanto que o crime de adulteração ou remarcação do número de chassi ou qualquer sinal identificador de veículo automotor, de seu componente ou equipamento (art. 311 do CP), é apenado, na forma simples, com 3 (três) a 6 (seis) anos de reclusão, e multa, enquanto que, se a conduta for perpetrada por agente no exercício de função pública, haverá o acréscimo de 1/3, o que torna o seu mínimo superior àquela pena estabelecida para a *lavagem* de dinheiro.

Portanto, o Direito Penal brasileiro está completamente desvirtuado, em dessintonia com os valores constitucionais que conformam o Estado Democrático de Direito. Nossa sociedade é credora da concretização dos direitos sociais e objetivos da República. Em contrapartida, o sistema penalístico mascara, por meio de uma legislação desproporcional, desigual, criminalizadora de condutas lesivas ao interesse individual, por vezes de pouca danosidade, uma proteção inconstitucional da megadelinqüência, que atenta contra os valores inexoráveis preconizados na Constituição.

Uma revisão valorativa da tutela penal em nosso sistema afigura-se impreterível, a fim de poder-se olvidar a relegitimação do Direito Penal sob o contexto do Estado Democrático de Direito. Este redimensionamento passa pelo estabelecimento de uma tutela que lança mão da força inevitável do Direito Penal relativamente àquelas condutas efetivamente lesivas dos valores constitucionais, daquelas infrações penais que impedem a realização dos fundamentos de justiça social preconizados na Constituição. Inconcebível, sob este prisma, a persistência do desequilíbrio na proteção de bens jurídicos demonstrada, onde o patrimônio particular é valorado com igual ou, comumente, superior relevância em detrimento de condutas de nocividade social extremamente mais acentuada.

Essa revisão autoriza afirmar que a espada do Direito Penal deve ser mais intensa, por exemplo, naqueles delitos perpetrados por Prefeitos, quando se verifica que temos vigente um Decreto-Lei retrógrado, insuficiente, com sanções benevolentes e brandas quando comparadas com o atingimento dos valores constitucionais de importância indistinta. A eliminação dos favores concedidos aos sonegadores de tributos, notadamente a supressão da extinção da punibilidade prevista no art. 34 da Lei nº 9.249/95), na medida em que, sob os auspícios do Estado Democrático de Direito, são condutas que ofendem aqueles valores preconizados na Constituição e ainda não deferidos materialmente à maior parte dos cidadãos. Preconiza-se a punição acentuada para os delitos praticados contra o sistema financeiro nacional, *lavagem de dinheiro*, crimes ecológicos, sobremaneira, todos, à evidência, passíveis de identificação como macrocriminalidade.[171]

4.1. A convivência com a sonegação de tributos como sinal objetivo da desfuncionalidade substancial do modelo penalístico

Se a igualdade formal é uma das características do Direito Penal de cunho liberal-individualista-normativista, fenômeno que também serve para encobrir uma desigualdade substancial, no âmbito dos crimes contra a ordem tributária configurou o legislador, inserindo o artigo 34 na Lei nº 9.249/95, que estabelece a extinção da punibilidade dos crimes definidos na Lei nº 8.137/90 (delitos contra a ordem tributária), se o autor promover o pagamento do tributo ou contribuição social, inclusive acessórios, antes do recebimento da denúncia, lastimável privilegiamento das camadas de criminalidade que, efetivamente, são lesivas aos interesses sociais substanciais, àquela criminalidade que, em sua prática insidiosa, torna-se instrumento poderoso para a não-implementação dos valores inerentes ao Estado Democrático de Direito, enfim, perni-

---

[171] Sobre o conceito de macrocriminalidade, ver LIRA, Antiógenes Marques de. *Revista do Ministério Público do Rio Grande do Sul*, p. 80-91.

ciosa à concretização das aspirações constitucionais de cunho democrático e social.

A sonegação de tributos, indubitavelmente, afronta os objetivos do texto constitucional, retirando do Estado recursos que, se destinados à saúde, educação, saneamento, habitação, fomento ao emprego, etc., possibilitariam trilhar caminho almejado de redução da pobreza e das desigualdades sociais.[172] Lenio Luiz Streck, referindo-se a dados extraídos do Jornal Folha de São Paulo, edição de 07.06.99, p. 1-6, apresenta-nos dados estarrecedores acerca da prática da sonegação de tributos, assegurando:

> "Nesse sentido, o que dizer da remessa ilegal de divisas ao exterior combinada com sonegação de impostos propiciada pelas contas CC-5? Segundo levantamento da CPI dos Bancos, das 90 pessoas que mandaram mais de R$ 20 milhões ao exterior por meio de contas CC5, apenas 20 pagaram Imposto de Renda em 1998. As outras 70 se declaram isentas (sic) ou simplesmente não prestaram qualquer tipo de informação à Receita Federal. Três dessas pessoas, mesmo tendo remetido entre R$ 22 milhões e R$ 75 milhões, declararam-se isentas do

---

[172] Lenio Luiz Streck, citando reportagem de Elio Gaspari, intitulada *Santa Sonegação*, publicada no jornal *Zero Hora* de 20.06.99, p. 05, refere que "informes oficiais sinalizam que as 460 pessoas mais ricas do Brasil detêm, juntas, um patrimônio de 26,7 bilhões de dólares, mais que a soma dos PIBs de Uruguai, Paraguai e Bolívia. Ou 6% do PIB brasileiro. Selecionando-se os 50 mais ricos deste grupo, descobre-se que seus patrimônios somam 12 bilhões de dólares. Sabem quanto estes 50 ricos pagam de imposto de renda? Apenas 32, 5 milhões de dólares. Dados da Receita dão conta de que, enquanto a classe média paga 1 real de imposto para cada 10 reais de patrimônio, o clube dos 460 recolhe somente 1 real para cada 821. Outro dado: Os 460 contribuintes em questão respondem por apenas 0,25% do total arrecadado pela receita federal (Dados da Revista Veja, edição nº 1.365, de 9.11.94, pp. 106 e segs.). E então? O que dizer sobre isso? O que dizer sobre a descoberta feita no âmbito de uma CPI do Congresso Nacional de que a sonegação de impostos chega ao montante de 82 bilhões de dólares? Mais ainda - e sempre visando a resgatar a capacidade de indignação do cidadão e do operador do Direito - no ano passado, uma das maiores mineradoras do Brasil pagou apenas R$ 1 mil de ICMS; uma das maiores redes de supermercado de Minas Gerais (e do Brasil) pagou R$ 0 de ICMS, tudo feito de acordo com a lei..." Ressalta que não se pode conceber o conceito de violência de maneira metafísico-objetificante, conforme aceito pela doutrina tradicional (violência *stricto sensu*!). Amplia a concepção para inseri-la em um conceito de relação social, que abarca também "a violência simbólica, a violência reflexa, a violência social, a violência da omissão, a violência da exclusão social, e assim por diante..." STRECK, Lenio Luiz. As (novas) penas alternativas à luz da principiologia do Estado Democrático de Direito e do Controle de Constitucionalidade. In: *A Sociedade, a Violência e o Direito Penal*, p. 129-30.

pagamento de IR - para isso, deveriam ter rendimento mensal inferior a R$ 900,00!!! Esse grupo de 90 pessoas com remessas superiores a R$ 20 milhões foi responsável por 58% dos 7,5 bilhões enviados para outros países entre 1992 e 1998 via CC-5. No total, a lista do Banco Central tem cerca de 1.500 nomes!"[173]

Alberto ZachariasToron, retratando o discurso moralizante de alguns sonegadores de tributos, ressalta que:

"no que concerne aos empresários, é curioso observar como há um discurso profundamente moralista quando se trata de condenar crimes praticados por outros e, nesse diapasão, notadamente, o dos menos favorecidos que, via de regra, furtam e roubam. Esta aparente integridade quanto ao respeito aos valores fundamentais da comunidade parece cessar quando se trata de sonegação fiscal ou crimes ligados à Previdência Social. Aqui parece ocorrer o fenômeno da associação diferencial ou da identificação diferencial, no qual, como visto, a difusão de condutas fraudulentas chega a ser norma dentro de determinadas atividades, substituindo os valores originais e apresentando práticas fraudadoras como necessárias, louváveis e, inclusive, justas. Por isso, não muito infreqüentemente, ouvem-se expressões de consolo e conforto em relação àquele que teve a desventura de ser apanhado pelas malhas da fiscalização e, posteriormente, levado às barras do tribunal. Afinal, poderia haver algo mais legítimo do que sonegar quando se julga que os impostos são exorbitantes e que, por outro lado, pagando-os não se pode fazer frente à concorrência? Isso para não falar nos casos onde se alega que o dinheiro arrecadado é destinado para setores ou atividades pouco legítimos."[174]

Para ter-se uma idéia desta prática, são alarmantes os dados obtidos junto ao Ministério Público do Estado do Rio Grande do Sul, Setor de Combate aos Crimes contra a Ordem Tributária, no sentido de que, segundo os autos de lançamento encaminhados para análise do Ministério Público com vistas à denúncia por sonegação fiscal, os valores apurados pela Secretaria da Fazenda do aludido Estado, em 1998, correspondem a R$ 158.575.226,35 (cento e cinqüenta e oito milhões, quinhentos e setenta e cinco mil, duzentos e vinte e seis reais e trinta e cinco centavos). Em 1999, apenas no

---

[173] STRECK, Lenio Luiz. *Op. cit.*, p. 130.
[174] TORON, Alberto Zacharias. *Op. cit.*, p. 82.

Direito Penal no Estado Democrático de Direito
Perspectivas (re)legitimadoras

primeiro semestre, representam R$ 266.417.862,50 (duzentos e sessenta e seis milhões, quatrocentos e dezessete mil, oitocentos e sessenta e dois reais e cinqüenta centavos). No ano de 2000, até o dia 7 de julho, valores equivalentes a R$ 99.303.372,08 (noventa e nove milhões, trezentos e três mil, trezentos e setenta e dois reais e oito centavos). O valor denunciado pelo Ministério Público, relativo à sonegação fiscal neste Estado, nos últimos sete anos, excluído o ano de 2000, equivale a R$ 656.826.641,49 (seiscentos e cinqüenta e seis milhões, oitocentos e vinte e seis mil, seiscentos e quarenta e um reais e quarenta e nove centavos). Estes dados, oficiais, são estarrecedores. Todos estes montantes foram sonegados à sociedade, em forma de educação, saúde, condições de trabalho, alimentação, em suma, melhores condições de vida digna para a população. Devem-se levar em consideração não apenas os valores absolutos, que, por si só, são estarrecedores, mas a conjugação com a precária qualidade de vida da grande maioria dos cidadãos, onde, sabidamente, a população está cada vez mais empobrecida, carente de condições de vida digna, vivendo do subemprego ou desempregada, sofrendo os reflexos da globalização cada vez mais. Ressalte-se, também, que os dados oficiais, certamente, são insignificantes quando a prática da sonegação é uma rotina. Imagine-se o montante sonegado que compõe a *cifra negra da criminalidade dourada em todo o país*, isto é, a faixa oculta da delinqüência contra a ordem tributária.

A despeito das observações já produzidas sobre a delinqüência do *colarinho branco* e a *cifra negra da criminalidade,* em passagem que se coaduna com o tema em evidência, Alessandro Baratta refere que se trata de um fenômeno característico do capitalismo avançado.

> "Sobre o vastíssimo alcance deste fenômeno influíram, de maneira particular, as conivências entre classe política e operadores econômicos privados, conivências que tiveram eficácia não só sobre causas do fenômeno, mas também sobre a medida muito escassa, em relação a outras formas de criminalidade, em que a criminalidade do colarinho branco, mesmo sendo abstratamente prevista pela lei penal, é de fato perseguida."[175]

A escassa medida pela qual essa criminalidade é perseguida ou escapa dos amargos efeitos do Direito Penal, em síntese, é decorrente:

> "de fatores que são ou de natureza social (o prestígio dos autores das infrações, o escasso efeito estigmatizante das sanções aplicadas, a ausência de um estereótipo que oriente as

---

[175] BARATTA, Alessandro. *Criminologia crítica e crítica do Direito Penal,* p. 101-2.

agências oficiais na perseguição das infrações, como existe, ao contrário, para as infrações típicas dos estratos mais favorecidos), ou de natureza jurídico-formal (a competência de comissões especiais, ao lado da competência de órgãos ordinários, para certas formas de infrações, em certas sociedades), ou, ainda, de natureza econômica (a possibilidade de recorrer a advogados de renomado prestígio, ou de exercer pressões sobre os denunciantes etc.)."[176]

Aliás, as estatísticas acerca da cifra negra da criminalidade são acentuadamente distorcidas, na medida em que a criminalidade do *colarinho branco* é representada de modo enormemente inferior à sua calculável *cifra negra*, distorcendo até as teorias da criminalidade nos grupos sociais. Essa defasagem estatística proporciona um conceito equivocado da criminalidade como fenômeno concentrado, principalmente, nos estratos sociais inferiores, pouco representada nas camadas superiores da sociedade, ou seja, uma criminalidade ligada a fatores sociais e pessoais com a pobreza. Essas conotações da criminalidade acarretam por orientar, sobremaneira, as ações dos órgãos oficiais, acelerando, deste modo, a seletividade do sistema penal. Por conseqüência desta noção equivocada da criminalidade, a estigmatização e o alarme social que são produzidos sobre a camada criminosa do *colarinho branco* é insignificante, contando, ainda, com os efeitos do prestígio social e do poder econômico que gozam seus autores. Há todo um estímulo oficial à noção da criminalidade clássica, afrontosa aos interesses individuais, que compõe de maneira acentuada as estatísticas oficiais, encobrindo um sentido desviante da realidade em torno dos níveis de criminalidade efetivamente violadora dos interesse sociais e valores constitucionais. Cite-se, por exemplo, a edição de Plano Nacional de Combate à Violência, com anúncio de investimentos vultosos para tentar combater a criminalidade. Como medidas sugeridas, estão a iluminação pública em locais mais carentes, o aumento do policiamento ostensivo, etc.[177]

Para os delitos contra a ordem tributária, o benefício da extinção da punibilidade pelo pagamento é concedido, enquanto,

---

[176] BARATTA, Alessandro. *Op. cit.*, p. 102.

[177] Sob uma cortina de fumaça, encobre-se o fato de que a criminalidade do *colarinho branco* pratica as ações delituosas com ou sem iluminação, mas normalmente com muito boa "iluminação". Que o policiamento ostensivo, além de reprimir efetivamente as camadas socialmente menos privilegiadas, também serve de proteção àqueles que detêm o capital e, ao mesmo tempo, não são atingidos pelas formas de criminalização primária e secundária.

aos demais delitos contra o patrimônio privado, o mesmo benefício não se estende. Esta anomalia discriminatória, por incrível que pareça, é uma insistência antiga do legislador. Não é demais lembrar que a Lei nº 4.729, de 14.07.65, a primeira legislação especial a instituir o delito de *sonegação fiscal* em nosso país, em seu artigo 2º, já previa a possibilidade de extinção da punibilidade pelo pagamento do tributo sonegado, desde que o pagamento houvesse ocorrido antes do início da ação fiscal própria, na esfera administrativa. Com a edição da Lei nº 8.137, de 27.12.90, que está em vigor e passou a disciplinar todos os crimes contra a ordem tributária, o beneplácito foi instituído por meio do artigo 14, a despeito das tênues sanções penais estabelecidas para estas condutas delitivas, porém, desde que o pagamento do tributo e seus acessórios ocorresse antes do recebimento da denúncia. Logo a seguir, por meio do artigo 98 da Lei nº 8.383, de 30.12.91, dito artigo foi revogado, extirpando a complacência. Na calada da noite, no dia 25.12.1995, em uma legislação relativa ao Imposto de Renda das Pessoas Jurídicas (Lei nº 9.249/95), quase de forma despercebida pela maioria dos juristas, foi restabelecida a extinção da punibilidade de todos os crimes previstos na Lei nº 8.137/90, mediante o pagamento do tributo ou contribuição social sonegados, inclusive acessórios, antes do recebimento da denúncia. A partir daí, debate-se acerca da possibilidade, ou não, de que o mero parcelamento da dívida tributária, decorrente de sonegação, elida a ação penal, o que tem inviabilizado inúmeros processos criminais desta natureza. Nova carga veio à tona com o Projeto de Lei nº 23/2000, com origem no Senado, resultando na Lei nº 9.983, de 14.07.2000, especificamente relativo às contribuições previdenciárias, onde causa extintiva da punibilidade foi aprovada pelo Congresso Nacional, sendo vetada pelo Presidente da República, o que será motivo de análise específica.

A partir da possibilidade de extinção da punibilidade pelo pagamento do tributo sonegado antes do recebimento da denúncia, proporciona-se a esta camada da macrocriminalidade, em essência, um estímulo à delinqüência, na medida em que é, para seus agentes, preferível arriscar e contar com a ineficiência das estruturas de persecução, sonegando e enriquecendo ilicitamente até o dia em que forem, porventura, descobertos, podendo, daí, gozar das benesses desta legislação. Mais ainda. O benefício é concedido indiscriminadamente, não somente àquele que sonegar apenas pela vez primeira, mas também ao contumaz sonegador. Pode-se repetir a prática delitiva ilimitadamente, bastando o pagamento do tributo se o crime for descoberto, inclusive até o *recebimento* da denúncia. A reincidência, pois, não impede o beneplácito. O risco de ser descoberto é mínimo, o lucro ilícito e a impunidade, com o pagamento, certa. Falsidades engendradas em prejuízo de particulares e, por isso mesmo, bem menos graves do que aquelas que atingem a receita tributária, não têm sua punibilidade extinta por qualquer forma de reparação de dano, incidindo, inclusive, a agravante da reincidência. Quando muito, seus autores, nesta hipótese, beneficiam-se da regra do artigo 16 do Código Penal, obtendo apenas a redução da pena.

Por incrível que pareça, a extinção da punibilidade conferida ao sonegador que pagar o tributo devido antes do recebimento da denúncia não se estende aos demais autores de delitos contra o patrimônio particular, sem violência real ou grave ameaça, tais como furto, receptação, apropriação indébita, estelionato, dano, etc. Conforme salientado, no máximo, estes infratores podem receber a benesse da redução da pena.

Mas a benevolência com a criminalidade *dourada*, referentemente à conduta específica dos delitos contra a ordem tributária, não se esgota no beneplácito do artigo 34 já mencionado. Verifica-se interessante previsão discriminatória, que se configura em mais um benefício, não casual, conferido pelo legislador[178] a tais delinqüen-

---

[178] No plano ético, interessante discussão acerca da prática política e do serviço público está estabelecida na obra *Ética: Pessoa e Sociedade*. In: Documentos da CNBB, p. 60-1. "A recuperação da política passa pela formação e pela moralização dos políticos. Se existe, hoje, um descrédito da atividade política e da administração pública em todos os níveis (federal, estadual e municipal), é que há maus políticos. Eles são os maiores responsáveis pelas imoralidades que acabam por desmoralizar a política. Importa, pois, encorajar os políticos bem intencionados para que atuem como fermento de uma nova prática política. Que sejam verdadeiros homens de Estado, compenetrados de sua alta vocação ética, magnânimos e não omissos ou coniventes com os negociantes do poder, enredados em jogadas pessoais e mesquinhas. Recuperar a lei como instrumento de justiça. Existe, no Brasil, a mentalidade de que a lei se aplica aos inimigos e o benefício aos amigos. Os pobres e pequenos são condenados; os ricos e poderosos gozam, na prática, de impunidade. Há uma constatação de que o legal freqüentemente não coincide com o legítimo. A floresta de leis não resolve os problemas essenciais. Para questões mais graves nota-se um vazio legislativo, deixado ao capricho dos mais fortes, como, por exemplo, a demora da aprovação de leis complementares. É também exigência ética uma atuação menos morosa e mais eficaz do Poder Judiciário, de modo que não deixe impunes os grandes crimes e procure efetivamente defender os direitos dos mais fracos. O processo político democrático administra o 'negócio' de todo o povo e não os negócios privados, segundo o viés patrimonialista do Estado brasileiro. Enquanto a força do poder econômico determinar a política, através do financiamento de campanhas, *lobbies* relações privilegiadas, poder de barganha de grupos junto ao governo, etc., a política será fonte de corrupção, injustiça e instabilidade social."

Direito Penal no Estado Democrático de Direito
Perspectivas (re)legitimadoras

tes. Isto ocorre quando verificado que o crime de *lavagem* ou ocultação de bens, direitos e valores (art. 1º da Lei nº 9.613/98) não contém, dentre aquelas hipóteses taxativamente elencadas, a prática da ocultação ou dissimulação da natureza, origem, localização, disposição, movimentação ou propriedade de bens, direitos ou valores provenientes, direta ou indiretamente, dos crimes contra a ordem tributária. Isso proporciona a hipótese fática de que um grande sonegador, que se apropriar de vultosa quantia de dinheiro decorrente do não-repasse dos tributos devidos ao erário (o ônus já foi repassado à população por meio da tributação indireta), ao praticar a *lavagem* deste dinheiro, ou ao enviá-lo ao exterior, ocultando-o em algum paraíso fiscal, não será abrangido pela tutela penal da Lei nº 9.613/98. *A contrario sensu*, os recursos advindos do delito de extorsão mediante seqüestro e de crimes praticados contra o sistema financeiro nacional, em qualquer quantia, são por ela abrangidos.

O beneplácito do legislador não pára por aí, relativamente ao sonegador de tributos. A instituição da Lei nº 9.714/98, em 25.11.98, conhecida como a *Lei das penas alternativas*, ao permitir a substituição das penas privativas da liberdade não superiores a 4 (quatro) anos, desde que o crime não seja cometido com violência ou grave ameaça à pessoa, ampara com freqüência qualquer sonegador, na medida em que a sanção, em concreto, apenas excepcionalmente é elevada do mínimo (sanção entre 2 e 5 anos de reclusão, e multa). Aliás, sobre a aludida Lei serão tecidas considerações a seguir.

Não bastasse, verifica-se que a persecução a delitos atentatórios à ordem tributária é extremamente dificultada, na medida em que a Lei nº 9.430, de 27 de dezembro de 1996, em seu artigo 83, criou a figura da representação fiscal para fins penais, relativa aos crimes contra a ordem tributária definidos nos artigos 1º e 2º da Lei nº 8.137/90, impondo que a representação por ela criada somente será encaminhada, pelo fisco, ao Ministério Público, após decisão final, na esfera administrativa, sobre a exigência fiscal do crédito tributário correspondente. Em suma, estabelece que é impedida, por parte do fisco, a remessa de qualquer notícia acerca da sonegação ao Ministério Público, antes do esgotamento do processo administrativo-fiscal. A ação penal por crimes contra a ordem tributária passaria a ser condicionada à representação da autoridade administrativa, a qual, todavia, somente poderia ser encaminhada ao Ministério Público depois da decisão final do procedimento administrativo relativo ao fato em tese criminoso. Ora, aqui está explícita pretensão de ocultar o fato e proteger o delinqüente, e até de menosprezar a autonomia investigatória do Ministério Público, em nítida postura impeditiva do exercício da ação penal quando presentes elementos evidentes de crime tributário. Em vista disso, no caso do Rio Grande do Sul, os dados são obtidos pelo Ministério Público em razão de Protocolo de Cooperação Técnica nº 1641-09.00-97.0, assinado com o governo do Estado, que permite o acesso aos dados encontrados em tramitação no fisco. Ademais, saliente-se que o Supremo Tribunal Federal concedeu liminar, em Ação Direta de Inconstitucionalidade promovida pelo Procurador-Geral da República, em razão de representação para tanto efetuada por diversos Procuradores da República, suspendendo os efeitos do artigo 83 da Lei nº 9.430/96.[179]

Por derradeiro, ressalte-se que, no Estado do Rio Grande do Sul, relativamente às condenações em definitivo, somente um apenado cumpre pena privativa da liberdade em razão dos delitos atentatórios à ordem tributária, conforme levantamento efetuado junto à Superintendência dos Serviços Penitenciários - SUSEP em 13.04.2000, enquanto a maior parte dos apenados refere-se à prática de delitos contra o patrimônio individual. Mais precisamente, 406 (quatrocentos e seis) apenados em razão da prática do delito de furto e 1.695 (um mil, seiscentos e noventa e cinco) apenados pela prática do delito de roubo.[180]

Alessandro Baratta ressalta que uma das funções simbólicas da pena, a punição de comportamentos desviados dos padrões sociais, serve para cobrir um número mais amplo de comportamentos ilegais, que permanecem imunes ao processo de criminalização. Sob este enfoque, ressalta que a aplicação seletiva do Direito Penal tem como efeito colateral "a cobertura ideológica desta mesma seletividade".[181] Aliás, sob o modelo liberal-individualista-normativista, não somente a pena, mas também o Direito Penal exerce uma função simbólica desviante de suas legítimas inspirações. Neste contexto, o crime é uma ameaça à integridade e à estabilidade social e, em nome da manutenção do sistema, entendido este pela estrutura capitalista-burguesa, o delinqüente deve sofrer uma sanção. A resposta estatal é firmada por meio da criminalização cada vez mais

---

[179] Liminar concedida na Ação Direta de Inconstitucionalidade nº 1571-7, deferida em 20.03.97. Acórdão na íntegra publicado em Revista Trimestral de Jurisprudência nº 167, p. 52-63.

[180] Dados da SUSEPE até o dia 13.4.2000.

[181] BARATTA, Alessandro. *Op. cit.*, p. 166.

acentuada de condutas que possam violar este sistema, na medida em que a sociedade se dinamiza e produz em escala geométrica condutas desviantes do sistema, formando-se a cultura da emergência, fenômeno, aliás, vivido intensamente em nosso país, sem que se verifiquem, entretanto, os efeitos preconizados. Isso produz o efeito circular, na medida em que a ineficiência do método conduz à aceleração do próprio modelo. A cada índice de criminalidade modifica-se a legislação, criando tipos, comutando penas, acentuando sanções para os delitos clássicos, que possam afrontar o patrimônio individual ou perturbar os detentores do poder econômico. Ao mesmo tempo, proporciona-se o descrédito dos aparelhos estatais incumbidos da aplicação da tutela penal que, por ineficiência, ideologia dogmático-positivista ou falta de condições materiais, ou mal aplicam a legislação, ou não a aplicam, ou, quando aplicam-na apresenta-se ineficaz diante do problema que, verdadeiramente, não se *revelou*.

O Direito Penal e as penas são empregados, assim, apenas com função simbólica e, desta forma, aparecem como fenômeno revelador da crise do Direito Penal e de uma política criminal orientada para as conseqüências. Cumprem, com isso, uma função de engodo social, minando a confiança da população na administração da justiça e no desiderato do próprio Direito Penal. Quando a função simbólica tende a prevalecer sobre as funções instrumentais, a *hemorragia legislativo-penal* oculta o déficit de tutela real de bens jurídicos efetivamente relevantes. Este déficit é compensado pela criação, no público e varejo, de uma ilusão de segurança com a edição de novas leis, com o acentuar das penas, com a edição de *Planos Nacionais de Combate à Violência*, com a instalação (e uma máquina político-econômica em função do *lobby* contra a sua instalação) de CPIs, com o incremento do efetivo policial, etc. Enquanto isso, o ordenamento e as instituições vão sendo corroídas por ausência de uma base real que deveria inspirar-se no combate àquelas condutas afrontosas aos valores constitucionais instituídos no seio de um Estado Democrático de Direito. Toma-se a mídia com fatos alarmantes e legisla-se com a *Lei da mordaça*. No dizer de Winfried Hassemer,

> "Uma última questão a respeito da adequação da resposta do Direito Penal moderno: há uma tendência do legislador em termos de política criminal moderna em utilizar uma função simbólica, em adotar um Direito Penal simbólico. Quero dizer com isso, que os peritos nessas questões sabem que os instru-

mentos utilizados não são aptos para lutar efetivamente e eficientemente contra a criminalidade real. Isso quer dizer que os instrumentos utilizados pelo Direito Penal são ineptos para combater a realidade criminal. Por exemplo: aumentar as penas, não tem nenhum sentido empiricamente. O legislador - que sabe que a política adotada é ineficaz - faz de conta que está inquieto, preocupado e que reage imediatamente ao grande problema da criminalidade. É a isso que eu chamo de reação simbólica que, em razão de sua ineficácia, com o tempo a população percebe que se trata de uma política desonesta, de uma reação puramente simbólica, que acaba se refletindo no próprio Direito Penal como meio de controle social."[182]

Para Odone Sanguiné, a legislação penal simbólica se choca com o princípio da efetividade do Direito Penal, que é requisito da legitimidade da pena, pois tal modelo de legislação é um paradigma da ineficácia. As vítimas de uma legislação penal simbólica ineficaz não são casualmente selecionadas do

> "montão dos transgressores, mas emergem, segundo observações constantes, do processo - neste caso desumano - de seleção com conotações sociais bem precisas: o show de energia estatal, de fato, atinge somente os outsiders, indivíduos isolados desprovidos de *status* social... um show de energia estatal que, porém, não toca algum interesse socialmente forte... A lei simbólica, portanto, é expressiva, representa um gesto feito para exaltar os valores de um grupo social e desacreditar os valores de um outro grupo, uma vez que sempre os símbolos têm a função de fazer reconhecer os amigos dos inimigos. Por isso, o núcleo estrutural da legislação simbólica consiste numa duplicidade de comunicações contextuais e sobrepostas: os destinatários da norma (há duas mensagens, uma manifesta e outra latente)... Por conseguinte, resulta que para certas classes e pessoas a pena somente atua com sua função simbólica, mas em sua aplicação prática, como conseqüência do processo de seleção, vem incidindo sempre contra os mais desfavorecidos da sociedade."[183]

E a assertiva apresenta-se perfeitamente adequada à realidade brasileira, onde, conforme já verificado, as sanções penais impostas a delitos de interesse eminentemente individual, como o patrimô-

---

[182] HASSEMER, Winfried. *Op. cit.*, p. 86.
[183] SANGUINÉ, Odone. *Op. cit.*, p. 123-4.

nio, são acentuadas e desproporcionais em relação a crimes de intensa lesividade social, que afrontam o desiderato de implementação substancial do Estado Democrático de Direito. Acena-se com uma punição exemplar para delinqüentes da criminalidade clássica, que afrontam bens jurídicos oriundos do modelo liberal estatal, enquanto as benesses do sistema são reservadas aos criminosos *do colarinho branco*, à macrocriminalidade.[184]

Esta criminalidade do *colarinho branco*, que se confunde com a macrocriminalidade, abarca as condutas delituosas perpetradas em detrimento da ordem tributária, fazendo parte daquilo que Jorge de Figueiredo Dias identifica por "direito penal administrativo, direito penal secundário ou direito penal extravagante", pois contido em leis avulsas não integradas nos códigos penais, em contrapartida à criminalidade figurante "do direito penal de justiça, direito penal clássico ou direito penal primário", correspondente àquelas infrações penais contidas nos Códigos Penais. Esta diferenciação, que, à primeira vista, afigura-se meramente formal, contém, em sua essencialidade, substancial importância quando relacionada com a ordenação axiológica constitucional. Enquanto os crimes do direito penal clássico (de justiça - primário) relacionam-se, em última

---

[184] "Neste tipo de criminalidade, a violência cede lugar à inteligência e à astúcia. Os agentes, quando pessoas físicas, são bem nascidas ou com elevado índice de escolaridade e privilegiada condição social ou econômica. Já os crimes são altamente complexos e tecnicamente bem engendrados, estes autores são, normalmente, primários, de bons antecedentes e com prestígio social e político... Outra circunstância que merece destaque nesse tipo de criminalidade é o elemento subjetivo que envolve estes delinqüentes; eles parecem não possuir consciência de estarem praticando algum tipo de delito; usando uma concepção esboçada por Luiz Carlos Rodrigues Duarte, diríamos que para eles inexiste 'culpa moral', embora possa haver 'culpa jurídica', eles crêem e agem como se nada de imoral, ilegítimo ou ilegal estivessem fazendo, acreditam serem instrumentos do desenvolvimento social e melhores que o governo, dado que esse 'arrecada muito' e não apresenta ao povo os resultados sociais desejados, enquanto ele - o bem-sucedido empresário, além de gerar empregos, mantém instituições de caridade, faz doações aos pobres, (...), etc." LIRA, Antiógenes Marques de. Op. cit., p. 83-4. Aliás, não é incomum o argumento defensivo no sentido da compensação, ou seja, a *culpa* pela *culpa*, isto é, de que adianta pagar tributos se o Estado é mau gestor, se o Estado é inadimplente, se há corrupção na administração pública. Enfim, justifica-se o mal pelo mal. Como se furtar de *ladrão* conferisse muitos anos de perdão. Em síntese, como se o mal produzido pelo incompetente governante, corrupto e desonesto, à sociedade, autorizasse ao sonegador, àquele que evade divisas, proporcionar idênticos malefícios sociais, sonegando tributos, desviando polpudas quantias de dinheiro para o exterior. Aliás, não raras são as ponderações nesse sentido encontradas em sentenças absolutórias relativamente à sonegação fiscal. O raciocínio, pois, é lastimável.

análise, direta ou indiretamente com a ordenação jurídico-constitucional relativa aos direitos, liberdades e garantias das pessoas, o direito penal extravagante (administrativo - secundário), cujos exemplos encontram-se sobretudo no direito penal econômico (da empresa, do mercado de trabalho, da segurança social...), financeiro, fiscal, aduaneiro, etc., relaciona-se essencialmente com a ordenação jurídico-constitucional afeita aos direitos sociais e à organização econômica. Por conseguinte, apresentam-se duas zonas distintas da atividade tutelar do Estado. Uma, a do direito penal clássico, que visa a proteger a esfera de atuação especificamente pessoal, inobstante não necessariamente individual, do homem. "O homem como este homem". A outra, vinculada à esfera de atuação social, isto é, do "homem como membro da comunidade". A partir disso, plausível constatar a dinâmica dessas duas esferas interventivo-penais do Estado, que não permanecem estanques histórica e socialmente, uma vez que, com freqüência, bens jurídicos são erigidos à categoria de tutela penal, enquanto outros, dependendo das condições históricas e sociais, são desconsiderados penalmente, assim como bens jurídicos que compõem o direito penal extravagante-secundário passam a fazer parte do direito penal primário-clássico, o que ocorre, em regra, quando "uma zona social de conflito" torna-se substituída progressivamente por "uma zona social de consenso". Explicitados esses conceitos, Dias prossegue, asseverando que:

> "no direito penal secundário o bem jurídico é um *posterius* e não um *prius*, um constituto e não um *constituens* relativamente à estrutura do ilícito e à matéria proibida. Exato é apenas que, nestas hipóteses (v.g., num crime fiscal ou tributário), a matéria proibida assume uma relevância sistemática muito maior do que em crimes definitivamente consolidados à escala planetária (como é o caso do homicídio); e que essa maior relevância não deve ser desatendida ou minimizada em sede de hermenêutica e de aplicação do direito."[185]

Portanto, em um Estado Democrático de Direito, não se pode conceber tamanha postura discriminatória no âmbito do Direito Penal, detectando-se neste aspecto um dos elementos primordiais para a falta de legitimidade do exercício estatal punitivo, na medida em que privilegia camadas sociais abastadas em detrimento da população desamparada.

---

[185] DIAS, Jorge de Figueiredo. *Op. cit.*, p. 67-9.

4.2. A Lei nº 9.714/98 - igualdade formal e desigualdade substancial: uma isonomia às avessas

O advento da Lei nº 9.714/98 produziu a inserção, na parte geral de nosso Código Penal, de modificações substanciais no tocante à fixação da pena privativa da liberdade. Em especial, modificou acentuadamente o artigo 44 do Código repressivo. Destaca-se o surgimento da possibilidade de substituição das penas privativas da liberdade por restritivas de direitos, quando a pena aplicada não for superior a 4 (quatro) anos, e o crime não for cometido com violência ou grave ameaça à pessoa, ou, qualquer que seja a pena aplicada, se o crime for culposo, havendo possibilidade de incidência da aludida substituição, inclusive, quando o condenado for reincidente (exceto reincidência específica), desde que o juiz identifique que a medida seja socialmente recomendável (incisos I e § 3º do art. 44 do CP).

O estabelecimento desta permissão legislativa, surgida em momento em que se alardeia o acréscimo desmedido da criminalidade e a insegurança social, aparentemente, vem de encontro ao movimento muito evidente da penalização simbólica, que produz *uma hemorragia legislativo-penal* em nosso país. Afirma-se, aparentemente, mas com um desiderato que pode ser nitidamente desvelado. A primeira face da alternativa agora conferida, quando a sanção penal privativa da liberdade atingir até 4 (quatro) anos, aparenta constituir-se em carta aberta, em cheque assinado em branco, ou seja, de aplicação indistinta, beneficiando, inclusive, aquelas camadas de delinqüentes que mais suprem as estatísticas criminais.

Porém, as inúmeras facetas que se apresentam nos revelam o verdadeiro *ser*, o conteúdo da exaltada legislação permissiva. Ora, na medida em que veda a substituição da pena privativa da liberdade por sanção restritiva de direitos aos condenados reincidentes específicos (condenados pela prática do mesmo crime), evidentemente, impede o benefício àquela camada de acusados que abarrotam os tribunais e as *penitenciárias*, ou seja, aqueles que praticam furtos, estelionatos, etc. É nesta faixa que a reincidência específica ocorre. *A contrario sensu, é extremamente incomum a configuração de reincidência dentre os sonegadores de tributos, os administradores públicos desonestos,* aqueles que promovem evasão de divisas ou *lavagem* de dinheiro, enfim, a criminalidade *dourada* ou do *colarinho branco*. Estes, sem qualquer exceção, serão sempre beneficiados. Para estes, que até poderão ser reincidentes não específicos, as portas da alternativa benéfica são abertas com a previsão de que, a critério do juiz, poderá a substituição ser implementada quando socialmente recomendável.[186]

A Lei nº 9.714/98, com sua abrangência plena, constitui-se em mais um sinal da desigualdade substancial estabelecida em nosso sistema penal, a pretexto de uma igualdade formal. Culminou por equiparar, formalmente, delinqüentes do *colarinho branco*, traficantes, em suma, a macrocriminalidade ou a criminalidade graduada, com o infrator que perpetra qualquer furto, qualquer estelionato, receptação, apropriação indébita, etc. Concretamente, haverá o mesmo tratamento penal para o sonegador de milhões de dólares, aquele que promover a *lavagem* de milhões de reais no exterior, aquele que proporcionar um dano de inestimável proporção ao meio ambiente, etc., e aquele que promover o furto do casaco de peles, empregando chave falsa para ingressar na *residência* da vítima. Este, com intensa probabilidade, será reincidente específico, e não poderá mais obter o benefício da substituição em uma segunda oportunidade, enquanto a mesma reincidência para a megacriminalidade é fenômeno extremamente raro, quando não inocorrente.

Com isso, configurou-se uma equiparação valorativa de bens jurídicos, afrontando os princípios da proporcionalidade e da fragmentariedade do Direito Penal. Produziu-se o tratamento igualitário de bens jurídicos díspares, *uma equiparação às avessas,* que ratifica sintoma já demonstrado da seletividade do modelo penal instalado sob a ideologia liberal-individualista. Reforça-se constatação no sentido de que o Direito Penal exerce uma função simbólica, onde, disfarçadamente, tutela a igualdade (iluminista), mas produz substancialmente desigualdade. No seio de um Estado Democrático de Direito avançou-se em relação aos modelos anteriores, o que exige do Direito Penal uma postura diversa. A crítica que se pode estabelecer, então, é no sentido de inadmitir essa equiparação quando verificamos que condutas como a dos Prefeitos corruptos e

---

[186] Estarrecedor, ainda, o fato de que a aludida legislação, ao inserir a mencionada alternativa permissiva, culminou por permitir a substituição da pena privativa da liberdade por pena restritiva de direitos aos traficantes, de qualquer natureza. Assim, e não há medida para lamentar tamanho fenômeno, temos inúmeros delinqüentes desta ordem cumprindo *prestação de serviços à comunidade,* pois a sanção penal, que para o delito do art. 12 da Lei nº 6.368/76 oscila entre 3 e 15 anos de reclusão, além de multa, não é aplicada, comumente, além do mínimo legal. Somente após muita insistência do Ministério Público, os Tribunais passaram a inadmitir a aludida substituição em crimes desta ordem.

Direito Penal no Estado Democrático de Direito
Perspectivas (re)legitimadoras

151

desonestos, sonegadores de tributos, aqueles que promovem *lavagem* de dinheiro, os traficantes, a criminalidade lesiva ao meio ambiente, etc., afrontam valores constitucionais inerentes ao Estado Democrático e Social de Direito e são benevolentemente igualadas à criminalidade individual, clássica, que possui lesividade individual, identificada e localizada.

Lenio Luiz Streck aduz que:

"Está na hora de o nosso legislador retirar a máscara! Historicamente tem feito leis para proteger os interesses das camadas que dominam as relações sociais. Desde o Código Criminal do Império, feito para perseguir escravos, até os Códigos que se seguiram: proclamada a República, já no ano seguinte tínhamos um novo código criminal. Afinal, uma nova clientela, saída da escravidão, devia ser reprimida... Iniciando a industrialização (segunda fase do processo de substituição de importações), surge um novo código penal, agora para atender uma nova clientela, sem esquecer a lei das contravenções penais, para calibrar o comportamento da sociedade (mendicância, jogo do bicho, vadiagem, perturbação do sossego público, etc.)... Quando a violência começa a colocar em xeque mais diretamente a segurança das elites, passa-se a editar leis mediante a técnica de políticas legislativas *ad hoc*, fruto do movimento da lei e da ordem.... Tais leis - e parece desnecessário lembrar - sempre foram dirigidas contra as camadas excluídas da sociedade. Na divisão dos tipos penais, basta ver como o legislador penal tem tratado os delitos contra a vida e integridade corporal e os delitos contra o patrimônio... E quando se trata de punir os delitos cometidos *exclusivamente* pelas camadas médio-superiores, cria-se uma série de favores legais, que vão desde a extinção da punibilidade pelo ressarcimento do prejuízo ao erário, até a discrepância que existe entre as penas desses delitos e a dos delitos cometidos pela patuléia."[187]

O legislador, ao promover a equiparação indistinta de bens jurídicos, tutelando de maneira eqüitativa condutas que afrontam interesses extremamente díspares, afrontou hierarquia de valores constitucionais, o que conduz à conclusão inevitável no sentido de que legislou de encontro aos princípios axiológicos dirigentes do Estado Democrático de Direito. Adotou critério do Estado Liberal,

---

[187] STRECK, Lenio Luiz. *Op. cit.*, p. 131.

consubstanciado na preconizada igualdade formal, para contemplar desigualdade substancial, concedendo benefícios a condutas criminosas de extrema danosidade, afrontosas dos valores maiores da Constituição, que lesam múltiplos bens sociais, que impedem a implementação dos objetivos da República insculpidos no texto constitucional, como a redução das desigualdades sociais, a erradicação da pobreza, etc. Arvorou-se o legislador, por exemplo no caso do delito de tráfico ilícito de entorpecentes, no direito de equiparar crime considerado constitucionalmente hediondo a outros que, além de não haver qualquer previsão constitucional explícita, não fragilizam estes valores constitucionais, como o furto, a apropriação indébita, etc. A afronta constitucional apresenta-se em dois sentidos. Primeiro, pois a tutela penal conferida a bens jurídicos de relevância constitucional e transindividual (sonegação, delitos do Dec.-Lei nº 201, *lavagem de dinheiro*, etc.) são tratados com benesses indevidas, equiparados a delitos que afrontam valores individuais e de significação social mínima. Segundo, por desconsiderar disposição constitucional expressa no sentido da reprimenda acentuada a delitos hediondos ou a eles equiparados, a exemplo do tráfico ilícito de entorpecentes. Streck acentua que:

> "Dito de outro modo, se o Estado estabeleceu que o crime de tráfico de entorpecentes deveria ser alçado à categoria de hediondo - e, registre-se, tal classificação não foi nem sequer questionada pelo Poder Judiciário -, é porque o crime de tráfico coloca em xeque a sociedade (e não a saúde individual enquadrável na relação interindividual!!!)."[188]

Sem pretender, nos limites deste trabalho, sustentar a inaplicabilidade da Lei nº 9.714/98 ao delito de tráfico ilícito de entorpecentes, embora esta posição possa ser extraída das considerações até o momento efetuadas,[189] analisa-se a aludida lei *para demonstrar que o legislador tem utilizado o Direito Penal como apanágio de uma desigualdade substancial histórica*, onde os valores constitucionais são relevados quando a tutela punitiva estatal puder colocar em jogo os interesses das classes dominantes, quando os valores da criminalidade que

---

[188] STRECK, Lenio Luiz. *Op. cit.*, p. 132.

[189] Streck aborda a questão da Lei nº 9.714/98 relativamente ao delito de tráfico ilícito de entorpecentes com muita propriedade. Ver STRECK, Lenio Luiz. *Op. cit.*, p. 121-44. Ver, também, artigo de MORAES, Carlos Otaviano Brenner de. Penas Alternativas não se aplicam aos agentes do art. 12 da Lei de Tóxicos. In: *Revista do Ministério Público do Rio Grande do Sul*, p. 237-64. Jurisprudência: STJ HC 8620/PR, de 08.06.99. TJRGS, Ap. Crim. 3ª Câm. Crim. 699051399, de 25.3.99, etc.

produz acentuada lesividade social por impedir a implementação dos objetivos da República possam ser atingidos. *A contrario sensu*, utiliza-se o Direito Penal para, por meio de subterfúgios e a pretexto da igualdade formal inspiradora do Direito Penal do Estado Liberal, manter o *status quo*, indo de encontro ao verdadeiro desiderato do próprio Direito Penal, que também constitui-se em instrumento de transformação em um Estado Democrático de Direito.

Aliás, se analisados os *benefícios* trazidos pela novel Lei de maneira ingênua, pode-se concluir que vêm eles ao encontro das idéias sustentadas por correntes modernas e críticas ao Direito Penal, notadamente minimalistas e abolicionistas. Ocorre, conforme visto, que, ao ser desvelada, a legislação em evidência *encobre uma benevolência não tolerada pelos ideais do Direito Penal* que se pretende verificar em um Estado Democrático de Direito. Relembre-se a lição de Palazzo, ao asseverar que as tendências pela descriminalização refletem a expressão de um Estado Liberal de Direito, enquanto vertentes orientadas no sentido da criminalização traduzem a expressão de uma visão diversa do papel da Constituição no sistema penal, devendo refletir a obrigação de tutela de bens jurídicos característicos do novo quadro constitucional, melhor dizendo, de relevância constitucional, contribuindo, com isso, para a necessária imagem de um Estado empenhado e ativo (inclusive penalmente) na persecução de maior número de metas propiciadoras de transformação social e da tutela de interesses de dimensão ultra-individual e coletivas, exaltando, continuadamente, o papel instrumental do direito penal com respeito à política criminal, sob inspiração constitucional.[190]

4.3. A Lei nº 9.983, de 14 de julho de 2000

Conforme visto, são sucessivas as posturas legislativas no sentido de, por meio do Direito Penal, estabelecer privilegiamentos setoriais, em favor de camadas sociais que produzem faixa de criminalidade de extrema lesividade, que afronta cotidianamente os valores maiores contidos em um Estado Democrático de Direito, impedindo a implementação dos objetivos da República, sem que se estendam os benefícios à criminalidade clássica, lesiva de interesses individuais de repercussão indiscutivelmente menor, quando não insignificantes.

---

[190] PALAZZO, Francesco C. *Op. cit.*, p. 103.

O histórico da legislação de nosso país muito demonstra este fenômeno, que parece não querer cessar. Desta vez no que diz respeito à legislação penal alusiva à previdência social.

Há muito tempo as falcatruas à previdência social, perpetradas por agentes letrados, abastecem os veículos de comunicação com escândalos rotineiros.[191] Diante disso, não poderia o legislador manter-se inerte, fruto da ideologia vigente de que o aceno com legislação pronta reprimindo delitos, recheada por belos discursos noticiando a sua entrada em vigor, com um pouco de atenção da mídia, apresenta-se a solução duradoura e definitiva para o problema de determinadas condutas desviantes, notadamente com vistas à redução da violência e punição exemplar dos criminosos.

Mais uma vez acena-se com providências intensas para combater condutas lesivas à previdência social, em razão de lesões acentuadas a este patrimônio nacional, já tão dilapidado. A despeito de existir a Lei nº 8.212, de 24.07.91, que disciplinava crimes contra a organização da Seguridade Social, encontramo-nos agora brindados com a Lei nº 9.983, de 14.07.2000, que modifica o Código Penal[192] e insere novos delitos relativos à matéria, abarcando condutas já disciplinadas.

Sem pretender analisar amiúde a novel legislação, afigura-se em mais um sintoma do modelo penalístico instalado.

Veja-se que a identificada apropriação indébita previdenciária, agora rotulada sob o artigo 168-A, configurada na conduta de "Deixar de repassar à previdência social as contribuições recolhidas dos contribuintes, no prazo e forma legal ou convencional", tem extinta a sua punibilidade se o agente, "espontaneamente, declara, confessa ou efetua o pagamento das contribuições, importâncias ou valores e presta as informações devidas à previdência social, na forma definida em lei ou regulamento, antes do início da ação fiscal". Este beneplácito, de maneira discriminatória, seletiva, desigual e inconcebível em um Estado Democrático de Direito, não é admitido às demais pessoas que praticam a apropriação indébita *clássica*, ofensiva ao patrimônio individual. Assim, ao seleto grupo de *cidadãos* que lesam os cofres públicos, em detrimento da popula-

---

[191] Lembre-se, apenas para citar, o caso *Georgina*, advogada que encabeçou o desvio de milhões de dólares da Previdência Social, foi presa no exterior e, sozinha, cumpre pena atualmente.

[192] Nosso Código Penal está tão fatiado que agora criam-se delitos sob o rótulo de letras. O artigo 168, que antes estabelecia o crime de apropriação indébita, agora passa a contar com o *Art. 168-A*, contendo três parágrafos e inúmeros incisos. Temos os artigos *313-A, 313-B* e *337-A*.

ção do país inteiro, acena-se com a extinção da punibilidade. O estudante que se apropria do Código Penal do amigo, por exemplo, será julgado, condenado e cumprirá pena. Esta desigualdade substancial configura-se dentro de um mesmo tipo penal. Ainda no que se refere ao tipo em comento, a pena privativa da liberdade é de 2 (dois) a 5 (cinco) anos de reclusão, e multa, idêntica, portanto, às demais espécies de sonegação fiscal já abrangidas pela Lei nº 8.137/90.

Igual extinção da punibilidade foi conferida no tocante ao crime agora instituído, previsto no artigo 337-A, que prevê a sonegação de contribuição previdenciária. Saliente-se que a pena também é idêntica. Aqui, então, foi mais longe o legislador. Aprovou-se, no Congresso Nacional, onde estão, *formalmente*, os representantes do povo, com inserção contida no art. 337-A, § 2º, inciso I, do Código Penal, a extinção da punibilidade quando o autor "tenha promovido, após o início da ação fiscal e antes de oferecida a denúncia, o pagamento da contribuição social previdenciária, mesmo que parcelada, inclusive acessórios". O Presidente da República, em momento de iluminação, invocando decisões jurisprudenciais do Superior Tribunal de Justiça, vetou o inciso I do § 2º do aludido artigo, em razão de inadmitir que o mero parcelamento pudesse autorizar a decretação da extinção da punibilidade. De qualquer sorte, a conduta adotada pelo Congresso Nacional, mais uma vez, é demonstrativa do privilegiamento específico, não existente para outros delitos patrimoniais clássicos, que se pretende conferir à camada de criminosos que promovem condutas de extensa lesividade social, que atingem os valores constitucionais e vão de encontro aos anseios preconizados pelo Estado Democrático de Direito.

Não bastasse a demonstração já efetuada, no sentido de que o Direito Penal atual tem sido seletivo, discriminatório e desigual, tutelando bens jurídicos de maneira ilegítima, pode-se apontar que a Lei nº 9.983/00, no tocante à sanção penal, instituiu o crime previsto no art. 313-A, que prevê a conduta de "Inserir ou facilitar, o funcionário autorizado, a inserção de dados falsos, alterar ou excluir indevidamente dados corretos nos sistemas informatizados ou bancos de dados da Administração Pública com o fim de obter vantagem indevida para si ou para outrem ou para causar dano", apenado com reclusão, de 2 (dois) a 12 (doze) anos, e multa, enquanto o sonegador ou aquele que se apropria indebitamente das contribuições previdenciárias é punido com 2 (dois) a 5 (cinco) anos de reclusão, e multa. Há, efetivamente, uma disparidade sancionatória injustificada para duas condutas igual e altamente lesivas aos cofres públicos. O membro da classe social privilegiada, que na sua atividade negocial perpetrar o delito, possui o beneplácito de uma sanção, digamos, branda, enquanto o funcionário público que empreender a conduta delitiva também lesiva ao erário poderá ser apenado com sanção superior ao dobro. Para o funcionário, entretanto, não há a benevolência da extinção da punibilidade.

Portanto, o Direito Penal, na atualidade, não tem-se orientado na direção da implementação dos valores constitucionais, traduzindo-se em instrumento de privilégios de camadas sociais que produzem a delinqüência que abastece as estatísticas da *cifra dourada da criminalidade*, que compõe o comboio da macrocriminalidade. Enfim, o Direito Penal vigente em nosso país dirige suas baterias para a criminalidade fruto do modelo de Estado Liberal, que ofende valores individuais, negando a ela as benesses conferidas a delinqüentes de alta lesividade social, que atingem os valores sublimes de uma sociedade, insculpidos na Constituição.

Cesare Bonesana, o Marquês de Beccaria, precursor do Direito Penal iluminista, ao escrever sua obra *Dei delitti e delle Pene*, por volta de 1764 e 1765, já insurgindo-se contra um modelo penalístico violento e discriminatório, desproporcional e injusto, na introdução de sua obra, acentuava que:

"Percorrendo a história, veremos que as leis, que deveriam ser convenções feitas livremente entre homens livres, não foram, na maioria das vezes, mais que o instrumento das paixões da minoria, ou o produto do acaso e do momento, e, nunca a obra de um prudente observador da natureza humana, que tenha sabido dirigir todas as ações da sociedade com este único fim: todo o bem-estar possível para a maioria."[193]

4.4. A desigualdade penal material - reflexos do modelo

Verificamos que o Direito Penal brasileiro tem servido, historicamente, como instrumento de dominação de classes, contemplando benesses à camada de criminalidade detentora do poder econômico e/ou político, fenômeno que, inclusive na atualidade, materializa-se por meio de legislações benevolentes exclusivamente com relação à macrocriminalidade, em detrimento da delinqüência

---

[193] BONESANA, Cesare. *Dos delitos e das Penas*, p. 13-4.

que afronta interesses menores, notadamente individuais. Esta faixa de delitos, que atingem em especial o patrimônio particular, é alardeada como insuportável, violenta, assustadora, quando outra faixa de criminalidade de lesividade social, que afronta os princípios e valores constitucionais, impedindo a implementação dos objetivos da República e dos direitos sociais preconizados na Constituição Federal, vem sendo perpetrada com tamanha ou superior intensidade, porém, receptiva das benesses do legislador. Enfim, o alarde em torno da criminalidade do modelo liberal-individualista constitui-se em cortina de fumaça para o beneplácito a delinqüentes do corpo político e econômico da nação, infiltrados nos meandros do poder, que fogem de todas as estatísticas, quer seja de criminalidade, quer seja de condenações e, muito mais, de apenados reclusos.

Acerca do tema, Manoel Pedro Pimentel, referindo-se às denúncias apresentadas pelo Sindicato da Magistratura Francesa, em seu 8º Congresso realizado ainda no ano de 1975, refere as seguintes conclusões:

"O primeiro objetivo da campanha sobre a insegurança e a delinqüência é, bem entendido, o de estabelecer uma cortina de fumaça que desvie a atenção dos problemas objetivos que o governo não quer ou não pode resolver. Ele prefere falar do aumento da violência, que daquele do desemprego e dos preços. O segundo objetivo é de designar responsáveis aqueles que estão o mais afastados possível do governo e da classe social que ele representa. É a técnica bastante conhecida do bode expiatório. Os responsáveis pelo clima de insegurança, portanto, não seriam os responsáveis pela política econômica e social, mas alguns delinqüentes perigosos e violentos. O terceiro é mais sutil. Focalizando a opinião pública certas categorias de delinqüencias, desvia-se sua atenção das outras formas de delinqüência. Fixa-se assim no pelourinho uma delinqüência que transgride as regras do sistema vigente e particularmente o direito de propriedade, para deixar no esquecimento a delinqüência que interessa ao sistema. A delinqüência do colarinho branco, por exemplo, ou os acidentes do trabalho. O último objetivo, o mais importante, é o de estimular o clima de medo e portanto de tensão e de violência que justifique o crescente controle do Estado sobre os cidadãos e a existência ou o reforçamento do aparelho repressivo. A existência de uma delinqüência contra a qual é importante lutar é, bem entendido, a principal justificação de um aparelho repressivo, da polícia e dos tribunais."[194]

Pimentel reporta-se, ainda, a outras denúncias, formuladas por advogados do *Movimento de Ação Judiciária*, em que se salientava o fato de:

"apresentar-se perigosa somente a criminalidade convencional, enquanto que os comportamentos específicos da burguesia (os crimes do colarinho branco, os acidentes do trabalho, etc.) que constituem uma maximização da lógica especulativa que caracteriza nossas relações sociais, não aparecem como sendo da mesma natureza dos primeiros. Sua repressão é simbólica ou inexistente."[195]

Efetivamente, a macrocriminalidade e a criminalidade do *colarinho branco* em nosso país são exercidas em níveis também alarmantes. Os escândalos na administração pública, produzindo vultosos prejuízos ao erário, são freqüentes na mídia nacional, apresentando-se o exemplo mais recente no desvio de mais de 160 milhões de reais na construção, ainda inacabada, do prédio do TRT de São Paulo, envolvendo ex-juiz e autoridades do alto escalão, acarretando, inclusive, a cassação política de um senador. Citem-se beneficiários de maxidesvalorizações do real, a privatização de grandes companhias estatais, o tráfico de influências, compra de votos com vistas eleitorais, as nomeações para cargos públicos, o suborno como forma de obtenção de benefícios em licitações, superfaturamentos em obras públicas, *caixa dois* para o financiamento de campanhas políticas, a venda, em nosso país, de produtos proibidos em outras nações, sonegações de tributos, evasão de divisas, crimes contra o sistema financeiro nacional, crimes ambientais, cartéis e monopólios com vistas à exploração do consumidor, a proliferação de estabelecimentos de ensino com fins puramente comerciais, falsificação de medicamentos, venda de medicamentos com preços elevados, com formação de cartéis, adulteração de combustíveis, tráfico de entorpecentes e seus tentáculos, delitos praticados por administradores públicos, etc. Enfim, o rol de condutas desta natureza é infindável. Todas, sem exceção, passíveis de enquadramento dentre aquelas condutas componentes da *macrocriminalidade*.

Ocorre que o processo de seletividade e desigualdade substancial existente no modelo penalístico vivido não realiza somente um

---

[194] PIMENTEL, Manoel Pedro. *Crime e pena: Problemas contemporâneos*, p. 55-6.
[195] Idem, p. 56.

procedimento de seleção verificado por meio da produção de normas penais dirigidas, onde as benesses destinam-se apenas à criminalidade graduada, conforme já destacado anteriormente, mas a efetividade do sistema revela-se nas estatísticas policiais e institucionais.

Conforme o relatório *O Brasil atrás das grades*, efetuado pela Human Rights Watch, entre os meses de setembro de 1997 e março de 1998,

> "A população carcerária no Brasil, como no resto do mundo, é formada basicamente por jovens, pobres, homens com baixo nível de escolaridade. Pesquisas sobre o sistema prisional indicam que mais da metade dos presos tem menos de trinta anos; 95% são pobres, 95% são do sexo masculino e dois terços não completaram o primeiro grau (cerca de 12% são analfabetos). Devido à pobreza e antecedentes à margem da sociedade, eles e seus familiares possuem pouca influência política, o que se traduz em poucas chances de obter, em apoio para colocar um fim nos abusos cometidos. O crime mais comum entre os detentos é o de roubo, com cerca de 35% dos detentos presos ou condenados; outros crimes comuns são furtos, homicídios e o tráfico de drogas."[196]

Com base em dados obtidos no último Censo Penitenciário Nacional, realizado em 1995, encontravam-se presos, no Brasil, naquela data, um total de 148.760 (cento e quarenta e oito mil, setecentos e sessenta) apenados, computando-se os regimes fechado, semi-aberto e aberto, além das medidas de segurança e presos provisórios, estando no Rio Grande do Sul um total de 10.914 (dez mil, novecentos e quatorze) presos.[197]

A realidade produzida pelo Direito Penal seletivo começa a revelar-se, confortando tudo o que foi dito neste trabalho, quando analisado o número de presos por tipos de crimes cometidos.

O primeiro dado alarmante consiste no fato de que a classificação encontrada no censo oficial do Governo Federal nomina, especificamente, os delitos de homicídio, lesão corporal, outros contra a pessoa, furto, roubo, estelionato, extorsão com seqüestro, outros contra o patrimônio, uso de entorpecentes, tráfico de entorpecentes,

---

[196] Documento selecionado no site http://www.hrw.org/portuguese/reports/presos/prefacio.htm

[197] Todos os dados relativos ao aludido censo podem ser obtidos no site: http://www.mj.gov.br/depen/censo/censo95.htm

crimes contra os costumes, outros crimes e contravenções. Verifica-se, portanto, que não há qualquer referência específica relativamente, por exemplo, aos crimes cometidos por Prefeitos (Decreto-Lei nº 201), aos crimes de sonegação fiscal (Lei nº 8.137/90), crimes praticados por funcionários públicos, presumindo-se que os infratores destes delitos encontram-se na categoria *outros crimes*, se algum deles estiver preso.

Mas a estatística oficial nacional é ainda mais interessante para os limites deste trabalho. Veja-se que se encontravam presas 13.187 pessoas relativamente ao delito de furto, 26.175 pela prática do crime de roubo, 1.417 pelo cometimento da infração penal de estelionato, 876 que haviam perpetrado extorsões mediante seqüestro e 1.442 atinentes a outros crimes contra o patrimônio. O total de infratores relativamente à criminalidade lesiva ao patrimônio é de 43.097, ou seja, um percentual de 28,9708% do total de presos em todo o país.

Apresenta-se como paradigmático o modelo do Estado do Rio Grande do Sul, conforme informações obtidas junto à Secretaria da Justiça e Segurança, especificamente na Superintendência dos Serviços Penitenciários, onde a estatística de apenados condenados ratifica os dados nacionais. Refere-se, porém, a um período mais recente, ou seja, são informações de 13.04.2000. Verifica-se que, neste Estado da federação, encontram-se *presos, com sentença definitiva, um total de 5.274 apenados.* Deste total, 406 referem-se à prática da infração penal de furto, 1.695 ao cometimento do crime de roubo, 34 atinentes ao delito de extorsão, 07 pela prática de apropriação indébita, 22 pelo cometimento do crime de estelionato e 24 atinentes ao delito de receptação. Ou seja, *41,48% dos presos neste Estado, com sentença transitada em julgado, referem-se à prática de delitos patrimoniais,* lesivos aos interesses individuais. Em contrapartida, *apenas uma pessoa* encontrava-se presa em decorrência da prática de crime previsto na Lei nº 8.137/90 (*sonegação de tributos*), e 10 referentemente a delitos inseridos na Lei nº 9.437/97 (Lei de Armas), enquanto que 01 pessoa presa em razão de delito previsto na Lei nº 9.503/97 (Código Nacional de Trânsito). Isso implica dizer, por exemplo, sem considerar os delitos patrimoniais, que encontram-se presas mais pessoas por delitos de porte ou mantença ilegal de arma em relação aos sonegadores, aos administradores corruptos, etc.

Em contrapartida, nota-se que apenas o setor de combate aos crimes contra a ordem tributária do Ministério Público do Rio Grande do Sul propôs 46 denúncias no ano de 2000, 46 no ano de

1999, 16 no ano de 1998, 38 no ano de 1997, 41 no ano de 1996 e 26 no ano de 1995, contra sonegadores de tributos estaduais, notadamente ICMS. Deste total, apenas uma pessoa encontrava-se presa na data de 13.04.2000 em razão de delitos desta natureza. O valor total dos recursos sonegados, nos últimos sete anos, excluído o ano de 2000, objeto das denúncias do Ministério Público, é de R$ 656.826.641,49 (seiscentos e cinqüenta e seis milhões, oitocentos e vinte e seis mil, seiscentos e quarenta e um reais e quarenta e nove centavos). Considerando que a apresentação de uma denúncia por parte do Ministério Público somente decorre da remessa de dados por meio da fiscalização de tributos, imagine-se a cifra de recursos sonegados, na totalidade de tributos estaduais, componentes da *cifra negra da criminalidade*. Isso sem mencionar os demais Estados e os tributos federais.[198]

Ressalte-se, ainda, que no Estado do Rio Grande do Sul, nos anos de 1998 e 1999, foram oferecidas, pela Procuradoria de Justiça de Prefeitos do Ministério Público, 204 denúncias contra Prefeitos, ocorrendo, no período, 45 condenações. A despeito disso, segundo a estatística da Procuradoria de Prefeitos do Rio Grande do Sul, até setembro de 2000, apenas três deles encontravam-se presos.[199]

Em contrapartida, segundo relatórios de atividades do Ministério Público do ano de 1999, foram ofertadas 6.478 denúncias relativamente a delitos de furtos, 3.392 denúncias atinentes ao crime de roubo, 150 denúncias referentes a latrocínios, 22 denúncias relativas ao delito de extorsão mediante seqüestro e 3.010 denúncias consistentes na prática da infração penal de estelionato. Afigura-se um total de 13.052 denúncias relativas a delitos patrimoniais clássicos, ou seja, de lesividade patrimonial-individual.[200]

Nas estatísticas policiais, se analisado o Relatório Anual da Polícia Civil do Estado do Rio Grande do Sul, relativo ao período de dezembro de 1998 a novembro de 1999, verificamos que, já na fl. 04, no esboço sobre a síntese da criminalidade, apresentam-se dados acerca de 'homicídios, roubos c/lesões, arrombamentos, furto/roubo de veículos", encontrando-se índices de várias espécies relativamente a estes delitos. No comparativo de ocorrências registradas no Rio Grande do Sul, os dados disponíveis referem-se aos delitos de:

---

[198] Dados obtidos junto ao Setor de Combate aos Crimes contra a Ordem Tributária do Ministério Público do Rio Grande do Sul.

[199] Informações colhidas junto à Procuradoria de Justiça de Prefeitos do Ministério Público do Rio Grande do Sul.

[200] Dados do Relatório de Atividades do Ministério Público do Rio Grande do Sul, relativo ao ano de 1999.

"homicídios, lesões corporais, outros c/pessoa, roubo c/lesões, roubo c/morte, outros roubos, estelionatos, lesões corporais no trânsito, crimes contra a adm. pública, contra os costumes, contra a família, uso de tóxico, tráfico de entorpecentes, abigeato, arrombamentos, roubos de veículos, furto em veículos, outros furtos, outras criminal".

Percebe-se, nitidamente, a desenvoltura com que as estatísticas policiais referem-se aos delitos patrimoniais ou de interesses individuais, não havendo qualquer destaque atinente à macrocriminalidade, *ao crime do colarinho branco*, em suma, aos crimes contra a ordem econômica e tributária, aos delitos perpetrados por Prefeitos, aos delitos ambientais, aos crimes de evasão de divisas, lavagem de dinheiro, crimes praticados por administradores públicos, corrupção, etc.

Para um substancial comparativo, vejam-se os dados fornecidos pelo Ministério Público com atuação junto Tribunal de Contas do Rio Grande do Sul, no tocante às contas apreciadas por aquele Tribunal. No ano de 1997, foram expedidas 185 certidões para cobrança de valores despendidos por órgãos inspecionados e glosados, sendo determinada a restituição de um total de R$ 1.779.119,96 (um milhão, setecentos e setenta e nove mil, cento e dezenove reais e noventa e seis centavos). No ano de 1998, foram extraídas 120 certidões provenientes de valores glosados, sendo determinada a restituição aos cofres públicos do montante de R$ 1.376.332,15 (um milhão, trezentos e setenta e seis mil, trezentos e trinta e dois reais e quinze centavos). No ano de 1999, foram extraídas 236 certidões referentes a glosas, equivalentes a R$ 4.205.883,41 (quatro milhões, duzentos e cinco mil, oitocentos e oitenta e três reais e quarenta e um centavos). Estes dados referem-se a decisões transitadas em julgado. Ainda no ano de 1999, em decisões de primeira *instância*, o Tribunal de Contas do Rio Grande do Sul impôs o ressarcimento ao erário de um montante de R$ 6.563.103,94 (seis milhões, quinhentos e sessenta e três mil, cento e três reais e noventa e quatro centavos).

Os dados elencados são trazidos com o fito de demonstrar que, evidentemente, em que pese tratar-se de um Tribunal sem caráter jurisdicional,[201] relevando-se também sua composição decorrente de indicações políticas, abstraída, por fim, aquela que pode ser identificada por *cifra negra da improbidade*, ao serem apreciadas as

---

[201] Saliente-se que as decisões administrativas tomadas pelo Tribunal de Contas, por disposição expressa da Constituição Federal (art. 71, § 3º), possuem eficácia de título executivo.

contas dos administradores públicos de nosso Estado é vultosa a quantia de recursos públicos malversados, podendo-se identificar, nessas condutas, inúmeros delitos de extrema lesividade.

No quadrante traçado, verifica-se que apenas a soma de valores denunciados pelo Ministério Público nos últimos sete anos, relativamente aos delitos contra a ordem tributária (sonegação de tributos estaduais), e os valores glosados pelo Tribunal de Contas do Estado do Rio Grande do Sul nos últimos três anos, apresenta um montante de quase setecentos milhões de reais. Repita-se que deste montante abstrai-se a *cifra oculta da criminalidade*, que pode multiplicá-lo por diversas vezes. Isso, repita-se, em nível estadual.

Enquanto isso, encontra-se um sonegador cumprindo pena em estabelecimento prisional do Estado, enquanto 41,48% dos apenados estão recolhidos à prisão em decorrência da prática de delitos patrimoniais de lesividade individual.

Amostra precisa da realidade do Direito Penal brasileiro é oferecida por Ela Wiecko Volkmer de Castilho, em pesquisa realizada de 1986 a 1995, relativamente a 682 casos de supostos crimes financeiros detectados pelo Banco Central. Destes, resultaram em condenações em primeira instância da Justiça Federal apenas 5. Nos tribunais superiores, obteve o Ministério Público Federal êxito em 9 feitos procedentes. Entretanto, dos 19 réus condenados, nenhum deles cumpriu pena privativa da liberdade. Ressalte-se que a pesquisa efetivada pela Procuradora da República estampa as deficiências de atuação do Banco Central, que impedem a apuração da maior parte dos crimes do colarinho branco.[202]

Ratifica-se a lição de Alessandro Baratta, quando disse que o Direito Penal:

> "Quando se dirige a comportamentos típicos dos indivíduos pertencentes às classes subalternas, e que contradizem as relações de produção e de distribuição capitalistas, eles formam uma rede muito fina, enquanto a rede é freqüentemente muito larga quando os tipos legais têm por objeto a criminalidade econômica, e outras formas de criminalidade típicas dos indivíduos pertencentes às classes do poder."[203]

Essa problemática vem bem analisada por Heleno Cláudio Fragoso, já em sua clássica doutrina, quando acentuava:

---

[202] Ver CASTILHO, Ela Wiecko Volkmer de. *Op. cit.*
[203] BARATTA, Alessandro. *Op. cit.*, p. 165.

"Como disse muito bem Eduardo Novoa, o Direito Penal é o direito dos pobres, não porque os tutele e proteja, mas sim porque sobre eles exclusivamente faz recair sua força e seu vigor. Eles é que constituem a clientela do sistema e são por ele, virtualmente, oprimidos. Só os pobres sofrem os processos por vadiagem[204] e só eles são vítimas das batidas policiais com o seu cortejo de ofensas e humilhações. Só os pobres são ilegalmente presos para averiguações. Os ricos livram-se facilmente, contratando bons advogados, recorrendo ao tráfico de influência e à corrupção. Eles nunca vão para as prisões. Quando, em situações excepcionais, isso vem a suceder, logo ficam doentes e são transferidos para os hospitais. Pode-se imaginar o impacto que tais constatações produzem nos que se ocupam com a elaboração técnica do Direito Penal, procurando aperfeiçoá-lo. Parece certo que a realização do sistema punitivo funciona como um processo de marginalização social, para atingir uma determinada clientela, que está precisamente entre os mais desfavorecidos da sociedade."[205]

Manoel Pedro Pimentel, ao encontro do pensamento de Baratta e Fragoso, salienta que:

"há uma discriminação, selecionando-se a clientela do sistema penal, evidenciando-se o fato de que a lei punitiva ignora as condutas desviantes altamente geradoras de criminalidade, desordem e violência, e faz recair todo o seu rigor sobre os que praticam os crimes convencionais, e que são os mesmos dos grupos sociais menos favorecidos."[206]

Diversas conclusões podem ser extraídas dos dados elencados, todas ratificando sintomas no sentido de que o Direito Penal vigente em nosso país é de perfil liberal-individualista, *voltado quase que totalmente para a punição de condutas que violam os interesses individuais*, notadamente das camadas privilegiadas, na medida em que o patrimônio por elas acumulado com a ascensão do capitalismo e, acentuadamente agora sob a ótica do neoliberalismo, é ameaçado. Em detrimento, o implemento dos valores constitucio-

---

[204] Aliás, por incrível que pareça, ainda persistem criminalizadas, sob a forma de contravenções, as condutas de vadiagem e mendicância, nos artigos 59 e 60 do Decreto-Lei nº 3.688/41. Mais ainda, são insuscetíveis de fiança (art. 323, inc. II, do CPP).

[205] FRAGOSO, Heleno Cláudio. Ciência e Experiência do Direito Penal. *In: Revista de Direito Penal*, p. 15.

[206] PIMENTEL, Manoel Pedro. *Op. cit.*, p. 65.

nais que norteiam o Estado Democrático e Social de Direito, ainda carentes de materialização, com destino à redução ou erradicação da pobreza, a busca da igualdade e justiça sociais, a prestação de condições de saúde, educação e cultura, moradia, etc., à população, *permanecem como ideais constitucionais não realizados.*

O Direito Penal, ao proporcionar desigualdade substancial no tratamento de bens jurídicos, é partícipe e instrumento de uma estrutura montada, onde a macrocriminalidade, os criminosos do *colarinho branco*, a delinqüência altamente lesiva aos interesses democráticos e sociais, impedem o desiderato inerente a um Estado agora com perfil democrático, quando deveria constituir-se em instrumento de transformação do *status quo*. Mantendo-se impregnado dessa ideologia, o Direito Penal permanece na contramarcha da história, constitui-se, efetivamente, em ferramental de opressão, seletivo e discriminatório. Em suma, consubstancia-se em mais um instrumento de degeneração social.

Francisco de Assis Toledo já de há muito asseverava a necessidade de se repensar a *"missão do Direito Penal"*. Destacando que ainda se recrimina o adultério mesmo após a instituição do divórcio, por exemplo, apregoa que se afigura indispensável uma revalorização de condutas,

> *"recolocando-se* no centro do novo sistema a proteção de certos bens jurídicos, por forma e dentro de limites pragmáticos que reflitam as reais necessidades da sociedade em que vivemos. E de tal sorte que a Justiça Criminal, atualmente insegura e emperrada por uma enorme carga de processos referentes a delitos sem importância, ou que não correspondem aos valore ético-sociais relevantes, possa afinal dedicar-se aos fatos e delinqüentes mais graves que desafiadoramente aí estão crescendo e se multiplicando diante de nossos olhos atônitos."[207]

---

[207] TOLEDO, Francisco de Assis. A missão do Direito Penal e a crise da Justiça Criminal. *In: Revista Ciência Penal*, p. 52.

5. Judiciário e Ministério Público no contexto do Direito Penal liberal-individualista-normativista

Uma visão crítica do Direito Penal nos conduz, também, à necessidade de virada hermenêutica, no campo da circulação do Direito, relativamente ao trato dos casos de macrocriminalidade, ou seja, criminosos ardilosos que praticam crimes de lesividade ultra-individual, aquela delinquência que afronta os objetivos da República e impede a implementação dos direitos sociais preconizados na Constituição, afrontando, em essência, o Estado Democrático de Direito vigente em nosso país. É inconcebível que, diante do ferramental constitucional e infraconstitucional de textos legislativos à disposição, posicione-se o aplicador do Direito de molde a reproduzir sentidos sob a ótica da filosofia da consciência, do neopositivismo clássico, observando as relações sociais de forma objetificante ao analisar condutas delituosas dessa natureza como sendo uma relação sujeito-objeto, como sempre foi tratada a criminalidade clássica, extrato do modelo estatal liberal-individualista, onde interesses individuais, notadamente patrimoniais, são atingidos e tutelados de forma primordial.

Para tanto, imprescindível analisar, por primeiro, a identificação atual do Estado Brasileiro sob o aspecto político-econômico, traçando-se um panorama acerca dos efeitos do sistema neoliberal vigorante. Sob este prisma, importante destacar o elevado índice de criminalidade do *colarinho branco* ocorrente em nosso país, ao mesmo tempo em que vigora um frágil conjunto de textos legislativos destinados ao combate desta prática. Corolário das observações empreendidas, será possível traçar um panorama do modelo hermenêutico empregado pelos operadores do Direito, mormente o Poder Judiciário, produtor de um modo de interpretação do Direito Penal que acarreta distorções valorativas, reproduzindo sentidos

Direito Penal no Estado Democrático de Direito
Perspectivas (re)legitimadoras

167

nefastos ao interesse de uma sociedade carente, estigmatizada e discriminada, culminando por vitimar esta mesma sociedade já desamparada e acuada pela insegurança que graça em qualquer ambiente social. Verificar-se-á, então, a necessidade de uma nova perspectiva hermenêutica no tocante à aplicação do Direito Penal, como fator de resgate de sua missão transformadora, na medida em que inserido em um Estado Democrático de Direito, o que acarretará, por conseqüência, o fortalecimento da credibilidade das instituições que, sobremaneira, são incumbidas da defesa deste Estado Democrático.

5.1. Macrocriminalidade acentuada

Nesse contexto e paralelamente, enquanto se verifica a passagem para uma ideologia político-econômica neoliberal que, com a implementação de sua filosofia, vitimiza os cidadãos em detrimento do poder econômico, vitimiza o Estado ao extrair dele todos os benefícios possíveis (*Caso Ford*), e oferta, em contrapartida, todos os efeitos já demonstrados, ainda encontramos outro fenômeno de vitimização do Estado e da sociedade, que concorre com o desmanche promovido pela filosofia neoliberal, configurado pela prática escandalosamente acentuada e intensa de atos de improbidade administrativa, promovida por administradores públicos, a maior parte deles adeptos à filosofia globalizante neoliberal. Aliás, o saque aos cofres públicos, efetivamente, não é privilégio hodierno, da pós-modernidade neoliberal. O que se tem visto é o fenômeno da acentuação desta dilapidação, mesmo perante a existência de mecanismos, ao menos formais, disponíveis para a repressão dessas condutas. Raymundo Faoro muito bem ilustra esta prática histórica ocorrida em nosso país, quando verbera:

> "O Pe. Antônio Vieira volve sua lança oratória contra dois abusos do sistema, com a crítica à rapinagem burocrática e à drenagem de recursos para a metrópole: Perde-se o Brasil, Senhor (digamo-lo numa palavra), por que alguns ministros de Sua Majestade não vêm cá buscar o nosso bem, vêm cá buscar os nossos bens... El-Rei manda-os tomar Pernambuco, e eles contentam-se com o tomar... Este tomar o alheio, ou seja, o do Rei ou o dos povos, é a origem da doença."[208]

---

[208] FAORO, Raymundo. *Os donos do Poder*, v. 1, p. 173.

Tais condutas, agora internamente, dos detentores do poder político e econômico contra o Estado e a população, vêm acontecendo em proporções inaceitáveis. Exemplificativamente, apenas para citar alguns fatos mais recentes, constatam-se escândalos identificados por *Caso PC Farias* e seus envolvidos, *Pasta Rosa*, sistema de vigilância da Amazônia (Caso *Sivam*), precatórios e títulos públicos em diversos Estados e Municípios do País, beneficiamento em privatizações dirigidas ou por preço vil, financiamento de bancos *falidos*, fornecimento de informações privilegiadas antes da implementação de planos econômicos ou de mudanças cambiais, licitações fraudulentas por todo o país, viagens particulares com aparato estatal, *caixa dois* para o financiamento de campanhas eleitorais, concessões de rodovias com fixação de pedágios exorbitantes, obras superfaturadas, etc. Enfim, em todas as esferas da administração pública, quer seja em nível federal, estadual ou municipal, o fenômeno da apropriação do patrimônio por meio de atos de improbidade administrativa criminosos é muito acentuado e grave. A despeito desta faixa de criminalidade intensamente lesiva ao erário e de indiscutível lesividade social, impeditiva dos objetivos da República e da implementação de um Estado Democrático de Direito, pode-se identificar uma infinidade de outras condutas desta ordem, notadamente a sonegação fiscal, a criminalidade econômica, delinqüência ambiental, delinqüência eleitoral, grupos de extermínio, traficância de entorpecentes, etc.

Neste panorama e sob o manto de uma Constituição Federal que autoriza saudar a implementação de um Estado Democrático de Direito, visando a ultrapassar as fronteiras do Estado Social (ainda não efetivado em nosso país) e do Estado Liberal, impõe-se à ordem jurídica e à atividade estatal de produção e circulação do Direito uma imersão com o fito de inserir-se na perspectiva transformadora desta realidade lamentável.

Na órbita legislativa, conforme já destacado, afigura-se imprescindível uma revisão do ferramental jurídico disponível, mesmo que estejamos imersos em uma verdadeira inflação normativa.

Indubitavelmente, o instrumental constitucional está à disposição, exsurgindo o Poder Judiciário e as instituições incumbidas de garantir esse Estado Democrático de Direito (aqui referido o Ministério Público, primordialmente) como instrumentos de resgate dos direitos não realizados pelo Legislativo (na vigência do Estado Liberal - o que não é proibido é permitido) e pelo Executivo (durante o Estado Social, intervencionista a pretexto de realizar políticas públicas).

No plano político, entretanto, àqueles que labutam com o Direito apresenta-se de difícil realização a alteração de rumos imposta pelo identificado neoliberalismo. Entretanto, referentemente à criminalidade altamente lesiva aos interesses sociais e democráticos, conforme apontado, mesmo diante do instrumental disponível e, acima de tudo, levando-se em conta a gravidade dos fatos acentuadamente praticados, urge uma tomada de atitude por parte, primordialmente, do Ministério Público e do Poder Judiciário, para que se possa pronunciar, com a amplitude acústica normalmente pretendida, que o anseio social em torno do resgate da legitimidade do Direito Penal, com vistas à implementação dos princípios inerentes ao Estado Democrático de Direito, está, neste aspecto, sendo efetivado.

5.2. Modelo hermenêutico vigorante no plano da operacionalidade do Direito

Em que pese verificar-se uma legislação extremamente discriminatória e seletiva da criminalidade, afigura-se imprescindível o resgate da missão do Direito Penal, que deve traduzir-se em instrumento do Estado e da sociedade para o fomento dos ideais do Estado Democrático de Direito. Se a cultura legislativa é de difícil mutação, na medida em que o ambiente político está impregnado de interesses das camadas superiores de nossa sociedade, impende verificar se em nível de efetividade, por meio das instituições incumbidas, pode-se, na aplicação do Direito Penal, resgatar sua relegitimação.

Dessarte, analisarmos a efetividade da ordem estabelecida para o combate à macrocriminalidade pressupõe, inevitavelmente, a apreciação do modelo hermenêutico impregnado na estrutura *executiva* do Direito Penal em nosso país, mormente no que diz respeito ao Ministério Público e Poder Judiciário, Instituição e Poder incumbidos de, primeiramente, promover e, o segundo, determinar o cumprimento dos pressupostos constitucionais e legais do sistema repressivo-estatal.

Conforme já afirmado, não só o modelo econômico-político instalado no Brasil, mas também a atuação da criminalidade graduada caracterizam-se em fenômenos que têm servido para corroer as bases do Estado e da sociedade, fragilizando-os e fomentando a cultura neoliberal e de impunidade à delinqüência graduada, onde tudo é extraído do Estado e da sociedade em benefício de estruturas econômicas com interesses exclusivamente privados, individuais, aumentando o poderio de grandes grupos econômicos e de uma camada social que historicamente se manteve em nível privilegiado, política e economicamente, ao mesmo tempo em que vitimiza os cidadãos, estes ainda no aguardo da realização dos direitos e benefícios preconizados na Constituição Federal, ainda aguardando do Estado a concretização da verdadeira justiça social, que também passa pela realização das funções legítimas desempenhadas pelo Direito Penal.

Ocorre que uma relegitimação do Direito Penal, com vistas à sua imersão no Estado Democrático de Direito, pressupõe o deslocamento do modo ou modelo, não somente de produção do Direito, mas hermenêutico no âmbito da implementação judicial, com uma necessária e diferente *visão-de-mundo*, afastada do paradigma liberal-individualista-normativista e *voltada para a implementação dos valores constitucionais*. Redimensionar o Direito Penal para que também volte suas baterias para aquela criminalidade lesiva dos interesses transindividuais, distanciando-se de uma hermenêutica e dogmática jurídica que adotou o Direito como instrumento de enfrentamento dos conflitos individuais, de que o particular precede o geral, de que os interesses unilaterais se sobrepõem à vontade e à necessidade comunitária, de que o patrimônio e os bens jurídicos individuais são o norte e a essência do exercício repressivo estatal.

No dizer de José Eduardo Faria, os textos legais editados a partir de concepções mais contemporâneas de Direito, aptas a lidar com os conflitos coletivos e com os que envolvem questões distributivas ou de natureza social, como é o caso do Código de Defesa do Consumidor (Lei nº 8.078/90), da Lei de Execuções Penais (Lei nº 7.210/84), do Estatuto da Criança e do Adolescente (Lei nº 8.069/90), da Lei que estabelece crimes contra a ordem econômica e tributária (Lei nº 8.137/90), da Lei que estabelece os crimes contra o sistema financeiro nacional (Lei nº 7.492/86), da Lei que estabelece os crimes de *lavagem* ou ocultação de bens, direitos e valores (Lei nº 9.613/98), ou das políticas urbanas formuladas com base no artigo 182 da Constituição de 88, têm esbarrado numa cultura profissional da magistratura que padece de um excessivo individualismo e formalismo em sua *visão-de-mundo*. Este individualismo se traduz pela convicção de que a parte precede o todo, ou seja, de que os direitos do indivíduo estão acima dos direitos da comunidade. Como o que importa é o mercado, espaço onde ocorrem as relações

Direito Penal no Estado Democrático de Direito
Perspectivas (re)legitimadoras

sociais e econômicas, "o individualismo tende a transbordar em atomismo: a magistratura é treinada para lidar com as diferentes formas de ação, mas não consegue ter um entendimento preciso das estruturas sócio-econômicas onde elas são travadas".[209] Nesta esteira, os mecanismos processuais continuam sendo interpretados sob a ótica do confronto de vontades, de interesses específicos e de atores individualizados. No âmbito da macrocriminalidade ou criminalidade do *colarinho branco*, as medidas processuais ou cautelares são abordadas, judicialmente, sob a visão do sujeito-objeto (filosofia da consciência), ou seja, predomina a complacência com as conseqüências pessoais que ao delinqüente, sua empresa e negócios poderão advir. Daí o vacilo em, quando se tratar de afrontar a macrocriminalidade que atinge a essência do Estado Democrático de Direito, constantemente, haver decisões que negam a indisponibilidade de bens, a quebra do sigilo bancário, o afastamento cautelar do cargo público para investigações, que concedem *habeas corpus* em detrimento da segregação cautelar, etc.[210] Enfim, há uma *visão-de-mundo* individualista quando valores sociais, transindividuais e constitucionais carecem de proteção.

José Eduardo Faria, com precisão, traduz o paradigma hermenêutico vigente:

> "Por submeterem a tribunais acostumados a realizar apenas e tão-somente a justiça comutativa um extenso conjunto de questões novas e inéditas de justiça substantiva, convertendo-os dessa maneira em co-responsáveis dos objetivos almejados pelo legislador, esses problemas vão pôr em xeque o paradigma normativista subjacente à cultura técnico-profissional da magistratura; por exigirem a substituição da interpretação tradicional (que faz da certeza jurídica e da proteção da liberdade negativa sua condição de legitimidade) por uma hermenêutica assumidamente teleológica ou finalística (valori-

---

[209] FARIA, José Eduardo. *Op. cit.*, p. 14-5.

[210] Paradigmática a situação do *banqueiro Salvatore Cacciola*, que teve decretada sua prisão preventiva pela justiça federal, em razão de delitos, em tese, de extrema danosidade perpetrados, e, por decisão de Ministro do Supremo, liberado. Logo em seguida, evadiu-se do país. Veja-se o caso *Data Control*, no Rio Grande do Sul, onde seu sócio majoritário, após ter sido condenado por vultosa sonegação de tributos, cumprindo pena privativa da liberdade (exceção única no Estado), já percorridas as instâncias recursais por inúmeras vezes, tendo negados diversos *habeas corpus*, obteve, junto ao Supremo Tribunal Federal, a anulação do processo, como se o Tribunal Regional Federal, o Superior Tribunal de Justiça e o juízo singular não tivessem percebido nulidade singela.

zando antes os resultados do que os meios e contrapondo a liberdade positiva à negativa), esses problemas vão levar os juízes, mesmo a contragosto, a ter de lidar com um fato inexorável: a emergência de um direito de feições sociais - o direito típico das sociedades complexas, em cujo âmbito interesses coletivos, classistas, corporativos e regionais são cada vez mais excludentes e, por conseguinte, irredutíveis a uma medida universal e geral. Nessas sociedades, a tradicional oposição entre interesses comuns, por um lado, e interesses particulares, por outro, bastante valorizada pelo paradigma normativista por causa de suas origens contratualistas, vem sendo substituída pelo reconhecimento dos interesses coletivos, que transcendem os direitos individuais e impõem limites crescentes ao direito privado."[211]

Acrescenta que a magistratura está convertida em árbitro de problemas que o Poder Legislativo, por diversas razões, não quis ou não soube equacionar, tendendo a julgar com critérios de justiça corretiva ou comutativa questões de justiça distributiva, a ponto de, muitas vezes, acabar invalidando normas cuja razão de ser é coletiva e social.[212]

O combate à criminalidade graduada, neste contexto social preocupante, onde a pobreza aumenta, a concentração de riquezas se acentua, onde o mercado funciona muito bem para poucos e muitíssimo mal, pois inacessível, para a maioria, educação precária, assistência à saúde pública muito deficiente, insegurança generalizada, descrédito nos políticos, dilapidação do patrimônio público estarrecedora, etc., é indeclinável. O Direito Penal deve ser resgatado do paradigma liberal-individualista-normativista e inserido em um contexto de Estado Democrático de Direito, como partícipe na tarefa de realização de, ao menos, alguns dos anseios sociais inseridos na Carta Constitucional, apresentando-se como instrumento de resgate da cidadania tão fragilizada pelo sistema político-econômico vigorante.

Márcia Dometila Lima de Carvalho assevera que:

"o Judiciário, com uma formação apropriada para o combate à criminalidade clássica, não vem revelando uma sensibilidade adequada para a captação das sutilezas inerentes à criminalidade econômica. Mostra, ao contrário, um apego exagerado a

---

[211] FARIA, José Eduardo. *Op. cit.*, 54-5.
[212] Idem, p. 59.

Direito Penal no Estado Democrático de Direito
Perspectivas (re)legitimadoras

uma certa interpretação liberal, não condizente com a nova realidade do Direito, emergente de um Estado de Justiça Social, concepção atual do Estado de Direito."[213]

Para ocorrer este resgate hermenêutico, portanto, não pode o julgador posicionar-se diante do Direito como um sistema de textos que confere, por si só, sentido jurídico aos fatos sociais, na proporção em que são acoplados ao esquema normativo vigorante, esquecendo-se dos fatores políticos e históricos do fenômeno jurídico. Impõe-se o afastamento de uma postura submissa como simples administração da lei (texto), como *neutra, passiva* e *objetiva*. Apresenta-se a possibilidade (necessidade) de afastamento do aplicador do Direito convertido em mero técnico do direito positivo. O juiz, no dizer de Luigi Ferrajoli, "no es una máquina automática en la que por arriba se insertan los hechos y por abajo se sacan las sentencias, acaso con la ayuda de algún empujón cuando los hechos no se adaptan perfectamente a ella."[214]

Sob a ótica organizacional, a atividade judicial, de paradigma liberal-individualista-normativista, é vista como uma simples administração da lei, constituindo-se em instituição neutra, imparcial e objetiva, sendo o intérprete um exclusivo técnico do direito positivo ditado pela ordem política. Por isso, afigura-se impreterível que o julgador atente para a conscientização apregoada por José Eduardo Faria, no tocante ao atual modo de aplicação do Direito, quando aduz:

"Como o que importa não é a explicação, a compreensão e a orientação dos comportamentos jurídicos, porém a tipificação e sistematização de situações normativas hipotéticas, ao agir de modo técnico, isto é, sem preferências valorativas e imune às paixões políticas, o juiz não se limita a atuar tendo em vista apenas a consecução das garantias formais, da certeza jurídica e do império da lei, postulados fundamentais do modelo liberal-burguês do Estado de Direito; ele também desempenha um papel de um profissional competente na integração dos atores considerados disfuncionais na vida social. Sua neutralidade e sua imparcialidade, conjugadas com uma hermenêutica positivista que o obriga a interpretações restritivas e objetivas dos códigos, convertem-se em condição básica para a legitimação de uma concepção específica de ordem e segurança. Trata-

---

[213] CARVALHO, Márcia Dometila Lima de. *Op. cit.*, p. 117.
[214] FERRAJOLI, Luigi. *Derecho y Razón, Teoría del garantismo penal*, p. 38.

se, pois, de uma concepção passiva de instituição judicial, expressa pela postura formal conferida a um magistrado enquadrado por uma relação de dimensão exegética com a legislação em vigor e de contato distanciado com os fatos, sobre os quais faz incidir estritos juízos de constatação, excluindo quase por completo os diferentes matizes de caráter histórico, ideológico e sociológico que particularizam o processo em julgamento. E, para assegurar tal exclusão, o Judiciário conta com tribunais superiores cujas funções básicas são: (a) uniformizar as decisões dos tribunais inferiores; (b) calibrar os critérios hermenêuticos; (c) preservar a disciplina e o profissionalismo de todo o corpo de magistrados; e (d) constituir-se numa espécie de Fecho Lógico de um sistema jurídico fechado, autônomo, completo e autofundamentador."[215]

Lenio Luiz Streck, com propriedade, detecta que:

"no Brasil, predomina/prevalece (ainda) o modo de produção de Direito instituído/forjado para resolver disputas interindividuais, ou, como se pode perceber nos manuais de Direito, disputas entre Caio e Tício ou onde Caio é o agente/autor e Tício (ou Mévio), o réu/vítima. Assim, se Caio (sic) invadir (ocupar) a propriedade de Tício (sic), ou Caio (sic) furtar um botijão de gás ou o automóvel de Tício (sic), é fácil para o operador do Direito resolver o problema. No primeiro caso, a resposta é singela: é esbulho, passível de imediata reintegração de posse, mecanismo jurídico de pronta e eficaz atuação, absolutamente eficiente para a proteção dos direitos reais de garantia. No segundo caso, a resposta igualmente é singela: é furto (simples, no caso de um botijão; qualificado, com uma pena que pode alcançar 8 anos de reclusão, se o automóvel de Tício (sic) for levado para outra unidade da federação). Ou seja, nos casos apontados, a dogmática jurídica coloca à disposição do operador um *prêt-à-porter* significativo contendo uma resposta pronta e rápida! Mas, quando Caio (sic) e milhares de pessoas sem teto ou sem terra invadem/ocupam a propriedade de Tício (sic), ou quando Caio (sic) participa de uma quebradeira de bancos, causando desfalques de bilhões de dólares (como no caso do Banco Nacional, Bamerindus, Econômico, Coroa-Brastel, etc.), os juristas só conseguem pensar o proble-

---

[215] FARIA, José Eduardo. *Op. cit.*, p. 29-30.

ma a partir da ótica forjada no modo liberal-individualista-normativista de produção de Direito."[216]

Efetivamente, para coroar este entendimento, importante a constatação efetuada por Ela Viecko Volkmer de Castilho, no sentido de que, no período de 1986 a 1995, dos 682 casos apurados pelo Banco Central como fatos motivadores de crimes contra o sistema financeiro nacional, apenas 19 réus foram condenados, e nenhum cumpriu pena privativa da liberdade.[217] No setor de combate aos crimes contra a ordem tributária do Ministério Público do Rio Grande do Sul, obteve-se a decretação de apenas doze prisões preventivas no período dos anos de 1995 até julho de 2000, inobstante o oferecimento de 213 (duzentas e treze) denúncias relativas a crimes desta ordem. Na Procuradoria de Justiça de Prefeitos do Rio Grande do Sul, incumbida exclusivamente da investigação e persecução dos crimes perpetrados por agentes políticos desta natureza, nos anos de 1998 e 1999 houve o recebimento de 142 denúncias e 40 outras não foram sequer recebidas, em percentual que se aproxima de 30% do total.[218] Ademais, segundo estatística da SUSEPE-RS, somente um apenado encontrava-se cumprindo pena privativa da liberdade relativamente aos crimes contra a ordem tributária no Estado do Rio Grande do Sul, em 13.04.2000, em detrimento de um total de 5.274 presos no Estado, com sentença definitiva, conforme já ressaltado.

Acerca dos processos de criminalização secundária, que ocorrem no âmbito da aplicação concreta do Direito Penal, Baratta assevera que acentuam o caráter seletivo do sistema penal já proporcionado no âmbito da legislação penal em abstrato. Ao serem estudados os preconceitos e estereótipos que guiam a ação dos órgãos investigadores e dos órgãos judicantes, percebe-se que são levados, assim como no caso do professor e dos erros nas tarefas escolares, a procurar a verdadeira criminalidade primordialmente naquelas camadas sociais dos quais é *"normal esperá-la"*. Alessandro Baratta refere a utilização do conceito de *"sociedade dividida"* formulado por Dahrendorf, destacando o fato de que:

---

[216] STRECK, Lenio Luiz. *Hermenêutica Jurídica e(m) crise, uma exploração hermenêutica da construção do Direito*, p. 33-4.

[217] CASTILHO, Ela Wiecko V. de. *Op. cit.*

[218] Dados obtidos junto ao Ministério Público do Rio Grande do Sul, setor de combate aos crimes contra a ordem tributária e Procuradoria de Justiça de Prefeitos.

"só metade da sociedade (camadas médias e superiores) extrai do seu seio os juízes, e que estes têm diante de si, predominantemente, indivíduos provenientes da outra metade (a classe proletária), fez surgir nos próprios sociólogos burgueses a questão de se não se realizaria, com isto, o pressuposto de uma justiça de classe, segundo a clássica definição de Karl Liebknecht. Têm sido colocadas em evidência as condições particularmente desfavoráveis em que se encontra, no processo, o acusado proveniente de grupos marginalizados, em face de acusados provenientes de estratos superiores da sociedade. A distância lingüística que separa julgadores e julgados, a menor possibilidade de desenvolver um papel ativo no processo e de servir-se do trabalho de advogados prestigiosos, desfavorecem os indivíduos socialmente mais débeis."[219]

Por este prisma, indiscutível a revelação efetuada por Faria, com base em dados do IBOPE, no sentido de que 86% das pessoas entrevistadas afirmam que "No Brasil, existem certas pessoas que mesmo que façam coisas erradas nunca são punidas pela Justiça", 80% das pessoas entendem que "No Brasil, as leis só existem para os pobres", apenas 16% das pessoas entendem que a "Justiça brasileira trata os pobres e os ricos da mesma maneira", enquanto que 80% pensam que "a justiça brasileira é discriminatória". Isto demonstra a necessidade premente no sentido de o Judiciário "dever despertar em tempo para a realidade social, política e econômica do país, aprendendo a lidar com os conflitos coletivos de natureza corporativa, grupal, comunitária e classista nela existentes, sob pena de ser considerado, cada vez mais, uma instituição irrelevante ou descartável, por parte da sociedade."[220]

O alerta havia sido lançado, aliás, por José Eduardo Faria, quando assinalava que:

"Enrijecido em termos organizacionais, excessivamente formalista, em termos procedimentais, e fortemente preso a uma matriz hermenêutica de inspiração normativista, em termos culturais, a meu ver o Judiciário ou lidera, ele próprio, um amplo processo de auto-reforma, ou será levado, inexoravelmente, a se submeter aos projetos reformistas impostos pelo Executivo e/ou pelo Legislativo, quase todos tendendo a

---

[219] BARATTA, Alessandro. *Op. cit.*, p. 177.
[220] FARIA, José Eduardo. *O Poder Judiciário no Brasil*: paradoxos, desafios e alternativas, p. 8.

reduzir suas competências funcionais e submetê-lo a algum tipo de controle externo."[221]

A premonição não tardou a ocorrer, verificando-se, atualmente, em tramitação no Congresso mais uma reforma constitucional visando a engessar o Poder Judiciário e o Ministério Público, tornando-os reféns dos interesses *políticos* dos demais Poderes, com tentativas tais como *Lei da mordaça*, súmula vinculante, comissão de ética, controle externo, etc.

O paradigma normativista prevalente na magistratura e, como de resto, na maioria dos lidadores do Direito, é derivado de matriz hobbesiana, na medida em que a lei é instituída como técnica disciplinar exclusiva de regulação das relações sociais. O Direito é tomado como um instrumento de cessação da guerra emergente do estado de natureza e a afirmação da paz civil, produto do Estado de Direito, *de feição liberal-clássica*. Por meio de normas de caráter geral e abstrato editadas exclusivamente pelo Estado reconhece-se e institui-se a liberdade negativa, estabelecendo a proteção aos indivíduos, não a cooperação entre eles. Aplica-se, pois um modelo técnico-racional auto-suficiente, onde o baluarte do sistema é o princípio da legalidade formal, em especial no campo penal, fiscal e administrativo, e do primado da lei aplicada a todos indistintamente no plano político, do poder e da economia. O direito é encarado como um sistema de normas prontas e acabadas, sem conteúdo político ou histórico. Uma visão, em suma, Kelseniana, que assimila o Direito a partir de um conjunto de normas jurídicas válidas porque emanadas do Estado e produzidas conforme procedimentos predeterminados.

> "O sistema de normas que se apresenta como uma ordem jurídica tem essencialmente um caráter dinâmico. Uma norma jurídica não vale porque tem um determinado conteúdo, quer dizer, porque o seu conteúdo pode ser deduzido pela vida de um raciocínio lógico do de uma norma fundamental pressuposta, mas porque é criada por uma forma determinada - em última análise, por uma forma fixada por uma norma fundamental pressuposta. Por isso, e somente por isso, pertence ela à ordem jurídica cujas normas são criadas de conformidade com esta norma fundamental. Por isso, todo e qualquer conteúdo pode ser Direito."[222]

---

[221] FARIA, José Eduardo. *Op. cit.*, p. 25-6.
[222] KELSEN, Hans. *Teoria pura do Direito*, p. 221.

Nota-se que o pensamento de Kelsen frutificou sobremaneira no seio da magistratura nacional (como de resto em toda a construção jurídica de nosso sistema dogmático), na medida em que normas jurídicas que, válidas porque existentes, são aplicadas de maneira acrítica, sem uma análise substancial-constitucional de sua validade, como que suficientes em si mesmas e de conteúdo intocável, apreciadas sem uma concepção valorativa, portanto, alienadas da realidade social. Daí, evidentemente, a concessão, por parte de diversos magistrados de nosso país, da substituição indiscriminada da pena privativa da liberdade por penas restritivas de direitos a traficantes de entorpecentes, assim que entrou em vigor a Lei nº 9.714/98, por meio de decisões açodadas, formalistas e meramente legalistas, que aos poucos vão sendo reformadas pela jurisprudência em razão de recursos do Ministério Público.[223] Nestas hipóteses, tínhamos a sociedade brindada com traficantes, em qualquer estágio do cumprimento da pena, no Rio Grande do Sul, em São Paulo, no Rio de Janeiro, etc., que passaram a, imediatamente, *cumprir serviços à comunidade*, por exemplo. Ao encarar a Lei nº 9.714/98 como um diploma suficiente em si mesmo, aplicável indistintamente na medida de seu conteúdo formal, não houve a sensibilidade substancial, por parte de inúmeros e indistintos magistrados em nosso país, de verificarem a necessidade de encontrar o parâmetro de validade material da norma em princípios constitucionais, no sentido de que a natureza hedionda do aludido delito, reconhecida constitucionalmente, impõe uma interpretação do conteúdo da norma com vistas aos valores sociais, não exclusivamente individuais. A lesividade das condutas de determinados delitos é, não apenas extrínseca, mas violenta intrinsecamente, não se podendo tomar o conceito de violência com base nos ensinamentos do *senso comum teórico* dos juristas, transmitido e impregnado academicamente.

---

[223] Agravo nº 699051322, 3ª Câm. Crim. do TJRS, publicado no Diário da Justiça do Rio Grande do Sul em 28.05.99, p. 31; Agravo nº 699135893, da 1ª Câm. Crim. do TJRS, publicado no Diário da Justiça do Rio Grande do Sul em 25.06.99, p. 18; Agravo nº 699107157, da 3ª Câm. Crim. do TJRS, publicado no Diário da Justiça do Rio Grande do Sul em 18.06.99, p. 31; 698018868, da 1ª Câm. Crim. do TJRS, publicado no Diário da Justiça do Rio Grande do Sul em 25.06.99, p. 18; Agravo nº 699173019, da 3ª Câm. Crim. do TJRS, publicado no Diário da Justiça do Rio Grande do Sul de 02.07.99, p. 06; processo nº 98.059.02524, do Tribunal de Justiça do Rio de Janeiro, *Habeas Corpus* nº 2574/98, julgado em 09.02.99; Ap. Crim., nº 264454-3/9, da 1ª Câm. Crim. de Férias do TJSP, de 18.01.99; Recurso Ordinário em *Habeas Corpus* 8620/PR, 5ª Turma do Superior Tribunal de Justiça, publicado no Diário da Justiça de 16.08.99, p. 80.

5.3. A magistratura nacional e o dilema da decidibilidade

Enfim, a magistratura nacional mantém-se vinculada à noção de Ciência do Direito identificada por Tercio Sampaio Ferraz Jr., ou seja, como uma mera questão de "decidibilidade".[224] *Porém às avessas*, pois uma decidibilidade formal.

O que se verificou, no século XIX, foi o entendimento ingênuo no sentido de uma relação causal entre a vontade do legislador e o Direito como norma legislada. Enfim, um direito positivado determinista, fruto da inspiração dos ideais da formação do Estado de Direito. A evolução do pensamento jurídico permitiu uma conscientização no sentido de que o direito positivo não é criação da decisão legislativa (relação de causalidade), mas deriva da imputação de validade do direito a certas decisões (legislativas, judiciárias e administrativas). A positivação deixa de decorrer de uma vontade do determinismo da história. Passa a refletir a experiência atual e corrente, uma dinamicidade social que determina a quem devem ser atribuídas sanções, obrigações, modificações, etc. A positivação reflete, pois, uma legalização das constantes trocas do próprio Direito, oriundas da dinâmica social.

Em suma, o Direito não nasce da pena do legislador (decisão), mas decorre de valores socialmente preponderantes, interesses de fato dominantes, conjunturas econômicas e políticas, etc. O legislador apenas escolhe dentre aquelas circunstâncias prevalentes, regulamentando-as, sem que, com isso, os demais fenômenos sociais desapareçam ou, mesmo, não possam ser futuramente valorados por decisão do legislador.

Isso implica dizer que a Ciência do Direito, que sempre se preocupou com aquilo que pode ser direito (relação causal-determinismo histórico), passa a ocupar-se com aquilo que deve ser direito (relação de imputação), ou seja, com a oportunidade de certas decisões. O seu problema não é uma questão de verdade, mas de decidibilidade. O caráter científico do Direito, tradicionalmente voltado ao ser, ao problema da verdade, passa a ser encarado como um pensamento tecnológico do dever ser, preocupando-se com a questão prática, de resposta, de aplicação ao caso concreto. Daí, para Tércio Sampaio Ferraz Jr., o caráter tecnológico. Ao envolver uma questão de decidibilidade, a Ciência do Direito estabelece-se como pensamento tecnológico.

---

[224] FERRAZ JR., Tércio Sampaio. *A ciência do direito.*

"O saber dogmático contemporâneo, nesse sentido de uma tecnologia em princípio semelhante às tecnologias industriais, é um saber em que a influência da visão econômica (capitalista) das coisas é bastante visível. A idéia do cálculo em termos de relação custo-benefício está presente no saber jurídico-dogmático da atualidade. Os conflitos têm de ser resolvidos juridicamente com o menor índice possível de perturbação social".[225]

Percebe-se, pois, que o ato de decisão é muito mais que estrita deliberação. Estabelece-se uma situação de comunicação, na medida em que é sempre referido a outrem. É termo correlato a conflito, apresentando-se como conjunto de alternativas que surgem da diversidade de interesses, das condições de avaliação, da diversidade de enfoque dos interesses.

O enfoque ainda conferido pela maior parcela da magistratura nacional, relativamente à criminalidade graduada, cinge-se a uma questão de decidibilidade normativa, no pressuposto de que a igualdade formal estabelecida na letra instituída pelo legislador, subsumida ao caso concreto materializado em um procedimento por vezes extremamente dificultado, é uma mera questão de decidibilidade, de impedimento da continuação de um conflito. Não há a busca de um término por meio de uma solução, mas uma solução pondo um fim de qualquer forma. Isso significa que não ocorre a eliminação da incompatibilidade primitiva, mas ela é trazida para uma situação onde não pode mais ser retomada nem levada adiante (coisa julgada), abstraída a desigualdade substancial inerente a todo o processo.[226]

No âmbito da macrocriminalidade ou criminalidade do *colarinho branco* continuamos vinculados à concepção cômoda e tradicional da decisão jurídica, encarada por grande parcela da magistratura como um silogismo, eliminando o conflito por uma solução dedutiva, onde a norma geral funciona como premissa maior, o conflito, premissa menor e a conclusão identificada com a decisão. Esta concepção é por demais ingênua, pois não revela a complexidade que a compõe. Essa complexidade, para os mais antigos, já remontando a Aristóteles, é localizada na premissa menor, diante da dificuldade de identificar em um caso x o justo e o injusto, sua admissão ou rejeição. Modernamente, a complexidade é identifica-

---

[225] FERRAZ JR., Tércio Sampaio. *Introdução ao Estudo do Direito*, p. 88.

[226] Processo aqui entendido como aquele de formação da lei, processo propriamente dito, entraves propositadamente criados pela macrocriminalidade, efeitos sociais do crime, violação da Constituição, etc.

Direito Penal no Estado Democrático de Direito
Perspectivas (re)legitimadoras

181

da na premissa maior, a norma. Este processo revela peculiaridades, pois a dinâmica da construção da decisão jurídica está na própria elaboração da premissa maior (norma). Afirma-se que o julgador tende a efetuar o processo silogístico ao inverso, buscando, primeiro, intuitivamente, a conclusão a que deve chegar, procurando regressivamente identificá-la à norma. A identificação da norma é, entretanto, fenômeno complexo diante da amplitude do processo legislativo, constituindo um labirinto de normas e interesses que se coligam, completam e excluem. Esse modelo é plenamente aceito, de forma acrítica, e posto em prática, notadamente quando se trata da criminalidade substancial.

A decisão, além da identificação do suposto fático (hipótese de comportamento prevista na norma), exige um procedimento conhecido por prova. A prova, juridicamente, em essência, possui um sentido ético (*probatio - probus - probo*). Provar representa aprovar, sugere a confiança estabelecida. A questão conjectural (quem é o autor? há o fato?, etc.) é estabelecida pelo identificado princípio *do onus probandi* (a prova compete a quem alega). Essa questão conjectural, na ótica do julgador forjado no modelo liberal-individualista-normativista, é resolvida escolhendo por uma das opções apresentadas pelas partes e terminando o caso com a decisão, sem maiores esforços para a superação da dúvida, propositalmente produzida pelo poderio da parte envolvida. Na medida em que uma decisão jurídica é imperativa e que os *mapas estatísticos*[227] atormentam o julgador e tornam-se uma neurose, na maior parte dos casos, impõe-se, portanto, uma decisão jurídica, pouco importando a natureza do delito perpetrado, sua complexidade, os subterfúgios empreendidos pelas partes envolvidas, etc. Na medida em que não é admissível, juridicamente, o *non liquet*,[228] para superá-lo surgem pretextos abarcados por clássicas fórmulas como os princípios *in dubio pro reo* e *in dubio contra auctorem*, cada vez mais utilizados em favor de criminosos de alta lesividade.

Aliás, o caráter tecnológico da Ciência do Direito e sua questão central, a decidibilidade, são muito bem percebidos na atuação jurisdicional, na atualidade, com a instalação dos Juizados Especiais Criminais, onde se visa a encontrar, com a maior celeridade, o

---

[227] Há uma concorrência *judiciária* para apurar, mensalmente, o número de processos *baixados* e aqueles iniciados, o número de sentenças de mérito, as decisões reformadas e aquelas confirmadas, a produtividade dos cartórios, etc.

[228] A primeira vez em que se inseriu, expressamente, na codificação, o princípio da vedação do *non liquet* foi no artigo 4º do Código Civil Francês.

término de pequenos conflitos sociais. Na prática, em grande parte dos casos, o que se verifica é o estímulo, que por vezes constitui-se em relativo *constrangimento* às partes, para o término, não apenas do conflito, mas do processo (uma questão de mapas cartorários, conforme já dito, ausência de *pauta*, estatísticas judiciárias, etc.). Não é outro o comportamento na Justiça do Trabalho, onde a busca do *acordo* é levada à exaustão, onde as partes, mesmo detentoras de direitos, abrem mão daquilo que lhes pertence para receberem algo, no momento, possível, cessando formalmente o conflito.

José Eduardo Faria destaca que o Poder Judiciário precisa mudar, mas também encontra-se num paradoxo. Se o risco da desintegração da sociedade depende da aplicação dos direitos sociais, cuja efetividade requer uma atuação mais vigorosa por parte dos três poderes do Estado, por outro lado encontramos os efeitos da globalização econômica e do modelo neoliberal que, ao estimularem o capital, a produção, a gerência, a informação e os mercados, tanto de insumos quanto de trabalho, a se organizarem de modo transversal às fronteiras nacionais, estimulando a lei do mais forte e da competição indiscriminada, os instrumentos tradicionais de regulação, controle e direção do Estado tornam-se ineficazes. Por isso, o Judiciário não pode ignorar ou encarar este fenômeno como algo metajurídico, dentro do viés extremamente seletivo e restritivo típico do paradigma jurídico normativista, continuando preso à sua auto-imagem como uma corporação neutra, técnica, reativa e voltada somente à adjudicação de problemas de justiça comutativa ou corretiva.

> "Se assim persistir, seus membros estarão levando a instituição a que servem a ver agravadas suas crises de identidade e eficiência, convergindo para uma imensa e fatal crise de legitimidade, ou seja, a crise que está por trás da idéia de sua descartabilidade... Ora, diante do esvaziamento de muitas de suas prerrogativas, em face dos múltiplos centros normativos emergentes, dos diferentes processos de negociação paraestatal e dos mecanismos auto-regulatórios comuns ao fenômeno da globalização econômica, bem como da timidez revelada até agora pela magistratura na aplicação dos direitos sociais, o Judiciário, evidentemente, tende a perder o reconhecimento da sociedade; a confiança dos atores sociais em sua atuação tende a se exaurir."[229]

---

[229] FARIA, José Eduardo. *Op. cit.*, p. 56-7.

O despertar da magistratura nacional, no âmbito do Direito Penal, pois, passa pelo alerta no sentido de que a macrocriminalidade ou criminalidade do *colarinho branco* é fenômeno que tem-se acentuado, notadamente, com a intensificação dos efeitos da globalização econômica e do neoliberalismo impregnados em nosso sistema político e social, marcando uma cisão entre o Direito Penal clássico, ainda fruto de um modelo liberal-individualista-normativista que deve ser superado e uma necessária visão crítica voltada para a concretização dos valores sociais impregnados na Constituição. Deve o Poder Judiciário imiscuir-se nessa realidade, não somente para que os efeitos dessa nova postura preconizada reflitam-se na sociedade, destinatária de todo o atuar jurisdicional, mas no próprio âmbito do poder. Enfim, postura que somente resgatará a necessária dignidade desta parcela do poder por meio de uma visão voltada à implementação dos direitos sociais e dos fins da República, preconizados constitucionalmente, proporcionando a realização dos valores inerentes a um Estado Democrático de Direito, buscado em sua concretude pelo povo brasileiro.

Por isso, não basta ao julgador decidir, mas decidir com substancialidade, vinculando-se aos valores sociais e objetivos da República previstos na Constituição, ainda não implementados, cujo fator impeditivo desta almejada implementação é, sobremaneira, a prática da macrocriminalidade, da delinqüência graduada.

5.4. O Ministério Público

No âmbito do Ministério Público, instituição incumbida, constitucional e legalmente, de promover a defesa do patrimônio público e do Estado Democrático de Direito, com atuação histórica acentuadamente no âmbito criminal, também apresenta-se importante uma viragem hermenêutica. Efetivamente, as atribuições vêm-se acumulando, mormente a partir da Constituição de 1988. Na mesma medida, o compromisso social, a aproximação com a comunidade e o comprometimento com o zelo pelos valores constitucionais impõem-se cada vez mais intensos. É lento o afastamento do paradigna hermenêutico tradicional, objetificante, que também e muito está impregnado na magistratura, nas dimensões já vistas. Há ainda uma tendência acentuada de atenção aos reclamos do processo, ao formalismo positivista-individual que consome o precioso tempo reclamado pelo interesse público, coletivo, das causas supra-individuais. Não se quer dizer, com isso, que a dedicação ao processo criminal, o empenho às atribuições como *custos legis*, como substituto processual (ações e execuções de alimentos, investigações de paternidade, interdições, etc.), ou outras atribuições, todas de cunho social, mereçam menosprezo. Ao contrário. São relevantíssimas. Entretanto, afigura-se impreterível o despertar para uma atenção efetiva, permanente e mais acentuada ao combate necessário à criminalidade graduada, que impede a implementação dos valores do próprio modelo de Estado a que está incumbido de zelar, à defesa do patrimônio público, como fator de resgate da credibilidade do próprio Estado, como instância de retribuição ao clamor social por maior respeito aos cidadãos. Enfim, como instrumento de valorização da própria justiça e, acima de tudo, do Estado Democrático de Direito.

Imperativa uma dedicação mais intensa, com destinação de recursos humanos (pois financeiros são sempre escassos), formando equipes de combate ao crime organizado, à macrocriminalidade, não apenas desincumbidas da dedicação quase exclusiva ainda dispensada às lides cartorárias, mas com preparo intelectual voltado a essa área de atuação, promovendo-se cursos, formando Promotorias estruturadas, porventura regionalizadas, treinamento de técnicas de persecução probatória, etc., em necessária superação da ainda nítida formação do Promotor de Justiça vinculado ao atendimento dos inquéritos exclusivamente recebidos da polícia, sem iniciativa investigatória (muitas vezes por falta de tempo para qualquer outra providência extrajudicial), tomado pelas audiências e processos com prazos por vencer. Ressalte-se que já são visíveis algumas iniciativas, mormente no Estado do Rio Grande do Sul, onde, há muito tempo, há uma Procuradoria especializada no combate aos crimes praticados por Prefeitos,[230] com resultados destacados em nível nacional, assim como um setor de combate aos crimes contra a ordem tributária, em que pese contar com apenas dois Promotores de Justiça atuantes. Entretanto, neste mesmo nível, ainda são pífias as iniciativas em outros Estados, quando não inexistentes.

Evidentemente que uma postura inovadora obrigará os membros do Ministério Público a conviverem com represálias freqüentes, oriundas da camada de criminalidade inserida nos meandros do

---

[230] É lamentável que tenhamos que instituir, especialmente, uma Câmara Criminal para Prefeitos, em franco sintoma da intensidade com que estes agentes públicos violam as leis penais.

Direito Penal no Estado Democrático de Direito
Perspectivas (re)legitimadoras

poder (aqui compreendido político, econômico e de influência social). Não são poucas as retaliações empreendidas em nível legislativo. Em torno de uma centena de projetos de lei estão em tramitação no Congresso Nacional, todos envolvendo interesses na efetivação de restrições às atribuições do Ministério Público. Entretanto, este reflexo apenas deve reforçar ainda mais o ideal necessariamente inerente aos membros desta Instituição, um dos últimos repositórios de expectativa social pela efetivação dos valores próprios do Estado Democrático de Direito ainda não implementados, em que pese formalmente previstos na Constituição.

Francisco Luçardo, quando Procurador-Geral de Justiça do Rio Grande do Sul, destacou:

> "Em que sociedade vivemos? Trata-se de uma sociedade caracterizada pela desigualdade social, provocada por uma estratégia perversa de modernização. Essa iniqüidade e essa discriminação social podem ser vistas pelos indicadores de distribuição de renda. Segundo dados do Núcleo de Estudos Econômicos e Sociais da UNICAMP os 20% mais pobres tiveram, em 1960 e 1980, sua participação na Renda Nacional reduzida de 3,9% para 2,,8%. Já os 10% mais ricos passaram de 39,6% para 50,9% da Renda Nacional. Em 1960, os 50% mais pobres da população economicamente ativa detinham 16% da renda total, em 1980, detinham 14,4% e, em 1983, detinham 12,24% da renda total. Visto do ângulo da pobreza absoluta, o quadro revela-se muito mais grave. Em 1980, 60% das famílias tinham rendimento de até 3 Salários Mínimos e 42% estavam na faixa de rendimento de até meio Salário Mínimo; em 1984, 11,6 milhões de famílias tinham rendimentos de até 2 Salários Mínimos, ou seja, 37,6% do total de famílias. Outros dados impressionam: 24% da população de São Paulo moram em cortiços; 70 milhões de brasileiros sofrem de verminose; há 5 milhões de brasileiros chagásticos; e 5 milhões sofrem de esquistossomose; a mortalidade infantil tem sido equiparada a do Sri-Lanka e da Malásia. Nossa população de analfabetos equivale à soma das populações de Minas Gerais e Rio de Janeiro, sendo que, de cada 100 brasileiros, 26 jamais passarão pelos bancos escolares; 62 não evoluem do Primeiro Grau e dos 12 privilegiados que chegam ao Segundo Grau, apenas 4 vão para a universidade. Uma pesquisa publicada pela Folha de São Paulo revela que nem os ratos suportaram uma dieta básica, constituída, essencialmente, de feijão, farinha de man-

dioca, batata doce, e um pouco de carne seca. Os dados são do Departamento de Nutrição da Universidade Federal de Pernambuco. Os ratos que receberam esta alimentação ficaram com a cabeça grande, corpo pequeno, pele grossa, sexualidade retardada, magérrimos, com menor capacidade de aprendizagem e morreram prematuramente. Estes dados, além de mostrar o sentido do atual debate político e seu limite, também nos ajudam a entender a crise da função social de nossas Instituições Jurídicas e Judiciais."[231]

A realidade social traçada, evidentemente, não melhorou desde então. Ao Ministério Público, pois, compete uma visão crítica e uma postura firme, inovadora, diante desta realidade. Qual o seu papel? Ou permanece vinculado estritamente ao exercício de ações penais voltadas contra a criminalidade clássica, recebendo em seus gabinetes investigações policiais,[232] na maior parte falhas, com prazo de conclusão vencido, relativas a brigas entre marido e mulher, vizinhos, furtos de galinhas, guardanapos de supermercados, abridores de garrafas ou roupas, etc., ou procura aliar às atividades já desenvolvidas um novo perfil, que represente sua imersão contra a verdadeira criminalidade, aquela lesiva aos interesses sociais sedimentados em uma Constituição democrática e social. A última alternativa nos parece que é única no sentido de relegitimar a atuação funcional dos agentes desta imprescindível e digna Instituição, que goza de todo o respeito social e na qual a sociedade deposita grande parte de seus anseios.

5.5. Constatações fáticas da crise paradigmática de efetividade do Direito Penal

Se ao analisarmos os instrumentos formais do Direito Penal constatamos que se apresentam totalmente vinculados ao modelo liberal-individualista-normativista, onde é predominante a tutela dos interesses individuais e, acima de tudo, patrimoniais do indivíduo visto como unidade, em detrimento de uma faixa de criminalidade que, diante do Estado Democrático, afronta valores sociais e constitucionais transindividuais, de relevância indistinta e extrema-

---

[231] LUÇARDO, Francisco de Assis Cardoso. Ministério Público, revisão crítica. *In: Revista do Ministério Público do Rio Grande do Sul*, p. 11-2.
[232] Para uma realidade acerca da polícia, ver MINGARDI, Guaracy. *Tiras, gansos e trutas*. Segurança Pública e Polícia Civil em São Paulo (1983-1990).

mente emergentes, privilegiando camadas sociais abastadas que compõem esta cifra delinqüencial, não é diversa a visão que se pode ter quando analisada a consciência formadora do modelo hermenêutico inerente aos aplicadores do Direito Penal, notadamente o Poder Judiciário de nosso país, conforme já demonstrado. Com uma visão também liberal-individualista, acentuadamente normativista, apresentam-se nossos magistrados resistentes à necessária virada hermenêutica para acompanhar a realidade social e institucional. Enfim, encontram-se constantes barreiras, no âmbito do Direito Penal, à efetivação dos auspícios inerentes ao Estado Democrático de Direito, quando se trata da abordagem da identificada macrocriminalidade ou criminalidade do *colarinho branco*. Um trabalho de incursão nas decisões judiciais acerca do tema é sintomático neste sentido.

Percebe-se carência de horizontes na interpretação-produção de sentido em ações penais ajuizadas com a finalidade do afronta à criminalidade destacada, sem a necessária contrapartida das decisões judiciais voltadas, com muita freqüência, ao interesse individual, protetivas da relação sujeito-objeto, a pretexto da garantia de princípios de inviolabilidade do direito de propriedade (esquecendo-se que a própria propriedade possui fins sociais - art. 5º, inc. XXIII, CF), sob o mote de protegerem o direito à privacidade (esquecendo-se que a privacidade cede lugar quando se tratar da implementação dos valores sociais constitucionalmente previstos e violados pela cifra graduada da criminalidade), com fundamento na garantia do sigilo bancário, com a dificuldade na realização de provas e, como último subterfúgio, na vastíssima conclusão pela insuficiência de provas.

Por paradigmático, afigura-se imprescindível apresentar acórdão prolatado na 4ª Câmara Criminal do Tribunal de Justiça do Rio Grande do Sul, em razão do *Habeas Corpus* nº 696803550, proposto contra decisão de Juiz de entrância intermediária que decretou, para garantir ressarcimento de prejuízo extremamente vultoso aos cofres públicos de Município de porte médio, o seqüestro de bens do Prefeito Municipal e seu advogado, em cautelar incidental a ação civil pública por prática de atos administrativos ímprobos. De maneira totalmente inusitada, em uma Câmara Criminal, ocorreu o recebimento de um *habeas corpus* como *recurso de reclamação*, existente apenas no âmbito dos regimentos do Superior Tribunal de Justiça e Supremo Tribunal Federal (arts. 156 e 187, respectivamente, destinado a *preservar a competência do Tribunal ou garantir a autorida-*

de das suas decisões), para, literalmente, produzir os seguintes efeitos:

"Acordam, em Quarta Câmara Criminal do Tribunal de Justiça, a unanimidade, conhecer do *habeas corpus* como reclamação e a julgar procedente para o efeito de trancar a ação que sofre o paciente e cassar a liminar concedida. Esta decisão é estendida ao Co-réu. Custas na forma da lei."

Saliente-se que tal medida foi tomada sob o fundamento de que as sanções previstas na Lei nº 8.429/92, relativas aos atos de improbidade administrativa, possuem caráter penal, inobstante a Constituição Federal, em seu artigo 37, par. 4º, literalmente, estabeleça que "Os atos de improbidade administrativa importarão a suspensão dos direitos políticos, a perda da função pública, a indisponibilidade de bens e o ressarcimento do Erário, na forma e gradação previstas em lei, sem prejuízo da ação penal cabível", o que foi ratificado, com as mesmas letras, no artigo 12 da aludida Lei.

Portanto, não bastasse o inusitado, a excentricidade ou algo que não se consegue compreender, aparentemente, na instância eminentemente criminal, transforma-se *habeas corpus* em um recurso sequer existente no âmbito do julgamento em evidência, para *trancar* ação cível por atos de improbidade administrativa e liberar as garantias lidimamente determinadas em juízo cível, sequer possibilitando o prosseguimento da demanda para apurar o ressarcimento aos cofres públicos de vultoso prejuízo ao patrimônio público. Para resgatar a moralidade da própria justiça, houve interposição de conflito de jurisdição (nº 597003714), por parte do Ministério Público, perante o Pleno do Tribunal de Justiça, em razão de indeferimento anterior, na 1ª Câmara Cível do Tribunal de Justiça, de recurso de agravo interposto pelas mesmas partes visando ao mesmo objetivo e sob os mesmos fundamentos, julgado procedente e tornando sem efeito a decisão da 4ª Câmara Criminal, em suma, anulando-a por total incompetência. Mais alarmante ainda, com a mesma *visão-de-mundo*, em conseqüência da mirabolante decisão da 4ª Câmara Criminal, foram estendidos os efeitos da *cassação* a mais duas ações cíveis por atos de improbidade administrativa perpetrados pelo mesmo Prefeito, na mesma Comarca. Com a reforma da decisão, tomada pelo Tribunal Pleno, houve o prosseguimento das demandas, porém, sem a indisponibilidade de bens, o que, por si só, já acarreta prejuízos a eventual ressarcimento aos cofres públicos. A ação, no juízo de primeiro grau, foi julgada procedente, determinando a restituição aos cofres públicos do vultoso montante e a imposição de multa. Ainda no âmbito da mesma 4ª Câmara Criminal, a ação penal (processo nº 696801943) contra o aludido Prefeito e seu advogado não teve sequer seguimento, sendo a denúncia rejeitada com base no artigo 386, inc. III, do CPP. Houve, entretanto, interposição de Recurso Especial e Extraordinário pelo Ministério Público, ainda em tramitação.[233]

Efetivamente, o exercício hermenêutico efetuado na (inusitada) lastimável decisão, tomada em sede de *habeas corpus*, é alienado e alienante. Alienado, pois distorcido da *visão-de-mundo* necessária, na medida em que distanciado do interesse social e protetivo do obscuro interesse individual. Reprodutor de sentidos preexistentes, na medida em que apenas explicitou uma realidade semântica, dos signos em relação aos objetos, do poder sobre a camada submissa, do particular para o mundo, do enriquecimento ilícito do particular em relação ao prejuízo ao erário (de todos os cidadãos já vitimados). Enfim, produtor de miséria, de analfabetismo, de desnutrição, de falta de assistência social, de ausência de atendimento à saúde, etc. Reproduziu um discurso de retórica, lançando *"pré-conceito"* inautêntico,[234] fundado a partir da autoridade, empregando a hermenêutica como método (hermenêutica clássica) para legitimar a interpretação da lei como recurso ideológico e político mantenedor do *status quo*,[235] postura tipicamente do modelo liberal-individualista. Posicionou-se o julgador como uma *mônada* que, do alto, pudesse apanhar, retoricamente, instrumento sequer existente nas regras do *jogo jogado* (jogo este que pressupõe o interesse social, a participação dos cidadãos, a existência da Constituição e de um Estado Democrático de Direito), para adaptá-las ao interesse individual, privatista, liberal (e liberalizante). Alienado, ainda, porque insensível ao valor supremo da probidade administrativa e da necessidade de afronta à macrocriminalidade ou criminalidade do *colarinho branco*, indiferente aos interesses coletivos, ao patrimônio passível de produção de benefícios sociais. Sensível, contrariamente, ao interesse de indiví-

---

[233] Portanto, para um mesmo fato, estamos diante de uma situação onde agente político praticou conduta ímproba, lesiva aos cofres públicos, resultando condenado em uma ação civil pública, e absolvido pelo mesmo fato no ambiente criminal, ambiente onde já havia sido empreendida anomalia jurídica privilegiadora, tornada sem efeito posteriormente no mesmo âmbito de jurisdição.

[234] Efetuando alusão a Gadamer, Lenio Luiz Streck esclarece a identificação acerca de pré-juízos e pré-juízos autênticos e inautênticos. STRECK, Lenio Luiz. *Op. cit.*, p. 247.

[235] WARAT, Luis Alberto. *Introdução geral ao Direito I*, p. 65-6.

duos já aquinhoados, detentores de poder político e econômico. Alienante, na medida em que mantém oculta, subjacente, uma verdade que aflige e atinge enorme quantidade de cidadãos carentes, em benefício de interesses individuais escusos. Alienante, pois insere num contexto social extremamente grave, de inefetividade dos direitos assegurados constitucionalmente, em plena emergência dos inúmeros efeitos maléficos produzidos pelo sistema político-econômico vigorante, uma decisão que legitima a retirada da sociedade de parcela do já parco patrimônio público, que poderia destinar-se ao suprimento de algumas das incontáveis necessidades da população.

A inefetividade do combate à criminalidade impeditiva dos imperativos constitucionais, pois, manifesta-se por uma falta de *visão-de-mundo*, por uma alienação produzida em torno da visão sujeitoobjeto, impregnada na filosofia da consciência e na (re)produção do Direito a partir de um sentido comum teórico, "onde a verdade jurídica é sempre a fase mítica dos segredos e das ausências de sentido, é ela um operador totêmico, que nega os segredos e as ausências. Um fetiche que oculta o sentido histórico e político do direito afirmando-o ilusoriamente como transcendente",[236] onde o intérprete, supondo ser portador do discurso jurídico em forma de mito, imagina encontrar-se em uma redoma elevada analisando a humanidade de cima para baixo e, ao mesmo tempo, prefere comunicar-se com cada indivíduo isoladamente, como se o problema da unidade devesse prevalecer ante o interesse social-constitucional, de natureza constitucional-supra-individual.

Interessa ressaltar a necessidade de uma fusão de horizontes, permitindo que o intérprete do Direito, no trato do fenômeno da macrocriminalidade, consiga inserir-se em ambiente onde possam proliferar os valores sociais preconizados constitucionalmente, frutos de um Estado Democrático de Direito, onde se consiga efetivar o desiderato de acentuada cidadania, o que somente poderá ocorrer a partir de uma *visão-de-mundo* diversa daquela atualmente impregnada na maioria dos lidadores do Direito, ou seja, o método de produção identificado por liberal-individualista-normativista. Há necessidade de o intérprete não apenas reproduzir o sentido comum vigorante, de prevalência do interesse individual, do zelo exacerbado com as relações interindividuais, de cunho liberal, onde a norma penal é igualitária e abstrata, mas inserir-se na lingüistici-

---

[236] WARAT, Luis Alberto. *O monastério dos sábios*: o sentido comum teórico dos juristas. In: *Introdução geral ao direito II*, p. 57-99.

dade contemporânea, isto é, imergir no mundo vivido por uma sociedade que clama pelo respeito aos valores constitucionalmente previstos, mas afrontados por essa camada de criminalidade a quem ainda são destinadas as benesses da lei, enfim, impune. Uma sociedade que, percebendo a inefetividade no trato com atos atentatórios aos interesses constitucionais, enxergando o privilegiamento legal, processual e sentencial, desacredita no Estado, na Justiça, em seus representantes.

Imperioso estimular a consciência de que é possível, quando visualizado o Estado Democrático de Direito por efetivar-se, quando banhados por espírito de valoração dos princípios constitucionais inerentes ao Direito Penal, pela necessidade de implementação dos objetivos da República e dos direitos sociais, afastar-se da reprodução de uma linguagem lógica, criadora de ícones ao discurso puro, fruto do neopositivismo nefasto aos interesses sociais. Essa virada hermenêutica pressupõe uma inserção, uma comunhão entre o sujeito e o mundo em que ele vive, o que pode ser alcançado a partir da conscientização de que o julgador e todos aqueles que labutam com o Direito não podem supor a existência do *eu cogito*, da existência de uma fala autorizada a partir de uma *visão-de-mundo* individualista, como se a realidade que produz uma faixa de criminalidade ainda extremamente privilegiada, impune, danosa a todos os valores sociais-constitucionais imagináveis, não existisse, ou, pior, tratar esta faixa da megacriminalidade a exemplo da criminalidade clássica, lesiva aos interesses individuais, notadamente o patrimônio.

Esta é uma perspectiva necessária para o Poder Judiciário e o Ministério Público, para suportarem os desafios que se abatem sobre um Poder e uma Instituição que podem, com a dignidade exigida de seus membros, transformar-se em instrumentos de materialização de um verdadeiro Estado Democrático de Direito, e resgatar a legitimidade do Direito Penal inserido neste modelo de Estado.

Considerações finais

1. A perspectiva relegitimadora do Direito Penal

O Direito Penal brasileiro está, efetivamente, em crise. Apresenta-se vinculado historicamente ao modelo de Estado Liberal, onde a preponderância do patrimonialismo e das liberdades individuais assumem contornos de valores primevos, conformadores de todo o sistema jurídico. A mantença de uma legislação penal agregada a essa ideologia tem legado aos cidadãos brasileiros uma legislação penal que se sustenta sob o primado da igualdade formal, proporcionando a tutela de bens jurídicos de maneira a constituir-se em instrumento de reprimenda acentuada à camada de criminalidade clássica, basicamente lesiva ao patrimônio individual, em detrimento da proteção estabelecida por meio de subterfúgios legais a uma cifra graduada da criminalidade, a uma faixa de macrocriminalidade de extrema proporção lesiva. Sintoma desta seletividade do direito penal, que pode ser identificada também como produção de igualdade formal e desigualdade substancial, é a legislação tuteladora dos delitos contra o patrimônio, as formas de criminalização dos delitos contra a ordem tributária e econômica, os delitos perpetrados por Prefeitos, os crimes ecológicos, os crimes de *lavagem* de dinheiro, as benesses indistintas concedidas pela Lei nº 9.714/98, etc. Fruto disso está representado nas estatísticas criminais, notadamente nos índices de apenados em nosso país, onde, em essência, a criminalidade graduada está imune.

Enfim, verifica-se um sistema penalístico seletivo e desigual, desvinculado dos valores inderrogáveis do Estado Democrático de Direito, o que acarreta a sua deslegitimação e o descrédito nas suas funções, bem como nas instituições incumbidas de seu trato.

A Constituição de 1988 consagrou valores e princípios que apresentam-se como essência do Estado Democrático de Direito, dentre eles, em especial, a relevância da dignidade da pessoa humana (art. 1º, inc. III), preponderância dos direitos humanos (art. 4º, inc. II), com desiderato de construir-se uma sociedade livre, justa e solidária, onde a pobreza e a marginalização sejam erradicadas e as desigualdades sociais minimizadas, em busca do bem-estar de todos os cidadãos (art. 3º). Para tanto, ao lado dos direitos individuais clássicos, legou uma plêiade de direitos sociais e coletivos, em sintomática demonstração da configuração de um Estado que optou por uma democracia voltada para os valores sociais. A Constituição vigente, pois, ampliou os direitos cuja finalidade é assegurar a justiça social. Márcia Dometila Lima de Carvalho, reportando-se a George Burdeau, assevera que "os direitos sociais, postos em todas as Constituições modernas, implicam na rejeição da concepção liberal do Estado e acrescentam, ao conteúdo político da democracia, um conteúdo social em face do qual há apenas uma alternativa: assimilá-lo ou desaparecer".[237]

Se o pensamento liberal encarou o Estado de Direito limitado exclusivamente por proibições, que estabelecem garantias aos indivíduos de não serem privados dos bens já existentes anteriormente à formação política do Estado, notadamente a vida, a liberdade e a propriedade privada, constituindo-se as garantias liberais em deveres públicos negativos, a eles foram agregados outros valores de natureza social, indistinta, que preconizam melhores condições sociais de vida, configurando-se eles em correspondentes obrigações do Estado em efetivá-los. Sérgio Cademartori, ressaltando a teoria garantista de Luigi Ferrajoli, assevera que:

> "A regra no estado liberal de direito é: nem sobre tudo se pode decidir, nem sequer por maioria... Já a regra do estado social de direito tem como enunciado básico: nem sobre tudo se pode deixar de decidir, nem sequer por maioria. Por isso, o garantismo redefine o conceito de democracia: É chamado democracia substancial ou social o estado de direito munido de garantias específicas, tanto liberais quanto sociais; sendo que a democracia formal ou política será o estado político representativo, isto é, baseado no princípio da maioria como fonte de legalidade. A expansão da democracia dá-se hoje, após a conquista do sufrágio universal, em sua extensão dos vínculos estruturais e funcionais impostos a todos os poderes - democráticos e burocráticos, públicos e privados - para a tutela substancial

[237] CARVALHO, Márcia Dometila Lima de. *Op. cit.*, p. 43.

dos direitos vitais, elaborando sempre novas técnicas de garantias. Democracia social e estado social de direito formam um todo único no projeto garantista: ao mesmo tempo deve corresponder a um estado liberal mínimo (pela minimização das restrições das liberdades aos cidadãos) e estado social máximo (pela maximização das expectativas sociais dos cidadãos e correlatos deveres de satisfazê-las por parte do estado)."[238]

É evidente, pois, que no ambiente constitucional brasileiro, onde estão resguardados os direitos pré-políticos, inspiradores do Estado Liberal, mas há fundamental relevância em torno de princípios e valores sociais, a implementação de uma democracia substancial impõe ao Estado e ao Direito uma conotação inovadora, atuante e promovedora, não somente das liberdades e direitos individuais, mas dos conteúdos sociais inexoráveis. Não se trata, aliás, sob a égide de um Estado Democrático de Direito, de fomentar as liberdades individuais a pretexto de um incentivo indiscriminado e discriminatório do neoliberalismo econômico, ou seja, uma liberdade como o poder sobre alguma coisa, de cunho patrimonialista, de nefastas conseqüências sociais, mas o exercício do poder estatal e do Direito para a proteção inerente àqueles direitos individuais que permitem ao homem um desenvolvimento com dignidade em torno de todas as suas potencialidades, sem comprometer a mesma condição de vida para os demais cidadãos. Por outro lado, a valoração constitucional de direitos e princípios sociais é comprometedora para o Estado que pretende constituir-se em instrumento de transformação do *status quo*, onde a igualdade substancial somente pode ser atingida com a implementação desses valores sociais que passam a incorporar o conteúdo da Democracia. Isso acarreta as conseqüências assinaladas por Cademartori, no sentido de que "o Estado e o Direito não são vistos como valores em si mesmos, ou absolutos, que se autojustificam, mas sim são vistos como meios ou instrumentos que de fato perseguem (ou não) em cada caso concreto, fins extrajurídicos úteis, desejáveis, sociológica ou politicamente justos."[239]

Com isso, inegável que a democracia instalada com a Constituição de 1988 é interventiva, no sentido da necessidade de atuação estatal para a implementação dos direitos sociais e coletivos estabe-

---

[238] CADEMARTORI, Sérgio. *Estado de Direito e Legitimidade: uma abordagem garantista*, p. 159-60.
[239] CADEMARTORI, Sérgio. *Op. cit.*, p. 74.

Direito Penal no Estado Democrático de Direito
Perspectivas (re)legitimadoras

195

lecidos na ordem constitucional, na medida em que representam o próprio conteúdo da democracia. Por isso,

> "Nesta espécie de Estado é a Parte Especial, o conteúdo do Direito Penal, que deve ser revisto, repensando-se os seus bens jurídicos, à vista da matriz constitucional. Só a infiltração, a concretização dos valores preconizados pela Constituição, na futura Parte Especial do Direito Penal, propiciará a almejada justiça social."[240]

Verifica-se, portanto, a necessidade de buscar a relegitimação do Direito Penal não sob os cânones do primado liberal-individualista-normativista, que sempre fundamentou o poder punitivo em razão de valores internos ao próprio sistema jurídico, em especial o princípio da estrita legalidade formal, a materialidade e lesividade dos delitos, a responsabilidade pessoal, o juízo oral e contraditório entre partes e a presunção de inocência, a supremacia da lei, o positivismo jurídico com o primado dos princípios da abstração e generalidade das leis, da igualdade formal e as concepções utilitaristas da pena. Estas bases não sustentam mais, por si só, um modelo penalístico inserido no Estado Democrático de Direito.

2. A validade das normas jurídico-penais

Uma visão crítica do Direito Penal, com vistas à sua relegitimação, conduz, necessariamente, à abordagem acerca da validade das normas jurídicas de cunho punitivo, na medida em que se teve oportunidade de apurar que a legislação penal pátria está impregnada de postulados do Estado Liberal clássico e vincula-se eminentemente ao positivismo formal, sendo autofundante e compondo um bloco monolítico que conforma todo um arcabouço protetivo de interesses de cunho individual-patrimonial, complacente com uma criminalidade altamente lesiva aos valores constitucionais e sociais.

Esta concepção traduziu, com a evidência que se pretendeu conferir nos limites deste trabalho, uma ideologia de cunho etiológico-explicativa e determinista do Direito Penal, que se sustenta no primado da legalidade formal na medida em que admite a norma penal como fruto do consenso social e produto da vontade do legislador, dirigida a incidir sobre todos os cidadãos indistintamente, com sanções proporcionais ao consenso social de lesividade.

---

[240] CARVALHO, Márcia Dometila Lima de. *Op. cit.*, p. 46.

Uma incursão atual no modelo penalístico vigorante exige o aprofundamento dessas questões, a partir da avaliação acerca da validade de tais normas penais quando acopladas em um Estado que, a partir da Constituição de 1988, avançou no tocante ao conteúdo de sua existência e finalidades, traduzindo aspirações não somente de cunho liberal, mas sedimentou conquistas sociais e democráticas.

Se o positivismo é fenômeno inserido na experiência jurídica e política moderna, que produziu a forma estatal de Direito e a forma jurídica do Estado, assumindo o Estado o monopólio de produção do Direito, constituiu-se a definição clássica de que são jurídicas todas e somente as normas produzidas pelo Estado, suplantando a concepção pré-moderna da experiência jurídica que consistia em um Direito não legislado, mas jurisprudencial e doutrinário. Anteriormente à constituição do Estado de Direito e, por conseqüência, do fenômeno do positivismo, encontrava-se uma pluralidade de fontes de direitos não-estatais concorrentes, gerando incerteza, incoerência e incompletude. A legitimação do Direito era estabelecida a partir de postulados jusnaturalistas normativos estabelecidos com base em verdades definidas por autoridades constituídas. O positivismo-legalista, pois, concebido como baluarte jurídico do Estado de Direito, traduziu-se em fenômeno de delimitação do poder, possibilitando o seu controle empírico e sistemático. Por isso, o princípio da legalidade estrita configurou-se como a primeira fonte de validade substancial das normas jurídicas, passando a refletir-se no pensamento jurídico moderno. Para traduzir este pensamento, a visão kelseniana retrata com fidelidade a perspectiva formal de validade das normas, na medida em que, para o aludido autor, a validade é a existência específica da norma, no mundo do dever-ser, sendo a eficácia um *plus* para que, tanto a norma como o ordenamento, não percam a sua validade.[241]

Eugenio Raúl Zaffaroni, ao salientar que a legitimidade do Direito não pode ser suprida pela legalidade, em franca alusão crítica ao pensamento de John Austin, Kelsen e Hart, aduz que:

> "As teorias que se esgotam na legalidade formal permanecem, no entanto, como que suspensas no vazio, ao requererem um ponto de apoio legitimador do próprio processo de produção normativa, apoio que se tem procurado, quer na idéia de soberano, quer na pressuposta e inquestionável legitimidade da norma fundamental ou ainda na regra última de reconheci-

---

[241] KELSEN, Hans. *Op. cit.*, p. 11.

mento. A busca tem sido, no entanto, infrutífera e as teorias da legalidade formal não puderam iludir a legitimação do poder mediante seu mero exercício. Não se trata da teoria da pleonexia, de acordo com a qual o mais forte estaria legitimado pelo mero fato de sê-lo, mas sim de que a legalidade formal também legitimaria o poder dos fracos coligados."[242]

Na abordagem acerca da validade das normas penais, Luigi Ferrajoli acentua que se verifica um equívoco nas concepções clássicas do Direito Penal, pois contêm elas uma errônea compreensão ao confundirem conceitos de validade e positividade do Direito, ou na identificação entre Direito válido e Direito como é, como está posto. Trata-se de equívoco que:

> "está ligado a una concepción simplificada de la validez, que aplicada a los modernos estados de derecho resulta en mi opinión inadecuada. Según esta concepción - que comparte toda la tradición positivista, desde Hobbes y Bentham hasta Kelsen, Hart y Bobbio -, la validez de una norma se identificaría con su existência jurídica, como producto de un acto normativo conforme a las normas acerca de su producción. Su identificación tendría lugar consiguientemente mediante reconocimientos empíricos atentos tan sólo a las formas del acto normativo de producción, y no también mediante valoraciones del significado o contenido normativo de las normas producidas."[243]

Conferiu-se, portanto, ao Direito Penal uma visão racional, fruto do positivismo clássico que tomou conta do Direito a partir do século XIX, quando se perdeu o vínculo metafísico próprio do pensamento jusnaturalista e assumiu-se uma vinculação juspositivista. Consagrou-se, em suma, uma concepção de validade formal do Direito, que se torna insuficiente na atualidade.

Imperativa, pois, a busca de um parâmetro substancial para o estabelecimento do conceito de validade dessas normas, corolário do Estado Democrático de Direito. Nesta conjuntura, ilegítimo admitir-se que a validade de uma norma penal é estabelecida exclusivamente em decorrência de sua origem, por ser produto legislativo. Nesta medida, por exemplo, aceitar acriticamente como válida uma norma que estabelece privilégio para sonegadores (art. 34 da Lei nº 9.249/95), traduzindo discriminação relativamente a

---

[242] ZAFFARONI, Eugenio Raúl. *Em busca das penas perdidas*, p. 20.
[243] FERRAJOLI, Luigi. *Op. cit.*, p. 355.

todos os demais delitos patrimoniais, onde condutas semelhantes e menos lesivas não são contempladas com as benesses do legislador, é chancelar um modelo penalístico arcaico, clássico e (neo)liberal. É estabelecer hermenêutica distanciada dos anseios sociais vinculados e vinculantes do Estado Democrático de Direito.

Conforme muito bem assevera Ferrajoli, em sua teoria garantista, entre as normas acerca da produção legislativa no moderno Estado Constitucional de Direito estão inclusos intensos princípios ético-políticos ou de justiça, que impõem valorações ético-políticas ao conteúdo das normas produzidas e atuam como parâmetros ou critérios de legitimidade e de ilegitimidade não já externos ou jusnaturalistas, senão internos ou juspositivistas. O acatamento ingênuo no sentido de que toda a norma penal, por ser oriunda do legislador e porque seguiu os procedimentos de sua formação estabelecidos, é válida, pode chancelar qualquer normativismo, inclusive autoritário que prevê poderes para o soberano sobre a vida e a morte dos cidadãos, como, por exemplo, aquele fascista ou nazista. Normas deste tipo são, pelo contrário, em qualquer Estado de Direito com constituição rígida minimamente garantista, não somente injustas como também inválidas por contrariarem princípios constitucionais relativos aos direitos humanos, à igualdade material e à estrita legalidade penal.

> "La especificidad del moderno estado constitucional de derecho reside precisamente en el hecho de que las condiciones de validez establecidas por sus leyes fundamentales incorporan no sólo requisitos de regularidad formal, sino también condiciones de justicia sustancial. Estos rasgos sustanciales de la validez, inexplicablemente ignorados por la mayor parte de las definiciones iuspositivistas de derecho válido, ya sean normativistas o realistas, tienen una relevancia bastante mayor que la de los meramente formales."[244]

Márcia Dometila Lima de Carvalho, com maestria, ratifica a necessidade de conformação da validade da norma penal com o ambiente constitucional, asseverando que:

> "Contendo, a Constituição, princípios fundamentais também de Direito e Processo Penal, a sua articulação, no que concerne a tais princípios e a outros mais genéricos, reflete-se, necessariamente, sobre a lei penal: enquanto esta, por sua natureza,

---

[244] FERRAJOLI, Luigi. *Op. cit.*, p. 358.

Direito Penal no Estado Democrático de Direito
Perspectivas (re)legitimadoras

199

limita a esfera de liberdade do cidadão, aquela representa seu parâmetro de validade."[245]

Portanto, há de ser buscada a substancialidade que legitima a validade de uma norma penal nos valores constitucionais. Isso implica dizer que a questão de quando castigar, ou seja, quando o Estado está legitimado a exercer seu poder punitivo, desemboca no conceito de delito. Este, sob o prisma garantista, em um Estado Constitucional Democrático de Direito, está vinculado à concepção substancial de validade, ou seja, que o conceito material de crime deve estar umbilicalmente vinculado aos valores constitucionais. Melhor dizendo, a filtragem do Direito Penal somente se torna legítima quando submetida aos primados constitucionais. O Direito Penal deve traduzir as aspirações sociais incorporadas na Constituição, ocorrendo uma indispensável vinculação entre a necessária reprimenda quando os valores constitucionais forem afrontados ou impedidos de implementação por condutas humanas. Nesta medida, apresentam-se perspectivas criminalizadoras, despenalizadoras e descriminalizadoras.

3. Perspectivas

A história do Direito Penal contém constantes e sucessivos movimentos de criminalização e descriminalização, intensificando-se ou sendo atenuada a repressão estatal-penal.

Cremos, com Ferrajoli, que a legitimação do Direito Penal não pode ser buscada em sentido centrípeto, *"desde arriba"*, ou seja, que busca no interior de seu sistema seu sentido fundante, sua justificação. A partir disso, como *ultima ratio* do exercício coercitivo estatal e de violação das liberdades humanas, onde o conflito entre o Estado e o cidadão ou entre a autoridade e a liberdade é mais evidente e direto, o Direito Penal não pode autojustificar-se como um valor em si mesmo, uma ciência do ser enquanto ser, ou seja, legitimado a partir de um conjunto de valores ontológicos e metajurídicos determinados pelo positivismo jurídico, válidos enquanto exercício estatal do poder de legislar e regular a vida das pessoas. Este pensamento dominou historicamente as doutrinas sobre os fins da pena, as teorias do delito, do bem jurídico e as concepções do processo que respondem às perguntas por que, quando e como

---

[245] CARVALHO, Márcia Dometila Lima de. *Op. cit.*, p. 37.

castigar, proibir e julgar. Tais doutrinas são identificadas por Ferrajoli por *"auto-poyéticas"*, na medida em que fundamentam os sistemas políticos sobre si mesmos, justificando o Direito e o Estado como bens ou valores intrínsecos, na medida em que o Estado é um fim e agrega valores ético-políticos de caráter supra-sociais e supra-individuais, devendo o Direito e os direitos servirem para a sua conservação e valorização. Um modelo diverso deve ser buscado, no dizer de Ferrajoli, onde a fundamentação do Estado e do Direito provenham de fora, *"desde abajo"*, ou seja, da sociedade e das pessoas que a compõem, consideradas elas mesmas como fins e valores com relação aos quais o Estado é o meio instituído para a sua proteção. O Estado é um meio legitimado unicamente para o fim de garantir os direitos fundamentais dos cidadãos, e politicamente ilegítimo se não os garantir, ou, mais ainda, se os violar. Trata-se de um modelo *"hétero-poyético"*, justificado do ponto de vista externo, sob a ótica da sociedade e dos cidadãos, somente legitimando-se o Direito Penal, por isso, em última análise, quando constituir-se em um instrumento de garantias dos direitos fundamentais dos cidadãos.[246]

A teoria garantista desenvolvida por Luigi Ferrajoli, que se presta de modo incomparável para uma abordagem relegitimadora do Direito Penal, é fundamental para a constatação no sentido de que o Direito não pode ser justificado como um valor intrínseco, somente por estar vigente. O poder não se sustenta somente por ser poder ou por derivar do Estado. Em suma,

> "o garantismo consiste, por una parte, en la negación de un valor intrínseco del derecho sólo por estar vigente y del poder sólo por ser efectivo y en la prioridad axiológica respecto a ambos del punto de vista ético-político o externo, virtualmente orientado a su crítica y transformación; por outra, en la concepción utilitarista e instrumentalista del estado, dirigido únicamente al fin de la satisfacción de expectativas o derechos fundamentales."[247]

Acreditamos, efetivamente, conforme Ferrajoli, que o Direito Penal constitui-se em uma técnica de definição, comprovação e repressão da desviação.[248] Como técnica de definição, não pode persistir vinculado a conceitos patrimonialistas produzidos em

---

[246] FERRAJOLI, Luigi. *Op. cit.*, p. 880-82.
[247] Idem, p. 884.
[248] Idem, p. 209.

Direito Penal no Estado Democrático de Direito
Perspectivas (re)legitimadoras

ambiente político e social que representa os anseios exclusivos de um modelo liberal-individualista-normativista, devendo adaptar-se às aspirações de um Estado Democrático de Direito que, além de fomentar a implementação dos direitos individuais e sociais, constitui-se em avanço conteudístico em relação a todos esses valores, agora sedimentados na Constituição. Daí que a tutela de bens jurídicos por parte do Direito Penal, na definição dos delitos, deve refletir esta composição constitucional de valores, acentuando-se reprimenda naquela faixa da criminalidade que impede a implementação dos direitos sociais e objetivos da República preconizados na Constituição. Como técnica de comprovação, o Direito Penal somente pode efetivar-se quando preservadas todas as garantias constitucionais e legais de proteção ao exercício da ampla defesa e contraditório, em suma, devendo o Estado possibilitar aos acusados o máximo da amplitude defensiva. Como técnica de repressão à desviação, a reprimenda estabelecida pela fatia punitiva do Direito deve constituir-se naquele mínimo necessário para a prevenção geral dos delitos e para a prevenção de reações privadas. Em seu sentir, Ferrajoli considera que a lei penal representa a lei do mais débil (ou mais fraco) - débil, quando ofendido ou ameaçado pelo delito, assim como débil quando ameaçado pela vingança -, lei do mais débil que se dirige, desta forma, à proteção dos direitos fundamentais destes contra a violência arbitrária do mais forte, aqui compreendido também o Estado. Com isso, o fim geral do Direito Penal representa, conforme o aludido autor, impedir que os cidadãos façam justiça por suas próprias mãos, ou, ainda, minimizar ou controlar a violência.

> "Garantismo, en efecto, significa precisamente tutela de aquellos valores o derechos fundamentales cuya satisfacción, aun contra los intereses de la mayoría, es el fin justificador del derecho penal: la inmunidad de los ciudadanos contra la arbitrariedad de las prohibiciones y de los castigos, la defensa de los débiles mediante reglas del juego iguales para todos, la dignidad de la persona del imputado y por consiguinte la garantía de su libertad mediante el respeto también de su verdad... Creo que sólo concibiendo de este modo el fin del derecho penal es posible obtener una adecuada doctrina de justificación y al mismo tiempo una teoría garantista de los vínculos y límites - y por consiguiente de los criterios de deslegitimación - de la potestad punitiva del estado. Un sistema penal, diremos en efecto, está justificado sólo si la suma de

las violencias - delitos, venganzas y castigos arbitrarios - que está en condiciones de prevenir es superior a la de las violencias constituidas por los delitos no prevenidos y por las penas establecidas para éstos."[249]

Efetivamente, a partir do modelo penalístico garantista, preconizado por Luigi Ferrajoli, afigura-se possível suplantar o modelo iluminista de justificação da pena, de feição utilitarista, que centrava suas energias no delinqüente como homem diferenciado e desviado dos padrões sociais. Conforme a lição de Salo de Carvalho, o projeto político do garantismo, chamado por Ferrajoli de *"utilitarismo reformado"*, agrega uma nova proposição ao utilitarismo iluminista, rompendo com a tradição penal de direcionamento exclusivo da pena à prevenção de novos delitos, acrescentando a prevenção dos injustos castigos. Afirma que "Ao contrário dos modelos defensivistas que demonizam o autor de ilícito penal, o modelo garantista recupera a funcionalidade da pena na restrição e imposição de limites ao arbítrio sancionatório judicial e administrativo."[250]

Prossegue o aludido autor asseverando que o modelo garantista estrutura-se no argumento da pena mínima necessária, destinando-se ela a evitar a reação privada irracional que a sua falta poderia proporcionar. Apresentam-se garantias ao infrator de que somente será punido pelo Estado, mas também que estará protegido contra os excessos promovidos pelo próprio Estado.

"O ideal de prevenção dos delitos e dos castigos, conforma o modelo garantista do direito penal como negação da guerra e de proteção do mais fraco. A centralidade da pessoa em seus direitos fundamentais é recuperada pela dupla função penalógica, legitimando sua necessidade política e a imprescindibilidade da limitação dos delitos e dos castigos."[251]

Sob o primado do garantismo, pois, com maestria, Ferrajoli assevera que somente analisando a divergência entre normatividade e efetividade da proteção penal dos bens jurídicos é possível captar, nos diversos níveis em que aquela manifesta-se, os aspectos de ineficácia da primeira e de ilegitimidade da segunda. Estes aspectos, conforme se tem visto, dependem essencialmente da

---

[249] FERRAJOLI, Luigi. *Op. cit.*, p. 335-36.
[250] CARVALHO, Salo de. Manifesto Garantista. *In: Informativo ITEC* - Instituto Transdisciplinar de Estudos Criminais, p. 4.
[251] Idem, p. 4.

desproporção entre o valor da liberdade pessoal afetada pela pena e o dos bens atacados pelo delito, assim como da distorcida escala de valores que se reflita na escala de penas prevista para cada um deles. Por conseqüência, Ferrajoli conforma uma necessária reelaboração da hierarquia dos bens que estima serem merecedores da tutela penal e, em relação com ela, das penas proporcionadas a tal fim.

> "Un programa de derecho penal mínimo debe apuntar a una masiva deflación de los bienes penales y de las prohibiciones legales, como condición de su legitimidad política y jurídica. Es posible, también, que en esta reelaboración quede de manifiesto la oportunidad, en aras de la tutela de bienes fundamentales, de una mayor penalización de comportamientos hoy no adecuadamente prohibidos ni castigados".[252]

Abrem-se, portanto, sob o fundamento do garantismo, dois caminhos. O primeiro, destinado à necessária deflação de condutas hoje penalmente punidas que, por sua inexpressividade lesiva ou desproporção entre a sanção e a conduta, deslegitimam o Direito Penal. Por outro lado e em um caminho diverso, admite-se uma maior penalização de comportamentos atualmente não punidos ou ainda legitimados pelo Direito Penal.

3.1. Da perspectiva de descriminalização ou despenalização

Sem pretender apresentar uma perspectiva exaustiva, na medida em que não se constitui objeto deste trabalho abarcar o tema da descriminalização ou despenalização, mas sim demonstrar que o Direito Penal somente estará legitimado quando desviar sua atenção para a criminalidade graduada, altamente lesiva aos valores constitucionais, apresenta-se corolário esboçar que uma deflação da tipificação e reprimenda penal é caminho paralelo, que se soma ao desiderato apontado e agrega legitimidade à perspectiva relegitimadora necessária ao Direito Penal. Pode-se apontar que uma fatia da parte especial da legislação penalística está defasada, suplantada pelo evolver social e constitucional, por isso, fadada à insubsistência.

Nesta linha de raciocínio, impreterível ressaltar que perspectivas alentadoras surgiram com a inserção da Lei nº 9.099/95, que instituiu os Juizados Especiais Criminais em nosso país, conferindo

---

[252] FERRAJOLI, Luigi. *Op. cit.*, p. 477.

trato bastante adequado às infrações penais de menor potencial ofensivo (instituindo o acordo cível extintivo da punibilidade, a transação penal), bem como para delitos com pena privativa da liberdade mínima não superior a um ano (suspensão condicional do processo).[253] Ademais, ressalte-se a já existente Lei de Execuções Penais (nº 9.710/84), que traduz o anseio da Resolução nº 55 da ONU, estabelecida na Convenção de Gênova, em 30.8.55, para o tratamento do delinqüente e prevenção do delito, instrumento prodígio para, quando implementada integralmente, constituir-se em elemento eficaz para os fins a que se destina. Inegável, neste particular, que se faça uma crítica de grande proporção aos administradores públicos, na medida em que não são destinados recursos para a implementação de todos os instrumentos preconizados pela aludida Lei. De nada adianta, aliás, trilharmos um caminho que preconiza a relegitimação do Direito Penal, à luz da Constituição, se o tratamento executivo-penal daquele cidadão submetido a esta fatia repressiva do Direito não está aparelhado para o ideal tratamento.[254] Mencionem-se, ainda, em nível da legislação já exis-

---

[253] GRINOVER, Ada Pellegrini; GOMES FILHO, Antonio Magalhães; FERNANDES, Antonio Scarance e GOMES, Luiz Flávio. *Especiais Criminais*, p. 35-6, destacam que "Em sua aparente simplicidade, a Lei 9.099/95 significa uma verdadeira revolução no sistema processual-penal brasileiro. Abrindo-se às tendências apontadas no início desta introdução, a lei não se contentou em importar soluções de outros ordenamentos, mas - conquanto por eles inspirado - cunhou um sistema próprio de Justiça penal consensual que não encontra paralelo no direito comparado." Asseveram, ademais, que sintoma dessa evolução legislativa está na possibilidade de aplicação imediata de pena não privativa da liberdade, antes do oferecimento da acusação, que rompe o sistema tradicional do *nulla poena sine judicio*, evitando a discussão da culpabilidade. Apresenta-se, ainda, a suspensão condicional do processo, com extinção da punibilidade sem qualquer registro para o acusado, a existência de conciliadores leigos para a tentativa de composição civil dos danos, extintiva da punibilidade, o que proporciona grande preocupação com a vítima, a exigência de representação para a ação penal relativa aos crimes de lesões corporais leves e culposas, o rito sumaríssimo, o julgamento dos recursos por turmas recursais, impondo ênfase à busca do consenso e à despenalização.

[254] A Lei de Execuções Penais, existente em nosso país desde 1984, é um instrumento muito avançado para uma ideal execução das penas impostas a autores de infrações penais. Quando analisada amiúde, permite verificar a previsão de uma plêiade de direitos dos apenados e deveres do Estado para com o tratamento dos mesmos. Estabelece condições dignas de cumprimento das sanções penais, com possibilidades formais para o atingimento dos objetivos desejados na recuperação do cidadão infrator. Cite-se o processo de individualização da pena, imprescindível, o sistema progressivo no cumprimento das penas privativas da liberdade, o trabalho interno e externo, a remição, as autorizações de saída, a assistência material, à saúde, jurídica, educacional, social e religiosa aos presos ou

tente, as modificações introduzidas pela Lei nº 9.714/98, quando bem interpretada, que abre o caminho e sinaliza para a intensa aplicação de penas alternativas à sanção privativa da liberdade.

De *lege ferenda*, entretanto, pode ser debatida a hipótese de descriminalização das contravenções penais, na medida em que se tratam de infrações penais sem potencialidade lesiva suficiente para legitimar a intervenção punitiva do Direito Penal, relegando-se o seu trato para outros âmbitos do Direito. Abre-se ao debate, notadamente, a possibilidade de descriminalização dos delitos de alteração de limites, usurpação de águas e esbulho possessório (desde que sem violência a pessoa ou grave ameaça - artigo 161 e incisos do Código Penal), introdução ou abandono de animais em propriedade alheia (art. 164 do Código Penal), sedução (art. 217 do Código Penal), rapto consensual (art. 220 do Código Penal), mantença de casa de prostituição (art. 229 do Código Penal), todos os crimes *contra o casamento*, previstos no capítulo I do Título VII do Código Penal - artigos 235 a 240 (adultério, bigamia, induzimento a erro essencial e ocultação de impedimento, conhecimento prévio de impedimento, simulação de autoridade para celebração de casamento e simulação de casamento).

O Direito Penal, em um Estado Democrático de Direito, não mantém sua dignidade e não se compraz em solucionar fatos que são mais afeitos à moral ou que, facilmente, podem ser tutelados por outros ramos do Direito menos drásticos. Estas são, em suma, no mínimo, algumas perspectivas que se abrem no âmbito da descriminalização ou despenalização, todas aptas a estimular a retomada da legitimidade do Direito Penal. Esta senda, entretanto, somente se completa com o sentido inverso, que impõe situar o Direito Penal no seio do Estado Democrático de Direito, o que somente se efetivará quando for ele destinado à tutela dos valores constitucionais. Abre-se, pois, a perspectiva necessária de voltá-lo para o combate dos

> "delitos que colocam em xeque os valores que o Estado Democrático de Direito objetiva implementar (a busca de uma sociedade justa, com a redução das desigualdades sociais e saúde como direito de todos, isto para dizer o mínimo). Ou isto, ou teremos que dar razão ao dito do camponês

internados, a assistência aos egressos, as recompensas pelo bom comportamento. Lamentavelmente, o que se verifica é a não-implementação de grande parte desses direitos pelo Estado, frustrando as perspectivas alentadoras que legislação desse quilate poderia proporcionar no contexto do sistema penal.

salvadorenho, de que *la ley es como la serpiente; solo pica a los descalzos.*"[255]

3.2. Para quem o Direito Penal deve voltar suas baterias

Verificamos que a necessidade de readequação qualitativa do Direito Penal passa não somente por uma deflação legislativa em torno de condutas atualmente punidas, mas também por uma maior penalização de comportamentos ainda não proibidos nem castigados de maneira apropriada, fenômeno que encontra amparo na própria construção teórica do garantismo, que é extremamente relevante para o desiderato de uma relegitimação do Direito Penal, ao preconizar um Direito Penal mínimo, que assegure um máximo de bem-estar possível para os não-desviados (os não-delinqüentes) e o mínimo de mal-estar para os desviados (os delinqüentes), um Direito Penal maximamente condicionado e maximamente limitado, isto é, limitado às situações de absoluta necessidade e condicionado à tutela daqueles valores ou direitos fundamentais cuja satisfação, ainda que contra interesses da maioria, é o fim justificador do Direito Penal, que deve garantir a imunidade dos cidadãos contra a arbitrariedade, das proibições e dos castigos, a defesa dos débeis mediante regras iguais para todos, a dignidade da pessoa do imputado e, por conseguinte, garantia de sua liberdade mediante o respeito de sua verdade.

Se o movimento descriminalizador é legítimo, relativamente a condutas de insignificante ou nenhuma lesividade social e constitucional, notadamente àqueles valores inerentes ao Estado Democrático e Social de Direito, afigura-se indiscutível a necessidade de redimensionar a tutela do Direito Penal, ou seja, torná-lo inflexível relativamente à macrocriminalidade, à criminalidade do *colarinho branco*, enfim, àquela fatia da delinqüência que, efetivamente, é lesiva e impede a implementação dos princípios e direitos sociais, bem como dos objetivos da República, configurados na Constituição.

Sobre a perspectiva neocriminalizadora, Jorge de Figueiredo Dias e Manoel da Costa Andrade asseveram que:

"à parte esta abusiva hipertrofia do direito criminal - que, como vimos, está na origem e justifica o movimento de descriminalização -, a verdade é que as transformações do mundo em

---

[255] STRECK, Lenio Luiz. *Op. cit.*, p. 115.

que vivemos (transformações tecnológicas, económico-sociais, políticas e culturais) vêm reclamando um ajustamento, vale dizer um alargamento, do espaço coberto por este específico sistema de controlo social. Na verdade, as conhecidas ameaças do progresso técnico - tanto aos indispensáveis equilíbrios ecológicos, como à integridade física e moral do homem, como à sua reserva de privacidade - trouxeram estes valores para o primeiro plano das preocupações, recomendando-se muitas vezes o recurso à tutela criminal. Também em domínios como a inseminação artificial, a locação do ventre, etc., os progressos técnicos se revelaram profundamente perturbadores. Por via de regra, os quadros axiológicos não acompanham o ritmo das realizações científicas, provocando-se assim verdadeiros vazios normativos, cujo preenchimento poderá eventualmente ter de contar com o concurso do direito criminal. Por seu turno, a memória do holocausto dos meados do século e a experiência dos holocaustos actuais actualizaram a consciência de uma constelação de valores que, transcendendo os bens jurídicos tradicionais, se perfilam como valores da comunidade internacional e reclamam formas particularmente enérgicas de tutela (v.g., os crimes contra a humanidade, o terrorismo, etc.). No plano económico-social, por outra parte, verificou-se a progressiva ressonância política e jurídica dos imperativos éticos de solidariedade, sob a mediação do Estado social. Assumindo-se como garantia das prestações públicas necessárias a uma existência em condições de dignidade, o Estado social moderno eleva muitos dos interesses relacionados com o intervencionismo dirigista ou salutista à categoria de bens jurídicos fundamentais."[256]

Citando Claus Roxin, os aludidos autores traduzem que:

"No Estado moderno, a par da protecção dos bens jurídicos dados (de matriz individual), aparece a necessidade de assegurar, se necessário através dos meios do direito penal, o cumprimento das prestações públicas de que depende o indivíduo no contexto da assistência social por parte do Estado. De forma reflexa, também as injunções dirigidas ao cidadão e destinadas a actualizar os objetivos e as metas da *Daseinsvorsorge* adquirem uma dimensão ética que ultrapassa em muito o relevo das

[256] DIAS Jorge de Figueiredo; ANDRADE, Manoel da Costa. *Criminologia - O Homem Delinqüente e a Sociedade Criminógena*, p. 435-36.

acções de meros auxiliares da administração, de que ainda no princípio do século falava Goldschmidt. Daqui derivam as grandes manchas de neocriminalização da chamada *White-collar criminality* e que abrange ilícitos em áreas como a saúde, a segurança social, a economia, etc. Daqui partem também aqueles autores que, numa perspectiva mais crítica e em nome duma política criminal alternativa, advogam uma deslocação do centro de gravidade do direito penal no sentido do privilégio dos interesses colectivos."[257]

Alessandro Baratta nos apresenta importantes subsídios para uma avaliação do necessário processo criminalizador, asseverando *"que a classe dominante"* volta seus interesses na contenção dos desvios em limites que não comprometam a funcionalidade do sistema econômico-social e seus próprios interesses. Por conseqüência, na manutenção da própria hegemonia no processo seletivo de definição e perseguição da criminalidade, *"as classes subalternas"*, contrariamente, estão envolvidas em uma luta intensa contra *"os comportamentos socialmente negativos"*, ou seja, na superação das condições próprias do sistema sócio-econômico capitalista, às quais a própria sociologia *"liberal"* comumente tem reportado os fenômenos da *"criminalidade"*. Elas estão interessadas, ao mesmo tempo, em um necessário deslocamento da atual política criminal, em relação a importantes zonas de nocividade social ainda amplamente mantidas imunes do "processo de criminalização e de efetiva penalização (pense-se na criminalidde econômica, na poluição ambiental, na criminalidade política dos detentores do poder, na máfia, etc.), mas socialmente muito mais danosas, em muitos casos, do que o desvio criminalizado e perseguido." Relata que, nos países capitalistas, a grande maioria da população carcerária é extraída das camadas mais pobres. Não bastasse, "80% dos delitos perseguidos nestes países são delitos contra o patrimônio". Em contrapartida, a nocividade social das formas de criminalidade próprias das classes dominantes e, pois, amplamente imunes, é muito mais grave do que a de toda a criminalidade realmente perseguida.[258]

"Por outro lado, o sistema das imunidades e da criminalização seletiva incide em medida correspondente sobre o estado das relações de poder entre as classes, de modo a oferecer um salvo-conduto mais ou menos amplo para as práticas ilegais

---

[257] DIAS Jorge de Figueiredo; ANDRADE, Manoel da Costa. *Op. cit.*, p. 436-37.
[258] BARATTA, Alessandro. *Op. cit.*, p. 198.

Direito Penal no Estado Democrático de Direito
Perspectivas (re)legitimadoras

dos grupos dominantes, no ataque aos interesses e aos direitos das classes subalternas, ou de nações mais fracas;"[259]

Portanto, para a formulação de uma política criminal mais justa, que oriente o Direito Penal ao caminho de sua relegitimação, Baratta ressalta a

"necessidade de uma interpretação separada dos fenômenos de comportamento socialmente negativos que se encontram nas classes subalternas e dos que se encontram nas classes dominantes (criminalidade econômica, criminalidade dos detentores do poder, grande criminalidade organizada). Os primeiros são expressões específicas das contradições que caracterizam a dinâmica das relações de produção e de distribuição, em determinada fase do desenvolvimento da formação econômico-social, na maioria dos casos uma resposta individual e politicamente inadequada àquelas contradições, por parte de indivíduos socialmente desfavorecidos. Os segundos são estudados á luz da relação funcional que intercorre entre processos legais e processos ilegais de acumulação e da circulação do capital, e entre estes processos e a esfera política."[260]

Por isso, sua proposta reletimadora do Direito Penal passa por uma crítica ao Direito Penal desigual, que implica, em especial, na necessária

"ampliação e ao reforço da tutela penal, em áreas de interesse essencial para a vida dos indivíduos e da comunidade: a saúde, a segurança no trabalho, a integridade ecológica, etc. Trata-se de dirigir os mecanismos de reação institucional para o confronto da criminalidade econômica, dos grandes desvios criminais dos órgãos e do corpo do Estado, da grande criminalidade organizada. Trata-se, ao mesmo tempo, de assegurar uma maior representação processual em favor dos interesses coletivos."[261]

Afigura-se imprescindível a superação das dificuldades impostas pela relutância percebida na ideologia predominante, no sentido de manter o Direito Penal vinculado a uma legitimação legalista formal, de cunho positivista liberal. A implementação constitucional de um Estado Democrático de Direito, que assegura não somen-

---

[259] BARATTA, Alessandro. *Op. cit.*, p. 198.
[260] Idem, p. 202.
[261] Idem, p. 202.

te direitos e garantias individuais, mas uma necessária gama de princípios e direitos fundamentais, bem como dispositivos limitadores do direito estatal punitivo, deve constituir-se no norte político para o Direito Penal, direcionando suas baterias. Francesco C. Palazzo assegura que:

> "Substancialmente, o elenco das Constituições reforça o vínculo - por assim dizer - entre política e direito penal, dramatizando as relações problemáticas. Para tanto, leva em conta, em primeiro lugar, o perigo de uma instrumentalização política do direito penal, reforçando, de fato, os numerosos e crescentes limites constitucionais garantidores, tanto no plano formal como substancial, da utilização da sanção criminal. Para isso, considera, em segundo lugar, a satisfação da assinalada exigência de eticidade, o que se dá por meio das várias afirmações constitucionais a propósito da intangibilidade da dignidade humana, bem como, de igual forma, os eternos problemas do fundamento e da finalidade do jus puniendi que podem encontrar uma solução parcial, quer quando seja possível reconduzir a ordem dos bens penalmente tutelados àquele vasto consenso democrático que serve de fundamento para a ordem dos valores constitucionais, quer, ademais, quando possibilite a valorização constitucional do direito penal, não somente como limite à liberdade, mas, também, como instrumento de liberdade individual contra as agressões provenientes do Estado ou de particulares. Conseqüentemente, daí resulta que cada conceito político-criminal, como tal influente sobre marcantes traços dos vários institutos jurídico-penais, seja sempre colocado no âmbito de referência de uma determinada situação estatal, especialmente no quadro de ordem da Constituição".[262]

Na medida em que, conforme assinalado, o parâmetro de validez do Direito Penal somente é encontrado nos valores constitucionais, a indagação acerca de quais bens jurídicos devem ser tutelados apresenta-se latente. Conforme assinala Márcia Dometila Lima de Carvalho,

> "Parodiando Welzel a missão do Direito Penal consiste na proteção dos valores elementares da consciência, do caráter ético social e, só por acréscimo, a proteção de bens jurídicos particulares. Portanto, é preciso buscar na Constituição a gênese e função social do bem jurídico. E como a Constituição

---

[262] PALAZZO, Francesco C. *Op. cit.*, p. 17-8.

Direito Penal no Estado Democrático de Direito
Perspectivas (re)legitimadoras

211

representa o ideal de direito de um determinado momento histórico, não estaria alheia, pois, aos interesses da estrutura social, nem sobrevivendo fora deles, existe uma relação entre a norma jurídica e o interesse em que ela se alicerça. Logo, toda perquirição do bem jurídico tem, evidentemente, de levar em consideração a investigação da relação social concreta: da posição que nela ocupam os indivíduos e da interação sofrida por eles em relação aos outros entes existentes no meio social."[263]

Com isso, na medida em que vivemos uma realidade constitucional onde instituiu-se um Estado Democrático de Direito a partir de 1988, enquanto a legislação infraconstitucional penal ainda persiste vinculada de maneira acentuada a um modelo que a deslegitima, pois designativo de um Estado liberal-individualista, torna-se imprescindível uma revisão dos bens jurídicos protegidos pela lei penal, determinando-se, em conformidade com a Constituição, onde deve estar o acento dos tipos penais, como devem ser hierarquizados e, por corolário, como devem ser graduadas as penas à luz da relevância daqueles bens destinados a cumprir o desiderato constitucional. A partir dos valores constitucionais, tanto de ordem penalística e social expressa como ao regular os direitos e liberdades fundamentais, apresenta-se a necessidade de um processo descriminalizador e, em sentido inverso, legitima-se um processo de penalização, realizados, ambos, a partir das premissas constitucionais.

Nessa senda, Luigi Ferrajoli, ao fundamentar a legitimação externa dos bens jurídicos penalmente tuteláveis, diferente de uma perspectiva legalista da questão ético-política da justificação do conteúdo das proibições, mas vinculada a critérios de política criminal, propõe as bases para a tutela máxima de bens com o mínimo necessário de proibições e castigos. Em primeiro lugar, o mais elementar critério é o de justificar as proibições somente quando se dirigem a impedir ataques concretos a bens fundamentais de tipo individual ou social e, em todo o caso, externos ao direito mesmo, entendendo por ataque não somente o dano causado, senão também - por ser inerente à finalidade preventiva do direito penal - o perigo que se tem corrido. Entre os bens externos ao direito penal cuja proteção é necessária, embora por si só não seja suficiente, para a justificação das proibições penais, estão todos os

---

[263] CARVALHO, Márcia Dometila Lima de. *Op. cit.*, p. 37.

direitos fundamentais, isto é, não somente os clássicos direitos individuais e liberais, mas também os coletivos e/ou sociais, como o direito ao meio ambiente ou à saúde. Porém, também devem-se incluir neste conceito bens que não são direitos, como o interesse coletivo, e certamente fundamental, a uma administração não corrupta dos assuntos gerais.[264]

Para Márcia Dometila Lima de Carvalho, efetuando o balanço entre a necessária descriminalização de condutas por não atingirem valores constitucionais, assevera que uma penalização mais acentuada é imperativa para todo fato grave, considerando como tal aqueles que fomentam a injustiça social, que a Constituição pretende eliminar. Em conseqüência, concebendo a definição de bem jurídico exclusivamente quando efetuada uma filtragem constitucional, assegura que:

> "são ilícitos que atacam sordidamente, repulsivamente, medonhamente os interesses protegidos constitucionalmente aqueles atos que atacam mais gravemente o fundamento não político do Estado Democrático de Direito (dignidade da pessoa humana, inciso III, artigo 1º da Constituição), e aqueles que atacam os objetivos fundamentais para a construção de uma sociedade livre, justa, solidária (inciso I do artigo 3º), a ser conseguida pelo estabelecimento de uma ordem econômica com finalidade de assegurar a todos existência digna, conforme os ditames da justiça social. Desse fundamento e desses objetivos resultam, não só os direitos individuais, mas os direitos culturais (artigo 215), o direito a meio ambiente ecologicamente equilibrado (artigo 255) e os famosos direitos sociais (artigo 6º); todos direitos inalienáveis da coletividade e passíveis de ataques hediondos... Crimes hediondos são forçosamente também o crime econômico, o crime ambiental, quando de conseqüências graves, verbi gratia, quando ameaçadores dos princípios constitucionais, voltados ao desenvolvimento da justiça social, do equilíbrio ambiental."[265]

Assim sendo, lamenta-se que o legislador pátrio não tenha promovido, ao menos a partir da Constituição de 1988, uma readequação de toda a parte especial de nosso Direito Penal, para garantir prevalência desses valores, considerando-os o norte para o conteúdo da lei penal. Mantendo a legislação nos moldes em que se

---

[264] FERRAJOLI, Luigi. *Op. cit.*, p. 472.
[265] CARVALHO, Márcia Dometila Lima de. *Op. cit.*, p. 48-9.

Direito Penal no Estado Democrático de Direito
Perspectivas (re)legitimadoras

encontra, torna os valores, objetivos e princípios constitucionais instrumentos de mera retórica, sem qualquer concretização. Desta forma, os legisladores brasileiros "ignoram os direitos econômicos, sociais e culturais, como direitos de 2ª geração que possibilitam o gozo dos direitos e garantias individuais, denominados de 1ª geração, e reduzem a liberdade e a dignidade humana a uma simples questão de estupro ou seqüestro."[266]

Concordo com Ela Wiecko Volkmer de Castilho, para quem a seleção de bens jurídicos a serem tutelados pelo Direito Penal passa pela necessidade "de dirigir os mecanismos da reação institucional para a criminalidade econômica, para os desvios criminais dos organismos estatais e para o crime organizado."[267]

Faço coro, também, com Lenio Luiz Streck, quando cita Araujo Jr., no sentido de que:

> "a sanção penal deve ser reservada para garantir a consecução dos objetivos do Estado de realizar a justiça social: tais são os limites dentro dos quais deverá atuar o legislador penal, ou seja, a repressão à criminalidade econômica deverá ser instrumentalizada no sentido de, regulando o mercado e protegendo os menos favorecidos pela fortuna, promover o desenvolvimento nacional e a justiça social."[268]

Por este prisma, dentre outras sugestões que podem ser colhidas, considero imperativo acentuar reprimenda relativamente aos crimes de sonegação fiscal, eliminando o privilégio conferido pelo artigo 34 da Lei nº 9.249/95, abrindo-se perspectiva para acréscimo da pena privativa da liberdade e pecuniária a eles previstas, na medida em que se constituem em condutas que, inegavelmente, impedem a efetivação dos valores, princípios e direitos constitucionais. Sugere-se, como medida urgente, a criminalização de todas as condutas hoje tipificadas como meros atos de improbidade administrativa, por meio da Lei nº 8.429/92. Da mesma forma, acentuar reprimenda para os delitos perpetrados por administradores públicos (funcionários públicos em sentido amplo), com a criação de legislação penal própria e única para essas atividades, preferencialmente inserindo-a no Código Penal, o que pressupõe uma readequação daquelas condutas já abarcadas de forma tênue no ultrapassado Decreto-Lei nº 201/67. Abre-se a possibilidade, com

---

[266] CARVALHO, Márcia Dometila Lima de. *Op. cit.*, p. 49.

[267] CASTILHO, Ela Wiecko V. de. *Op. cit.*, p. 75.

[268] STRECK, Lenio Luiz. *Op. cit.*, p. 112.

isso, de inserirmos as infrações penais mencionadas, juntamente com os delitos de *lavagem* de dinheiro, crimes contra a ordem econômica, crimes ambientais, delitos eleitorais e crimes praticados em licitações públicas na agenda dos delitos hediondos, na medida em que todos eles são resultado de uma delinqüência graduada, ofensiva dos direitos sociais e impeditivas da efetivação dos objetivos da República. Proporcionando injustiça social, acentuam a pobreza, a falta de saúde e educação para o povo, em suma, corroem as estruturas políticas e sociais de nosso país. Esta faixa da delinqüência, que substancialmente compõe a faixa *oculta ou dourada* da criminalidade, é corrosiva da dignidade humana e impeditiva do respeito aos direitos fundamentais dos cidadãos. Seus agentes, sem escrúpulos, transferem aos cidadãos os efeitos maléficos que se fazem sentir em uma sociedade empobrecida, carente da efetivação de direitos sociais e fundamentais, previstos à saciedade na Constituição Democrática, absorvendo ao máximo os benefícios ilimitados da quase impunidade que graça em detrimento de um sistema repressivo e sem benesses para a criminalidade clássica, aquela que historicamente foi eleita como ofensiva aos direitos individuais, notadamente patrimoniais que pertencem, comumente, à própria camada impune.

Espera-se, com as proposições oferecidas, nunca exaustivas, contribuir para evitar aquilo que Vera Regina Pereira de Andrade aduz ter-se constituído o Direito Penal:

"o controle penal se caracteriza por uma eficácia instrumental invertida, à qual uma eficácia simbólica confere sustentação; ou seja, enquanto suas funções declaradas ou promessas apresentam uma eficácia meramente simbólica (reprodução ideológica do sistema) porque não são e não podem ser cumpridas, ele cumpre, latentemente, outras funções reais, não apenas diversas, mas inversas às socialmente úteis declaradas por seu discurso oficial, que incidem negativamente na existência dos indivíduos e da sociedade, e contribuem para reproduzir as relações desiguais de propriedade e poder. A eficácia invertida significa, pois, que a função latente e real do sistema não é combater a criminalidade, protegendo bens jurídicos universais e gerando segurança pública e jurídica mas, ao invés, construir seletivamente a criminalidade e, neste processo reproduzir, material e ideologicamente, as desigualdades e assimetrias sociais (de classe, gênero, raça). Mas é precisamente o funcionamento ideológico do sistema - a circulação da ideologia penal dominante entre os operadores do sistema e no senso comum ou opinião pública - que perpetua a ilusão de segurança por ele fornecida, justificando socialmente a importância de sua existência e ocultando suas reais e invertidas funções. Daí apresentar uma eficácia simbólica sustentadora de eficácia instrumental invertida."[269]

Imperativo, pois, no desiderato de redimensionar o Direito Penal às aspirações constitucionais, impregnar a tutela penal da substancialidade estabelecida por meio dos valores constitucionais, desfazendo a estrutura arcaica que o vincula ao modelo de Estado Liberal, agora neoliberal, estabelecedora de uma declarada igualdade formal, mas produtora de insidiosas desigualdades substanciais e injustiças sociais, mantenedora do *status quo* totalmente pernicioso à necessária redução da pobreza, à almejada e impostergável redução das desigualdades sociais, do implemento dos direitos à saúde, à educação, etc., enfim, daqueles valores que permitem o atingimento da integral dignidade da pessoa humana.

---

[269] ANDRADE, Vera Regina Pereira de. A construção social dos conflitos agrários como criminalidade. *In: Introdução crítica ao estudo do sistema penal*, p. 31.

Referências bibliográficas

ANDRADE, Vera Regina Pereira de. A construção social dos conflitos agrários como criminalidade. In: *Introdução crítica ao estudo do sistema penal.* Florianópolis: Diploma Legal, 1999.

BARATTA, Alessandro. *Criminologia crítica e crítica do Direito Penal.* Introdução à Sociologia do Direito Penal, trad. Juarez Cirino dos Santos. Rio de Janeiro: Freitas Bastos, 1999.

——. Funções instrumentais e simbólicas do Direito Penal. Lineamentos de uma Teoria do Bem Jurídico. In: *Revista Brasileira de Ciências Criminais,* trad. Ana Lúcia Sabadell. São Paulo: Revista dos Tribunais, ano 2, n° 5, jan./mar., 1994.

BASBAUN, Leôncio. *História sincera da República.* 4. ed., São Paulo: Alfa-Ômega, 1976.

BATISTA, Nilo. *Introdução crítica ao Direito Penal Brasileiro.* Rio de Janeiro: Revan, 1999.

BITENCOURT, Cézar Roberto. *Manual de Direito Penal.* Parte Geral. São Paulo: Saraiva, v. 1, 2000.

BONAVIDES, Paulo. *Do País Constitucional ao País Neocolonial.* São Paulo: Malheiros, 1999.

——. *Curso de Direito Constitucional.* São Paulo: Malheiros, 1996.

BONESANA, Cesare. *Dos delitos e das Penas.* 2. reimp., trad. Flório de Angelis. São Paulo: Edipro, 1999.

BRUNO, Aníbal. *Direito Penal - Parte Geral.* 4. ed., Rio de Janeiro: Forense, Tomo 1, 1984.

BURDEAU, Georges. *O Estado,* trad. Cascais Franco. Mira-Sintra: Publicações Europa-América, 1997.

CADEMARTORI, Sérgio. *Estado de Direito e Legitimidade: uma abordagem garantista.* Porto Alegre: Livraria do Advogado, 1999.

CANOTILHO, José Joaquim Gomes. *Constituição dirigente e vinculação do legislador:* contributo para a compreensão das normas constitucionais programáticas. Coimbra: Coimbra, 1994.

——. *Direito Constitucional e Teoria da Constituição.* Coimbra: Almedina, 1998.

CARVALHO Márcia Dometila Lima de. *Fundamentação Constitucional do Direito Penal.* Porto Alegre: Fabris, 1992.

CARVALHO, Salo de. Manifesto Garantista. In: Informativo ITEC - *Instituto Transdisciplinar de Estudos Criminais.* Porto Alegre, ano 1, n° 2, p. 04, jul./ago./set., 1999.

CASTILHO, Ela Wiecko V. de. *O controle penal nos crimes contra o sistema financeiro nacional*. Belo Horizonte: Del Rey, 1998.

CASTRO, Lola Aniyar de. *Criminologia - Da reação social*, trad. e acrésc. Ester Kosovski, Rio de Janeiro: Forense, 1983.

CERVINI, Raul. Acerca de la cifra negra de la criminalidad oculta. In: *Revista do Ministério Público do Rio Grande do Sul*. São Paulo: Revista dos Tribunais, nº 36, 1995.

COLOMBO, Olírio Plínio. *Pistas para Filosofar* (II), questões de ética. Porto Alegre: Evangraf, 1998.

CONDE, Francisco Muñoz. Função motivadora da Norma Penal e *Marginalização*. In: *Revista Ciência Penal*. Rio de Janeiro: Forense, nº 2, ano VI, 1981.

DIAS, Jorge de Figueiredo. *Questões fundamentais do Direito Penal revisitadas*. São Paulo: Revista dos Tribunais, 1999.

——; ANDRADE, Manoel da Costa. *Criminologia - O homem delinqüente e a sociedade criminógena*. Coimbra: Coimbra, 1997.

DOCUMENTOS da CNBB. *Ética: Pessoa e Sociedade*. São Paulo: Paulinas, 1993.

FAORO, Raymundo. *Os donos do poder*: formação do patronato político brasileiro. Porto Alegre/São Paulo: Globo/Universidade de São Paulo, 1975.

——. *Os donos do poder*: formação do patronato político brasileiro. 13. ed. São Paulo: Globo, 2 vol., 1998.

FARIA, José Eduardo. *Direitos Humanos, Direitos Sociais e Justiça*. São Paulo: Malheiros, 1998.

——. *O Poder Judiciário no Brasil*: paradoxos, desafios e alternativas. Brasília: Conselho da Justiça Federal - Centro de Estudos Judiciários, série Monografias do CEJ, volume 3, 1996.

FASCÍCULOS de Ciências Penais, nº 3. Porto Alegre: Fabris, 1992.

FERRAJOLI, Luigi. *Derecho y razón*, teoría del garantismo penal. trad. Perfecto Andrés Ibáñez; Alfonso Ruiz Miguel; Juan Carlos Bayón Mohino; Juan Terradillos Basoco; Rocío Cantarero Bandrés. Madrid: Editorial Trotta, 1998.

FERRAZ JR., Tércio Sampaio. *A ciência do direito*. São Paulo: Atlas, 1980.

——. *Introdução ao estudo do Direito*. São Paulo: Atlas, 1994.

FIORI, José Luis. *Poder e credibilidade*: o paradoxo político da reforma liberal. São Paulo: Lua Nova, Cedec, 1992.

FRAGOSO, Heleno Cláudio. Ciência e experiência do Direito Penal. In: *Revista de Direito Penal* nº 26. Rio de Janeiro: Forense, 1979.

GARCÍA-PELAYO, Manuel. *Derecho constitucional comparado*. Madrid, Alianza Editorial, 1999.

——. *Las transformaciones del Estado Contemporáneo*. Madrid: Aliança Editorial, 1997.

GASPARI, Elio. Santa Sonegação. *Zero Hora*, 20.06.99, p. 05. *Apud* STRECK, Lenio Luiz. As novas penas alternativas à luz da principiologia do Estado Democrático de Direito e do Controle de Constitucionalidade. In: *A Sociedade, a Violência e o Direito Penal*. Porto Alegre: Livraria do Advogado, 2000.

GOMES, Luiz Flávio. Sobre a impunidade da macro-delinqüência econômica desde a perspectiva criminológica da teoria da aprendizagem. In: *Revista Brasileira de Ciências Criminais*. São Paulo: Revista dos Tribunais, ano 3, nº 11, jul./set., 1995.

GONZAGA, João Bernardino. *O Direito Penal indígena*. São Paulo: Max Limonad, (s.d.).

GRINOVER, Ada Pellegrini; et. all. *Juizados Especiais Criminais*. São Paulo: Revista dos Tribunais, 1999.

HASSEMER, Winfried. Perspectivas de uma moderna política criminal. In: *Três temas de Direito Penal*. Estudos MP, nº 7. Escola Superior do Ministério Público do Rio Grande do Sul.

JESUS, Damásio Evangelista de. *Código Penal Anotado*. São Paulo: Saraiva, 1998.

——. *Direito Penal* - Parte Geral. São Paulo: Saraiva, v. 1, 1998.

KELSEN, Hans. *Teoria pura do Direito*. trad. João Baptista Machado, São Paulo: Martins Fontes, 1998.

LIRA, Antiógenes Marques de. Macrocriminalidade. *Revista do Ministério Público do Rio Grande do Sul*, nº 35. São Paulo: Revista dos Tribunais, 1995.

LOBATO, Anderson Cavalcante. O reconhecimento e as garantias constitucionais dos Direitos Fundamentais. In: *Cadernos de Direito Constitucional e Ciência Política*. São Paulo: Revista dos Tribunais, ano 6, nº 22, jan./mar., 1998.

——. Os desafios da proteção jurisdicional dos direitos sociais, econômicos e culturais. In: *Revista Estudos Jurídicos*. São Leopoldo: UNISINOS, v. 32, nº 86, set./dez., 1999.

LOCKE, John. *Dois tratados sobre o governo*, trad. Júlio Fischer. São Paulo: Martins Fortes, 1998.

LOPES, Mauricio Antonio Ribeiro. *Princípios políticos do Direito Penal*. São Paulo: Revista dos Tribunais, 1999.

LUÇARDO, Francisco de Assis Cardoso. Ministério Público, Revisão crítica. In: *Revista do Ministério Público do Rio Grande do Sul*. Porto Alegre: Revista dos Tribunais, v. 1, nº 29, 1993.

LUISI, Luiz. *Princípios Constitucionais Penais*. Porto Alegre: Fabris, 1991.

MALMESBURY, Thomas Hobbes de. *Leviatã ou matéria*, forma e poder de um Estado Eclesiástico e Civil. 3. ed., trad. João Paulo Monteiro e Maria Beatriz Nizza da Silva. São Paulo: Abril Cultural, 1983.

MARQUES, José Frederico. *Curso de Direito Penal*. São Paulo: Saraiva, 1954.

MATTEUCCI, Nicola; *et alli*. *Dicionário de Política*. 9. ed., Brasília: Editora UnB, 1997.

MINGARDI, Guaracy. *Tiras, gansos e trutas*. Segurança Pública e Polícia Civil em São Paulo (1983-1990). Porto Alegre: CORAG, 2000.

MOLINA, Antonio García-Pablos de; GOMES, Luiz Flávio. *Criminologia*, trad. Luiz Flávio Gomes. São Paulo: Revista dos Tribunais, 1997.

MORAES, Carlos Otaviano Brenner de. Penas Alternativas não se aplicam aos agentes do art. 12 da Lei de Tóxicos. In: *Revista do Ministério Público do Rio Grande do Sul*. Porto Alegre: Metrópole, nº 42, 2000.

MORAIS, José Luis Bolzan de. *Do Direito Social aos interesses transindividuais*. Porto Alegre: Livraria do Advogado, 1996.

NAVARRETE, Miguel Polaino. *El bien jurídico en el Derecho Penal*. Sevilha: Publicaciones de la Universidad de Sevilla - Editorial Católica Española S.A, 1974.

O Neoliberalismo na América Latina. Carta dos Superiores Provinciais da Companhia de Jesus da América Latina - documento de trabalho. São Paulo: Edições Loyola, 1997.

PALAZZO, Francesco C. *Valores constitucionais e Direito Penal*. Porto Alegre: Fabris Editor, trad. Gerson Pereira dos Santos, 1989.

PIERANGELI, José Henrique. *Códigos Penais do Brasil*. São Paulo: Javoli, 1980.

PIMENTEL, Manoel Pedro. Crime e pena: Problemas contemporâneos. In: *Revista Ciência Penal*. Rio de Janeiro: Forense, nº 02, ano VI, 1981.

PRADO, Luiz Régis; BITENCOURT, Cezar Roberto. *Elementos de Direito Penal*. São Paulo: Revista dos Tribunais, v. 1, 1995.

——. *Bem Jurídico-Penal e Constituição*. São Paulo: Revista dos Tribunais, 1997.

RAMÍREZ, Juan Bustos. *Bases críticas de un nuevo Derecho Penal*. Bogotá, Colômbia: Editorial Temis, 1982.

Relatório de Atividades do Ministério Público do Rio Grande do Sul, 1999.

ROSANVALLON, Pierre. *A crise do Estado-Providência*. Goiânia: Editora UnB, 1997.

ROUSSEAU, Jean-Jacques. *O Contrato Social*, trad. Antônio de Pádua Danesi. São Paulo: Martins Fontes, 1999.

ROXIN, Claus. *Derecho Penal, Parte General*. Madrid: Editorial Civitas S.A., Tomo I, trad. Diego-Manuel Luzón Peña; Miguel Díaz Y García Conlledo; Javier de Vicente Remesal, 1997.

SAES, Décio. *A formação do Estado burguês no Brasil*. São Paulo: Terra e Paz, 1985.

SANGUINÉ, Odone. Função simbólica da pena. In: *Fascículos de Ciências Penais*. Porto Alegre: Fabris Editor, v. 5, nº 3, 1992.

——. *Fascículos de ciências penais*. Porto Alegre: Fabris editor, v. 4, nº 2, 1991.

SARMENTO, Daniel. Constituição e globalização: A crise dos paradigmas do Direito Constitucional. In: *Anuário Direito e globalização - A soberania*. Rio de Janeiro: Renovar, 1999.

SILVA, José Geraldo da. *Direito Penal Brasileiro*. São Paulo: LED Editora de Direito Ltda., 1996.

SILVA, Reinaldo Pereira e. *O mercado de trabalho humano*. São Paulo: LTr, 1988. *Apud* STRECK, Lênio Luiz. *Hermenêutica Jurídica e(m) crise*. Porto Alegre: Livraria do Advogado, 1999.

SODRÉ, Nelson Werneck. *Capitalismo e revolução burguesa no Brasil*. Rio de Janeiro: Graphia, 1997.

STRECK, Lenio Luiz. As (novas) penas alternativas à luz da principiologia do Estado Democrático de Direito e do controle de constitucionalidade. In: *A sociedade, a violência e o Direito Penal*. Porto Alegre: Livraria do Advogado, 2000.

——. *Hermenêutica Jurídica e(m) crise*, uma exploração hermenêutica da construção do Direito. Porto Alegre: Livraria do Advogado, 1999.

——. Crise(s) paradigmática(s) no direito e na dogmática jurídica: dos conflitos interindividuais aos conflitos transindividuais. In: *Revista Brasileira de Ciências Criminais*. São Paulo: Revista dos Tribunais, ano 7, nº 28, out./dez., 1999.

——; MORAIS, José Luis Bolzan de. *Ciência Política e Teoria Geral do Estado*. Porto Alegre: Livraria do Advogado, 2000.

SUTHERLAND, Edwin H. *Il crimine dei coletti bianchi*, trad. Gabrio Forti. Milão: Giuffré, 1987.

THOMPSON, Augusto. *Escorço histórico do Direito Criminal luso-brasileiro*. São Paulo: Revista dos Tribunais, 1976.

TOLEDO, Francisco de Assis. A missão do Direito Penal e a crise da Justiça Criminal. In: *Revista Ciência Penal*. Rio de Janeiro: Forense, nº 2, ano VI, 1981.

TORON Alberto Zacharias. Crimes de colarinho branco. Os novos perseguidos? In *Revista Brasileira de Ciências Criminais*. São Paulo: Revista dos Tribunais, ano 7, nº 28, out./dez, 1999.

WARAT, Luis Alberto. *Introdução geral ao Direito I*. Porto Alegre: Fabris, 1995.

———. O monastério dos sábios: o sentido comum teórico dos juristas. In: *Introdução geral ao direito II*. Porto Alegre: Fabris Editor, 1996.

WOLKMER, Antonio Carlos. *Elementos para uma Crítica do Estado*. Porto Alegre: Fabris Editor, 1990.

ZAFFARONI, Eugenio Raúl. *Em busca das penas perdidas*. Rio de Janeiro: Editora Revan, trad. Vânia Romano Pedrosa; Amir Lopes da Conceição; 1996.

O maior acervo de livros jurídicos nacionais e importados

Rua Riachuelo 1338
Fone/fax: **0800-51-7522**
90010-273 Porto Alegre RS
E-mail: livraria@doadvogado.com.br
Internet: www.doadvogado.com.br

Entre para o nosso *mailing-list*

e mantenha-se atualizado com as novidades editoriais na área jurídica

Remetendo o cupom abaixo pelo correio ou fax, periodicamente lhe será enviado gratuitamente material de divulgação das publicações jurídicas mais recentes.

✂ ─────────────────────────────────

✓ Sim, quero receber, sem ônus, material promocional das NOVIDADES E REEDIÇÕES na área jurídica.

Nome: _____

End.: _____

CEP: _____-_____ Cidade _____ UF:____

Fone/Fax: _____ Ramo do Direito em que atua: _____

Para receber pela Internet, informe seu **E-mail**: _____

198-6   assinatura

Visite nosso
site

www.doadvogado.com.br

ou ligue grátis
0800-51-7522

DR-RS
Centro de Triagem
ISR 247/81

CARTÃO RESPOSTA
NÃO É NECESSÁRIO SELAR

O SELO SERÁ PAGO POR

LIVRARIA DO ADVOGADO LTDA.

90012-999   Porto Alegre   RS